平台革命

改变世界的商业模式

[美] 杰奥夫雷 G. 帕克（Geoffrey G. Parker）
马歇尔 W. 范·埃尔斯泰恩（Marshall W. Van Alstyne） 著
桑基特·保罗·邱达利（Sangeet Paul Choudary）

志 鹏 译

PLATFORM
REVOLUTION

How Networked Markets are Transforming the Economy and How to Make Them Work for You

图书在版编目（CIP）数据

平台革命：改变世界的商业模式 /（美）杰奥夫雷 G. 帕克，（美）马歇尔 W. 范·埃尔斯泰恩，（美）桑基特·保罗·邱达利著；志鹏译 . —北京：机械工业出版社，2017.9（2025.9 重印）

ISBN 978-7-111-57906-9

I. 平… II. ① 杰… ② 马… ③ 桑… ④ 志… III. 商业模式 - 研究 IV. F71

中国版本图书馆 CIP 数据核字（2017）第 221509 号

北京市版权局著作权合同登记　图字：01-2017-3103 号。

Geoffrey G. Parker, Marshall W. Van Alstyne, Sangeet Paul Choudary . Platform Revolution：How Networked Markets Are Transforming the Economy and How to Make Them Work for You .

Copyright © 2016 by Geoffrey G. Parker, Marshall W. Van Alstyne, Sangeet Paul Choudary .

Simplified Chinese Translation Copyright © 2017 by China Machine Press. This edition is authorized for sale in the Chinese mainland (excluding Hong Kong SAR, Macao SAR and Taiwan).

No part of this book may be reproduced or transmitted in any form or by any means, electronic or mechanical, including photocopying, recording or any information storage and retrieval system, without permission, in writing, from the publisher.

All rights reserved.

本书中文简体字版由 Geoffrey G. Parker, Marshall W. Van Alstyne 和 Sangeet Paul Choudary 授权机械工业出版社在中国大陆地区（不包括香港、澳门特别行政区及台湾地区）独家出版发行。未经出版者书面许可，不得以任何方式抄袭、复制或节录本书中的任何部分。

平台革命：改变世界的商业模式

出版发行：机械工业出版社（北京市西城区百万庄大街 22 号　邮政编码：100037）	
责任编辑：王　璐　　周晓牧	责任校对：殷　虹
印　　刷：固安县铭成印刷有限公司	版　　次：2025 年 9 月第 1 版第 21 次印刷
开　　本：170mm×242mm　1/16	印　　张：21.25
书　　号：ISBN 978-7-111-57906-9	定　　价：79.00 元

客服电话：(010) 88361066　68326294

版权所有・侵权必究
封底无防伪标均为盗版

温馨怀念我的母亲玛丽·林恩·古德里奇·帕克。

给我的家人和友人 A.、X. 和 E.,

感谢德威卡,谢谢你一直陪伴在我身边。

赞　誉

28.2% 申请加入 YC 的创业团队声称在构建平台。

——保罗·格雷厄姆，硅谷创业教父，Y-Combinator 联合创始人

《平台革命》系统、全面地为读者阐释了平台模式的概念，并给出了丰富的实践建议，平台模式将会是当下最重要的商业模式。

——曾鸣，阿里巴巴集团学术委员会主席、湖畔大学教育长

平台是不可小觑的新商业模式，在过去的几年里，我们都见证了平台公司的火箭式增长。《平台革命》的 3 位作者是专业领域最权威的研究专家。他们在这本书中以客观的数据、深入的研究，为我们总结出平台的商业模式和盈利模式，每个投资人和创业者都应该仔细阅读，从而理解平台的本质，作为自己思考与决策的借鉴，从而让你的企业获得更快、更稳健的增长。

——徐井宏，清华控股有限公司董事长

平台一词，近两年不断地在媒体上反复出现，它已是商业、经济和互联网里热度最高的词汇，但这个词又被用得过于泛滥，本书向人们展示了平台的准确含义，并告诉我们平台是如何促进生产者和消费者进行价值互动的。毫无疑问，中国已经全面进入了互联网平台主导的时代，《平台革命》将为我们展现这种全新商业模式的巨大发展前景和清晰的盈利模式。

——南立新，《创业邦》总裁兼 CEO

技术和数据革命，使供需方之间的海量触达、匹配、互动、交易成为可能。这一背景催生的平台模式正在颠覆各个领域，购物、社交、资讯、

出行，概莫能外。《平台革命》是理解平台如何产生、演进、改变旧世界的第一读本。

——喻平，《今日头条》高级运营总监，今日头条孵化器总经理

平台击败了产品，《平台革命》让你学习如何改变你的组织。

——布鲁克·科朗吉洛，白宫前CIO，霍顿·米夫林出版公司CTO

《平台革命》是一本关于在线平台模式的权威指南：平台是什么，它们如何工作，它们对商业和经济学意味着什么。平台革命通过提供清晰的解释，丰富的案例和实践经验来阐明这一概念。

——哈尔·范里安，谷歌首席经济学家，《信息规则》作者

平台模式在过去20年改变了整个经济和市场体系，但最大的影响还没有到来。《平台革命》一书为平台战略提供了第一个全面的框架，并可用于预测未来市场失衡时的赢家和输家。

——苏珊 C. 埃塞，斯坦福大学，微软前首席经济学家

对于你所处的行业，在市场失衡时平台革命是一本用户手册。你可以阅读学习它，或是保护你的企业不落入竞争对手之手——无论是当下或是在未来。我相信这会使事情简单化。

——安德鲁·麦卡菲，麻省理工学院首席研究员，《第二次机器革命》作者

《平台革命》整合了最前沿的平台研究，这使其成为我推荐的MBA学生必读教材之一。本书的重要观点是，学习平台战略可以使所有参与者在理解基础经济学时受益，阅读这本书并与你的业务合作伙伴分享，你会受益匪浅。

——埃里克·布莱恩约弗，麻省理工学院，斯隆管理学院，《第二次机器革命》作者

在数字化经济中，平台正在高速改变着行业的运营模式。《平台革命》是企业领导者将现有业务重组为平台业务的一本鼓舞人心的指南。

——施杰翰，SAP公司前CEO

推荐序一

从平台"革命"到"平台"革命

《平台革命》问世以来,平台革命还在发展,从平台"革命"发展为"平台"革命。这不是同语反复。前一场革命,还是商品层面的革命;后一场革命,则是资本层面的革命。经济史上的所有革命,发生在商品层面都还是毛毛雨;深化到资本层面,才触及灵魂,变得好玩起来。以往对平台革命的解释,更多理解的是前一场革命,而从发展了的视角重读这本书,可以看出多一倍的内容。

本书作者帕克、埃尔斯泰恩、邱达利对平台革命的观察和描述,还是比较全面的。从《平台革命》中,我们可以同时看到这两场革命的影子。

《平台革命》向我们展示出,互联网平台是继市场、企业之后的第三种资源与利益组织方式。这一点经由专家提示,已经为人们所认识。如果说人们在第一场平台革命中,更多看到的是这一判断的前半部分,即平台对扁平化市场的革命,平台"革命"表现为网络革了不分层的市场的命。那么在第二场平台革命中,人们将更多看到这一判断的后半部分,即"平台"对科层制企业的革命,"平台"革命表现为网络革了承载资本的组织的命。

市场与企业的区别在于,市场运行不分层级,而企业运行分层级;扁平化市场的主角是商品,科层制企业的主角是资本;围绕商品进行的市场活动是等价交换，没有增值；围绕资本进行的企业活动要创造剩余，据本生利。

从市场角度理解平台，是第一场平台革命阶段的典型认识，代表是梯若尔的双边市场理论以及国内"平台经济学"。从市场角度看平台，看到的介于市场与企业中间的现象主要是，在准分层结构中进行等价交换，加入了平台这一中间人。

从商品视角观察平台，一个重要特点是商品不会产生利息。将平台建立在商品交换基础上理解，特点在于把平台的收入理解为交换中的佣金，而不是资本所生利息。

平台获利的性质，是佣金，而非利息。这还在等价交换范围之内，只不过平台作为中介，置换了双边原本在没有中介状态下要付出的交易费用。整个过程没有像资本那样生利。

双边市场理论把平台理解为双边之间的第三者即中介，类似古代说的媒婆。斯密的市场理论中没有媒婆的位置，认为供求自发达到均衡，交易费用为零。在这样的条件下，当市场的媒婆是要被饿死的。

现代市场理论认识到，市场是有交易费用的。梯若尔通过设置平台这个中间环节，化解交易费用。与科斯不同，梯若尔不是从层级上增加中间环节，而是在市场两造（双边）之间，**拿**平台当媒婆。那么市场媒婆的收入，就是交换的成本的一部分，是从平台为两造交换节约的成本中省出来的。

本书对网络"颠覆市场"的细节进行了出色的描述，特别是抓住了网络交互这个关键。

作者通过比较市场供求"线性价值链"（liner value chain，第6页），与网络"价值矩阵"（"关系网"，第7页）的诸多方面的不同。只差一点就点破了其中的实质区别，市场价值链是串联的，而网络价值矩阵是并联的。这可以有效解释为什么像丰田模式那样的流程再造不足以应对网络经济，因为流程再造仍然是串联式的，而网络时代需要的是以并联方式（比如通过 API）联结拓扑关系。借助交互，价值矩阵将消费者提到与生产者平起平坐的地位。

极端的市场理论，把企业径直理解为市场，即生产要素市场。典型如张五常的合约理论，甚至认为企业理论是不必要的，只要变成生产要素合约理论就够了。按这样的认识理解双边市场，完全不同于企业理论，是在把平台以及平台上的应用企业之间的关系，当作市场交换关系。这样理解平台，弱点在于对平台资本的"据本生利"属性认识不充分。因为资本生利，毕竟不是从交换中产生的，而是"据本"产生的。

从企业角度理解平台，是第二场平台革命阶段的要升华出的新认识。从企业角度看平台，看到的介于市场与企业中间的主要现象是，在准扁平化结构中进行重资产（固定资产）与轻资产之间的社会分工与交换。生利的要点，在于以平台固定资产作为平均成本，在应用企业业务中均摊而造成报酬递增。这是典型的资本现象。换句话来说，平台不光是梯若尔理解的中介媒人，而首先是一个特殊的资本家，是资本持有者把资产分享给双边或多边不同财产主体的过程。

作者在第 4 章中抓住了关键词"固定资产"，提出问题"怎样才能围绕着这些来建立平台呢"，并回答说"答案是你只要将实体资产的所有权与其创造的价值脱钩即可。这能让资产的使用进行单独交易并得以充分利用，即采用能创造最大经济价值的资产使用方式，而不是局限于只针对拥有者的使用方式"（第 69 页）。

我们从一个突破点来深入理解这本书。报酬递增仅仅从市场现象中就可以得到解释吗？本书提到的规模经济，是报酬递增的典型形式之一。把报酬递增理解为市场，与市场理论本身有无法克服的冲突，除非修改市场理论。因为经典的市场理论认为报酬不变或报酬递减，哪来的规模经济？报酬递增也不是由市场理论提出的，而是建立在资本理论基础上的。根据定义简单理解，报酬递增是平均成本的均摊。对平台来说，它均摊的是固定资产，是资本！看，看：生利的来源，在这里如变戏法一样，出现了。

对互联网平台来说，要实现报酬递增，前提是移除企业组织的边界，重新定义效率单位为网络。它涉及的主要是资本的使用方式上的革命。这种问题对凯恩斯来说，显然是陌生的。因为凯恩斯理解的资本，只是货币资本，资本如何在经营中"使用"，是与问题无关的，属于他所不屑的微观问题，应由形而下的资本家们自己慢慢处理。且慢，没有资本家，钱是怎么赚来的呢，难不成光印钞票就可以生出利润来（而利息可以脱离利润独立存在）？这样质问的发出者，是以哈耶克为代表的奥地利学派（简称奥派）。奥派主将路德维希·拉赫曼在质疑凯恩斯时，无意间为理解平台生利原理，提供了基础性的关键线索：要把资本分为价值（拥有权）与使用价值（使用权），分开理解。这也就是本书作者提出的分开"资产的所有权"和"资产的使用"（第69页）。

一切豁然开朗：企业以资本拥有权为共同体边界，网络以资本使用权为共同体边界。这是读懂本书深层逻辑的那把被丢失的钥匙。企业的资本逻辑是，资本使用权边界与拥有权边界相等，即归属于同一个老板的资本，只能在同一个老板范围内（由企业院墙为边界）利用。如果给了别的老板，算搭便车，要加以避免。网络的资本逻辑则是，资本使用权边界与拥有权边界不相等，即归属于同一个老板的资本，可以给不同的老板（企业的院墙外，网络的边界内）利用。对应搭便车吃的亏，由不同的老板（多边的App企业）以交资本使用费（又称租，或平台服务费）形式支付。网络组织的独特性质在于，网络组织＝平台企业＋应用企业。平台企业与应用企业不是一个老板，却可以同在网络这个屋檐下，以资本使用权为同一单位，结成产权共同体（早期称为虚拟企业）。

接下来看，平台企业与应用企业是怎么围绕奥派所说的"资本使用"分工合作的呢？在网络组织内，基础业务与增值业务的分工，背后是重资产（如虚拟商铺与柜台）与轻资产（时间、精力）的资本分工，平台企业提供网络的重资产部分，从事基础业务，应用企业提供网络的轻资产部分，从事增值业务。

本书从操作角度将上述分工描述为"该系统被划分为一组具有少数变体的'核心'组成部分和一组与之互补的具有多个变体的'周边'组成部分。那些少数变体的部分构成了平台"（第54页）。

举例来说，阿里巴巴的核心是虚拟店铺与柜台，它是所有网商从事电子商务都需要的，将网商共同的生产资料合并同类项，形成重资产，分享给周边网商；而周边网商卖的具体产品和服务，具有多个变体，从增值方面与平台互补。

直接套用报酬递增的公式可以看明白：平台将归属于自己的资本（生产资料）以重资产形式，分享给多边企业，在网络这个利益共同体范围内实现平均成本均摊递减，实现报酬递增（如本书提及的规模经济）。

我们可以把这场革命概括为"固定资产革命"，即合并星罗棋布的小企业的固定资产为平台这个"同类项"，经过分享这种资本的使用权，像复印M2一样增加生产资料数量。通过小企业的轻资产增值应用，补偿平台投入，构成网络经济闭环。这就是平台革命背后的资本故事。中国最近五年固定资产投资出现了戏剧性的锐减，经济学家多以为是衰退的信号，忽视了仅阿里巴巴一个平台，就节省了全国38%企业的固定资产投入。企业有了虚拟生产资料，不用固定资产投入，只凭轻资产，就可以从事原来靠增加流动性来启动的生产与服务。减少的只是凯恩斯定义中的资本，而非奥派定义的资本。

通过技术实现规模经济，这是新科诺贝尔经济学奖获得者罗默的理论。它与梯若尔的理论结合起来，可以更完整地解释平台现象。

综上所述，《平台革命》这本书和这场革命，可以用两个主题词概括，一是并联交互，二是资产分享；前者颠覆市场，后者颠覆企业。这本书，就读完了。

姜奇平

中国社会科学院信息化研究中心主任

中国社科院数量经济与技术经济所信息化与网络经济室主任

《互联网周刊》主编

推荐序二

认识"互联网平台"

一张图表曾广为流传,这张表格统计了2001～2016年15年间全世界市值最高的上市公司的排名变迁。2016年8月是一个关键转折点,在全世界市值最高的五家公司中,第一次没有了石油公司、金融公司、工业公司、零售公司,全部变成了互联网平台型公司:苹果、谷歌、微软、亚马逊、Facebook。一年后,中国互联网公司里面,两家基础性平台公司腾讯和阿里巴巴的市值也分别突破了4000亿美元,进入了前十。过去几年,最热门的移动互联网公司模式是优步(Uber)、滴滴出行和爱彼迎(Airbnb),它们也是典型的互联网平台。

我们正毫无疑义地进入互联网平台主导的时代。2016～2017年,我与腾讯研究院合作进行一项"互联网平台的模式与启示"的产业研究,由于我们关注的是双边市场和平台模式在互联网产业实践中的演变情况,杰奥夫雷·帕克、马歇尔·埃尔斯泰恩、桑基特·邱达利合著的《平台革命》(*Platform Revolution*, 2016),以及邱达利独立撰写的著作《平台扩张》(*Platform Scale*, 2015)、他的博客"平台思维"(Platform Thinking)给我们非常大的启发。

两位MIT教授和产业实践者邱达利合著的《平台革命》在双边市场、网络效应、市场设计等学术研究的基础上,清晰地为传统商业人士和互联网从业者解读了平台的定义、逻辑和运作，为我们提供了关于平台模式的第一本实战指导。在这里，结合我们对互联网平台，特别是中国的网络零售、服务交易、资讯、金融、社交等主要互联网领域的平台研究，为各位读者提供一个背景解读：为什么要重视平台，尤其要重视互联网技术支持的互联网平台？

管道 vs 平台

"管道 vs 平台"（pipeline vs Platform），这一组对比是帕克、埃尔斯泰恩、邱达利合著的《平台革命》和邱达利的核心观点。要理解一个新事物，比较好的方式是与过去我们熟悉的事物进行对比。他们认为，传统商业模式像管道一样工作；新商业模式像平台一样工作。在《平台革命》中，他们把数字化颠覆分成两个阶段：第一个阶段：高效的管道淘汰那些低效的管道。第二个阶段：平台吞食传统管道。

过去，大型企业类似于"管道"，资源在管道中流动并增加价值，最终输送给消费者，管道也就是"线性价值链"。但现在正如我们看到的，世界上最大的公司都是互联网平台公司。中欧国际工商学院陈威如教授是知名的平台研究者，在2013年出版的《平台战略》一书中，他以传统出版业和网络文学的对比形象地指出，线上阅读平台"弯曲"了出版业的价值链条，平台连接了生产者和消费者，让作者和读者直接接触。原来的出版产业链条像一个管道，书稿从管道一边进入，而图书从另一端出来；而网络文学平台上，作者和读者都在同一个互联网平台上直接交互。

平台，早已是商业、经济和互联网里最常用的词，但这个词又被用得过于泛滥，而以至于失去了准确的含义。《平台革命》以及我们对互联网平台的产业研究，想做的一件事是把"平台"界定清楚，而不是泛泛地说平台。两位经济学家让·夏尔·罗歇（Rochet）和让·梯若尔（Tirole）最早给出了一个初步的定义：双边（更一般的说是多边）市场是一个或几个允许最终用户交易的平台。2004年左右,经济学领域里关于双边市场(也称多边市场、双边网络)和平台的一般理论开始成型,2012年,埃尔文 E. 罗斯因在市场设计上的研究获得诺贝尔经济学奖,2014年梯若尔因对双边市场的研究获得诺贝尔经济学奖。

其实,人类历史上的集市是最早的双边市场平台原型,经济学者徐晋将平台界定为"市场的具化",他指出,从市场发展阶段看,平台是传统隐性交易市场显化的结果。从角色上来讲,我们认为,平台是连接者、匹配者与市场设计者。

《平台革命》一书有一个非常实用的平台界定,这里按我们的理解来解释一下:平台是促进生产者和消费者进行价值互动的结构。平台可以说是一个市场,其中有两种角色:生产者和消费者,这是它通常被称为双边市场的原因。在其中,生产者和消费者进行信息、商品与服务、金钱的交换。这三种交换被称为"核心互动"(core interaction)。通常而言,平台自己不介入生产,它的角色是构建一个有着活跃核心互动的双边市场。

理解互联网平台的结构

现在,不管是《平台革命》这本书、邱达利的讨论,还是我们平常说"平台"二字的时候,其实都省略掉了三个字,我们多数时候说的是由互联网技术、数字技术支撑的"互联网平台"。

理解一个事物的方式,可以是对它进行分类,也可以是对它的原型进行分析,也可以是绘制它的内部结构图。我们这里分别简单叙述,供大家了解。

对于平台有多种分类方式。最主要的平台研究者、2016年出版《匹配者》(*Matchmaker*)一书的戴维 S. 埃文斯在2003年根据平台的功能,将多边市场中的平台分为三类:市场制造者(market-makers)、受众制造者(audience-makers)和需求协调者(demand-coordinators)。2004年,在这个分类基础上哈佛商学院学者 Andrei Hagiu 将平台分为四类：中介市场（inter-mediation market）、受众制造者市场（audience-making market）、分享输入市场（shared-input market）、基于交易的市场（transaction-based market）。在《平台经济学》中，徐晋根据平台连接双边市场各方的性质不同，将平台分为纵向平台（充当交易中介的角色）、横向平台（构建交流空间）和观众平台（在生产者、消费者之外引入广告主等第三个角色）三种。

从互联网产品分析的角度看，讨论互联网平台如果仅关注平台的运作原理和产品模式，而不探讨盈利模式时，我们认为，可以简单地将互联网平台分为两大类："普通连接型平台"（也称连接型）和"产消合一型平台"（也称众创型）。普通连接型平台连接生产者与消费者。而在产消合一型平台中，生产者即消费者，他们是托夫勒所说的产消合一者（prosumer），互联网平台促成用户在两种角色间快速切换。生产者即消费者，共同创造，共同消费，因而也可以将产消合一型平台称为"众创型"互联网平台。

梳理原型也是理解新事物的方式。在"互联网平台的模式与启示"研究中，我们初步按电商、服务交易、金融等 7 个领域梳理了 21 种互联网平台原型。在各种互联网平台中，我们可以看到这些原型的影子，原型之间组合又会产生新的平台模式。它们分别是：

电商：C2C 电商平台、B2C 商城平台、B2B 交易平台；

服务：固定服务交易平台、流动服务交易平台、专业服务交易平台；

社交：即时通讯、社交网络、社交开放平台；

信息：门户式内容资讯平台、内容社区、搜索引擎；

金融：在线支付、资金交易平台、资产交易平台；

技术：操作系统 + 应用商店、云服务平台、大数据应用平台；

其他：知识协作与软件开源平台、公益慈善平台、标准与核心组件。

我们上面提到,《平台革命》的一个重要观点是提示我们关注"核心互动",在书中讨论平台体系设计、平台上线、盈利化、衡量指标时,三位作者都在不断提醒我们,不要只关注网络效应,而要关注核心互动的数量与质量。我们再从商业模式的角度补充一点,我们要关注平台的价值创造、价值分配和价值获取——平台要创造价值,平台通常要负责在市场参与者间分配价值,平台自身也会获取价值。我们认为,关注平台的商业模式时,价值创造才是解谜的关键入口。

互联网平台是极度复杂的产品,互联网平台是极度复杂的商业模式,它包括非常多的元素。我们创建、运作、治理平台,一个关键任务是把众多元素组合起来,形成一个完整的整体。过去几年,邱达利参考常见的商业分析工具"商业模式画布"绘制了一张"平台画布"(Platform Canvas,见下图),这个画布完整展示了平台的体系架构,我们可以结合《平台革命》中的理论来使用。

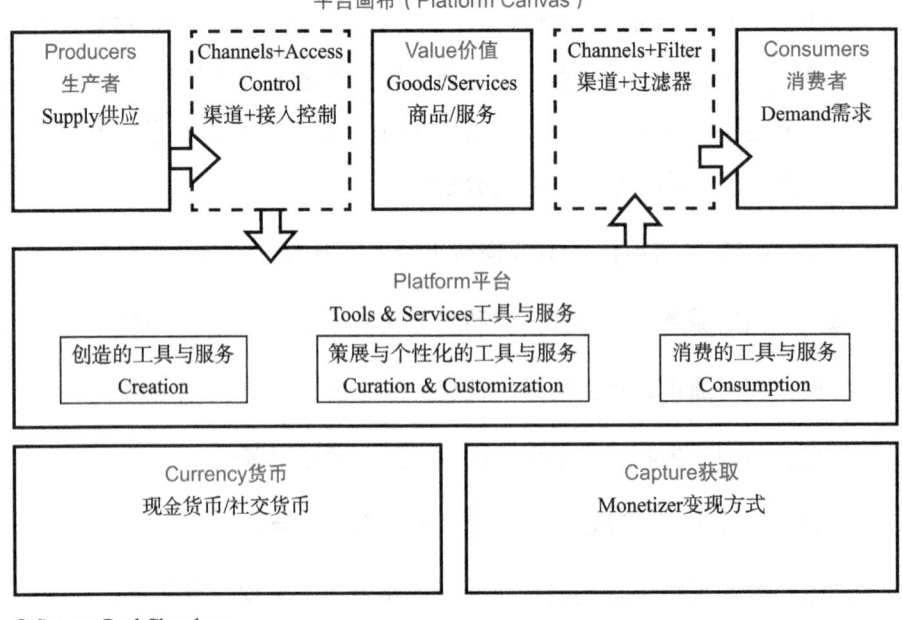

邱达利设计的"平台画布"

在《平台革命》中，三位作者指出，平台的最基本结构是：

参与者 + 价值单元 + 过滤器 = 核心互动

在这个等式中，参与者就是生产者与消费者。价值单元（value unit）也是核心概念，可以简单地理解为产品或服务，它由生产者生产出来、被消费者消费。"单元"指的是单一元素，比如一个视频、一次打车、一个商品等。同时，互联网平台所起的关键作用就是"过滤器"，也就是把有需求的生产者和消费者匹配起来。

但平台所做的不只是如此，上述讨论的其实是"平台画布"的最上面一层，仅有这层是不够的，优秀的平台是它在第二层提供的，邱达利称之为"工具与服务"，可细分为：生产者用于创造的工具与服务；平台运营者进行策展（也称内容管理，curation）的工具与服务，以及平台运营者或用户进行个性化的工具与服务；消费者用于消费价值单元的工具与服务。

在平台画布的最下面一层，是平台所协调的货币的交换，以及平台作为一个商业公司要关心的：自身如何获得收入，这也称为变现（monetization）。总的来说，平台的角色实际上是"3+1"。3是指为了让平台能够运转的三个方面：拉动（pull），吸引供需双方；促成（facilitate），提供交互的工具；匹配（match），匹配交易双方。1就是为自身利益要做的变现。

总的来说，互联网平台是市场、企业之后的第三种资源与组织方式，互联网平台的角色是连接者、匹配者，市场机制的设计者。技术驱动的互联网平台是互联网经济和实体经济融合发展的新引擎。互联网平台可能是当下所有新公司、新商业模式的基础与内核。这就是为什么要关注互联网平台，而《平台革命》这本书是了解我们已经身处其中的巨变的最佳切入点。

方军
资深互联网人

前　　言

随着平台作为商业模式和组织架构模式的兴起,《平台革命》是我们为这一举足轻重的经济和社会发展的时代准备的第一本清晰、完整的权威指南。

时下,许多增长最快的变革性大公司的成功都在为平台模式背书,如谷歌(Google)、亚马逊(Amazon)、微软(Microsoft)、优步(Uber)、爱彼迎(Airbnb)和eBay。同时,平台模式正在颠覆其他的经济和社会领域,从健康护理、教育、能源到政府。公司职员、企业领导者、专家教授、消费者或普通人,不论你是谁或从事何种工作,平台模式已经改变了你的生活,并且这种改变会在未来变得更加明显。

在过去的20年里,经济、社会的发展以及科技的驱动从不同的角度不断地改变着我们的世界,然而很少有人能完全读懂这其中的奥妙。我们致力于研究这些驱动因素以及它们的运作方式,包括如何颠覆传统公司、反转市场、改变就业,以及创业企业如何利用这些驱动因素主导传统产业并建立新秩序。

当我们认识到平台的商业模式是这些驱动力的整合体现后,我们开始跳出自身的学术和企业背景,实地调研一些在创新平台模式上深耕细作的公司,如英特尔(Intel)、微软、SAP、汤森路透(Thomson Reuters)、财捷(Intuit)、硅谷孵化器(500 Startups)、海尔集团、意大利电信

(TelecomItalia)等。我们将在后面的正文中详细地讲述它们的故事。

我们写这本书的目的在于解决平台模式兴起过程中遇到的困惑，包括：

- 像优步、爱彼迎这样的平台公司是如何在创办几年内快速颠覆主流传统市场的？（在整本书中我们都在强调这个问题，集中的分析参见第4章）

- 平台公司雇用的员工数量往往只占传统企业的零头，但平台公司是如何在雇用极少员工的条件下还能竞争胜出传统企业的？（参见第1章和第2章）

- 平台的兴起如何改变经济增长和商业竞争的法则？平台公司如何应对过去的产业巨擘，它们是如何做到差异化的？（参见第2章和第4章）

- 为什么一些特殊的公司或企业领导者利用平台模式迅速成功，而另一些却跌入失败的深渊，还有一些公司同时经历了成功和失败？为什么黑莓公司在短短4年里，市场份额从49%降到2%？史蒂夫·乔布斯是如何在20世纪80年代在多个平台模式中跌跌撞撞，却在21世纪前10年里戏剧性地获得成功的？（参见第2章和第7章）

- 一些公司是如何在新的平台上成功地吸引着供应商和消费者，而另一些公司则无奈惨痛退出的？为什么有时候免费是一个推动亮点，而有时却是致命错误？（参见第5章和第6章）

- 为什么在某些平台领域市场竞争激烈，而在赢者通吃的领域单个平台快速成长起来？（参见第10章）

- 平台的兴起也带来了平台滥用，顾客在eBay上购物受到欺诈，女性在交友网（Match.com）上交友受到骚扰，房子在爱

彼迎上出租可能遭到洗劫。谁应该为此买单？如何保护平台用户？（参见第8章和第11章）

为了回答以上的这些问题，我们为新经济创建了一个实践的指引，重新定义了我们生活、工作和娱乐的方式。本书扎根于我们三人的事业中，是对平台模式孜孜不倦地探索，并致力于揭示奥秘的结果。

杰奥夫雷 G. 帕克（Geoffrey G. Parker）和马歇尔 W. 范·埃尔斯泰恩（Marshall W. Van Alstyne）对新兴互联网经济的兴趣始于1997～2000年互联网繁荣时期，两人当时都在麻省理工学院（MIT）攻读博士学位。那是一个令人兴奋的年代。因为风险投资家将大规模的资金投入那些创新科技企业中去——那些以前缀 e 或后缀 com 命名的科技企业，导致了纳斯达克股票指数暴涨，高达80%。传统的企业成功标准已经过时了，尽管这些公司还没有任何盈利，但它们仍然在首次公开发行（IPO）中获得了巨大的成功和收益。那时的学生和教授都纷纷离开学校创办新科技企业。

不可避免地，市场开始硬着陆。自2000年3月开始，超过万亿的票面市值在短短几个月中消失了。然而在互联网泡沫中，某些公司生存下来了。网络货车（Webvan）和宠物网（Pets.com）消失了，亚马逊和 eBay 则得以生存并迅速发展。史蒂夫·乔布斯重新回到苹果，开创了势不可当的黄金时代。最终，互联网领域从2000年的萧条深渊走出，变得比以前更加强劲。

为什么一些互联网公司成功而另一些却失败了？是因为随机的运气，还是有深层次的设计原理？新经济下的互联网行业有着怎样的新规则？杰奥夫雷和马歇尔在本书中将尝试回答这些问题。

现实的情况远比想象的困难，杰奥夫雷和马歇尔最终认为有必要建立一个基于双边网络的新经济理论。两人与哈佛教授托马斯 R. 埃森曼（Thomas R. Eisenmann）合著的论文《双边市场的策略》在《哈佛商业评论》上发表，成为当时互联网行业课程教育最受欢迎的理论之一，至今仍是全世界 MBA 课程的内容。通过与其他学者的合作，杰奥夫雷和马歇尔的见解帮助主流思想重塑商业规则。之后，在 MIT 的数字经济创新项目的基础上，两人进一步发展理论观点，开始了与公司的实践合作，如美国电话电报（AT&T）、邓白氏（Dun & Bradstreet）、思科（Cisco）、IBM、英特尔、Jawbone、微软、Salesforce、SAP、汤森路透等。

本书的第三作者桑基特·保罗·邱达利（Sangeet Paul Choudary），在 20 世纪 90 年代互联网繁荣的时候还是高中生，就已经被互联网巨大的魅力深深吸引，尤其是能创造快速、规模化增长的商业模式。之后，当桑基特在雅虎和财捷公司担任创新和创业部门总监时，他开始深入分析影响互联网创业者成功和失败的因素。他对于商业模式失败的研究，加上他与风险资本家及创业者的交流，帮助他确认了一个对于新兴的、规模化增长的商业模式日趋重要的因素——平台。

2012 年，桑基特开始全身心地投入平台模式。他预言：当世界的联系越来越紧密时，能更好地利用平台力量的公司将获胜。桑基特为世界上的很多公司提供了平台模式的战略指引，包括那些《财富》100 强公司，同时他的个人博客开始在全球主流媒体做专栏报道（http://platformed.info）。

2013 年春天，杰奥夫雷和马歇尔仔细研究了桑基特的工作，很快发现了合作的价值。我们三人从 2013 年的夏天开始在麻省理工学院（MIT）合作了三个星期，建立了一套对于平台构建的综合观点。从那时开始，我们三人已经是 MIT 平台战略峰会（MIT Platform Strategy Summit）的联合主席，在各种世界顶尖论坛上发表我们对平台模式的观点，如 G20 峰会、Emerce eDay 和 TED 等；在世界顶级大学教授平台商业模式，与全世界的企业客户合作实现平台战略。

现在，我们三人合著了《平台革命》这本书，也是第一次将我们对平台模式的认识和观点集中汇总并传达给所有人。

我们有幸接触到各行各业超过 100 家成功企业的理念及经验，并与它们合作推动平台的发展和实施。在我们组织的 MIT 平台战略峰会期间，一些对平台构建、管理及反馈的机构，包括 edX、三星、艾匹吉（Apigee）、埃森哲、丘比特（OKCupid）、阿里巴巴的高层领导者们相互间分享了他们的平台故事。同时，我们也与世界一流的学者合作，他们专注研究数字经济，参加年度信息系统和经济工作坊（WISE）、波士顿大学平台战略研究研讨会。我们还与世界一流的思想家共同探讨相关领域，如行为设计、数据科学、系统设计理论和敏捷方法论。

我们之所以写这本书，是因为我们相信数字连接和平台模式正在改变这个世界。以平台为导向的经济变革为社会整体和商业机构创造了巨大的价值，包括创造财富、增长、满足人类需求。同时，成功与失败的标准被重新定义。我们希望《平台革命》能帮助市场的新进入者、当下的组织、监管方、政策制定者和平台模式中的所有人驾驭这个充满挑战和平台赢家的新世界。

杰奥夫雷 G. 帕克

马歇尔 W. 范·埃尔斯泰恩

桑基特·保罗·邱达利

目 录

赞誉

推荐序一（姜奇平）

推荐序二（方军）

前言

第1章 今天：欢迎来到平台革命 …… 001

平台革命和变革的趋势 …… 006

平台革命：你将如何应对 …… 012

本章小结 …… 014

第2章 网络效应：平台的力量 …… 015

需求规模经济 …… 018

双边网络效应 …… 020

网络效应 VS. 其他促进增长的工具 …… 021

扩大网络效应：无缝进入及其扩展工具 …… 023

消极的网络效应：原因及解决方法 …… 026

四种类型的网络效应 …… 028

结构性的变革：网络效应使公司关注点由内部转移到外部 …… 031

本章小结 …… 033

第 3 章　体系结构：设计成功平台的原则 …… 035

核心交互：平台设计的根本原因 …… 039

吸引、促进、匹配：平台设计的方式 …… 043

核心交互之外的其他交互 …… 048

在平台设计上使用端到端原则 …… 050

模块化的力量 …… 053

为平台重建体系结构 …… 056

反复改进：反设计原则 …… 056

本章小结 …… 057

第 4 章　颠覆市场：平台如何征服、改变传统行业 …… 059

数字化颠覆简史 …… 062

平台如何吞食传统管道 …… 063

平台带来的颠覆对价值创造、价值消费以及质量控制
  三大环节的影响 …… 065

平台颠覆的结构性影响 …… 068

现有企业的反击：管道变为平台 …… 073

本章小结 …… 077

**第 5 章　平台上线：先有鸡还是先有蛋？
　　　　　平台成功上线的八种方式** …… 079

平台营销的核心：寻求病毒式增长的设计 …… 085

现有企业的优势：现实还是幻觉 …… 086

推广平台的方式众多 …… 087

八种策略破除"鸡与蛋"式的困境 …… 089

病毒式增长：用户对用户的推介机制 …… 099

本章小结 …… 104

第 6 章　盈利化：获取由网络效应所创造的价值 …… 105

价值创造以及将网络效应盈利化所带来的挑战 …… 108

仅仅数字还不够：找到网络效应中的价值所在 …… 112

盈利化方式一：收取交易费 …… 116

盈利化方式二：收取准入费 …… 119

盈利化方式三：收取增强型接入费用 …… 121

盈利化方式四：收取增强型内容管理服务费用 …… 123

应该向谁收取费用 …… 124

从免费到收费：设计方案是如何影响盈利化转变的 …… 127

本章小结 …… 129

第 7 章　开放性：界定平台用户和合作伙伴
能做什么、不能做什么 …… 131

开放到什么程度？封闭到什么程度？在钢丝上行走 …… 133

平台生态系统和开放的多种形式 …… 136

管理者和赞助商的参与 …… 137

开发者参与 …… 143

哪些开放？哪些拥有 …… 148

用户参与 …… 150

相似的平台可以通过不同程度的开放展开竞争 …… 153

随着时间逐步开放：好处与风险 …… 155

本章小结 …… 156

第 8 章　治理：提升价值和促进增长的策略 …… 159

治理缘何重要：平台治理如同国家治理 …… 161

市场失灵及其原因 …… 164

治理工具：法律、规范、体系结构和市场 …… 166

平台智能自我治理原则 …… 178

本章小结 …… 184

第 9 章　衡量指标：平台管理者如何衡量真正重要的事项 …… 185

从管道到平台：新的衡量挑战 …… 187

设计跟踪平台生命周期的衡量指标 …… 189

第 1 阶段：初创阶段的衡量指标 …… 191

第 2 阶段：发展阶段的衡量指标 …… 196

第 3 阶段：成熟阶段的衡量指标 …… 200

明智的衡量指标的设计要素 …… 202

本章小结 …… 203

第 10 章　战略：平台如何改变竞争 …… 205

20 世纪的战略：简史 …… 209

三维国际象棋：平台领域中竞争的新复杂性 …… 212

平台如何竞争（1）：通过限制平台访问预防多归属 …… 214

平台如何竞争（2）：培养创新，然后抓住其价值 …… 217

平台如何竞争（3）：利用数据的价值 …… 218

平台如何竞争（4）：重新定义合并和收购 …… 220

平台如何竞争（5）：平台包融 …… 222

平台如何竞争（6）：增强平台设计 …… 224

在优势可持续的时代：赢者通吃市场 …… 224

本章小结 …… 227

第 11 章　政策：应该（和不应该）如何监管平台 …… 229

监管挑战：改革旧有规则以适应新的世界 …… 230

平台革命的阴暗面 …… 231

反对监管的理由 …… 234

平台企业的增长导致的监管问题 …… 239

2.0 版全新法规时机已到 …… 252

我们对于监管者的建议 …… 255

本章小结 …… 258

第 12 章　明天：平台革命的未来 …… 261

行业具备哪些条件才能引发平台革命 …… 262

教育：作为全球教室的平台 …… 265

医疗卫生：连接难以驾驭的系统各部 …… 268

能源：从智能电网到多向平台 …… 272

金融：货币走向数字化 …… 274

物流与运输 …… 276

劳动和专业服务：平台重新定义工作的性质 …… 277

政府即平台 …… 279

物联网：平台的全球平台 …… 281

一个具有挑战的未来 …… 284

本章小结 …… 286

词汇表 …… 287

参考文献 …… 291

第 1 章

今天：
欢迎来到平台革命

2007年10月，一条互联网新闻推送瞄准了那些为工业产品做外观设计的设计师：他们设计的产品小到咖啡机，大到大型喷气式客机。这条推送为用户提供了一个不同寻常的住宿选择，专门面向那些即将参加两个工业设计组织大会的专家。这两个大会分别是：工业设计学会国际会议（ICSID）和美国工业设计师协会（IDSA）。

> 如果你正准备参加下周在旧金山举行的 ICSID/IDSA 国际会议/连接2007的活动，并且还没有预订住宿，那么可以考虑下"睡衣社交"（networking in your jam-jams）。除了酒店，为了在城市里找到能支付得起的住宿方式，想象你住在一个工业设计师同行的家中，在空气床上打盹儿后醒来，与房东一边吃着果酱馅饼、喝着橙汁，一边聊着当天即将举行的活动。

"睡衣社交"是由两个新生代设计师布莱恩·切斯基（Brain Chesky）和乔·吉比亚（Joe Gebbia）创想的点子，他们搬到旧金山但发现已经无法支付房租了。因为手头拮据，他们马上决定通过给参会者提供气垫床和旅游向导服务来赚钱。切斯基和吉比亚获得了三个周末的房客，赚了1000美元，这些钱足以支付他们下个月的房租。

他们这一次随意的空间共享经历即将掀起一个世界最大产业的变革。

切斯基和吉比亚招募了第三个合伙人柏思齐（Nathan Blecharczyk），帮助他们将廉租房生意做成一项长期业务。当然，出租他们在旧金山的阁楼收益并不令人满意，所以他们设计了一个网站可以让任何人、在任何时候，都可以出租闲置的沙发位或是客房给旅行者。作为交换，这家公司，也就是现在的爱彼迎（Airbnb），会在租金收入中抽取一小部分佣金。

这三个合伙人开始关注一些酒店经常售罄的活动，这一举措令他们在 2008 年举行的奥斯汀西南音乐节上大获成功。但是他们很快发现了美国国内，甚至全世界的旅行者对当地居民提供的友好实惠住宿的需求。

今天，爱彼迎这家创业公司是一个覆盖 119 个国家的独角兽，管理从公寓、普通住宅到城堡等，超过 50 万套房源，服务超过 1000 万名会员。在最近的一轮投资中（2014 年 4 月），该公司估值超过 100 亿美元，同期只有极少的几家世界最大的连锁酒店的估值能超过这个数字。

不到 10 年的时间里，在从未拥有一间自己的酒店房源的情况下，爱彼迎赢得了传统酒店行业越来越多的顾客。

这是一个戏剧性的，令人始料未及的变革。然而，爱彼迎仅仅是拥有相似的 DNA 且近乎不可能的一系列行业巨变中的一员。

- 2009 年 3 月，通过智能手机约车的服务商优步在旧金山成立。在短短不到 5 年的时间里，投资者对其估值超过了 500 亿美元，在全球超过 200 个城市里挑战颠覆传统出租的业务，却始终没有自己旗下的车辆所有权。

- 中国的零售业巨头阿里巴巴，仅旗下一个入口淘宝网就管理着超过 10 亿种不同的商品（淘宝，是一个与 eBay 类似的消费者对消费者的电子商务平台），被经济学人称作"全世界最大的集市"，却没有一件商品库存是自己的。

- 有着超过 15 亿活跃用户查看新闻、照片、听歌和看视频，Facebook 在 2015 年获得了约 140 亿美元广告收入，成为世界最大的传媒公司，却从来没有任何一篇原创内容。

一个传统行业在短短的几个月里是如何被一个市场入侵者颠覆的？这些异军突起的公司不曾拥有传统定义的企业生存的必要资源，更不用说市场支配力？为什么一个又一个行业的变革在今天发生？

答案是平台的力量（power of the platform）——一个新兴商业模式利用科技连接起生态系统中互动的人、机构和资源，创造意想不到的价值并进行价值交换。爱彼迎、优步、阿里巴巴和Facebook只是变革性平台的四个例子，还有许多例子包括亚马逊、YouTube、eBay、维基百科（Wikipedia）、苹果手机（iPhone）、Upwork、推特（Twitter）、KAYAK、Instagram、Pinterest等。每个都唯一地专注于某一个独特的行业和市场，并且每个都利用平台的力量改变了全球经济的一部分。许许多多类似的变革已经在如火如荼地进行着。

平台是一个听起来简单，但是具有变革性的概念，它彻底地大范围改变了商业、经济和社会。实际上，只要任意一个行业中，信息是重要的组成部分，那么这个行业就是平台革命的候选者。这里就包括一些产品本身是信息（比如教育和媒体）的企业，也包括任何能获得顾客需求、价格变动、供需情况和市场趋势的企业，这些几乎涉及各行各业。

因此，那些快速发展的全球品牌日益被平台公司所主导也不足为奇。实际上，在2014年，世界上市值最大的五家公司中有三家采用了平台公司模式，它们是苹果公司、谷歌公司和微软公司。其中，谷歌公司在2004年上市。苹果公司在早期采用封闭的商业模式而不是平台模式的时候几乎破产。现在传统的巨头从沃尔玛到耐克，到约翰迪尔，通用电气和迪士尼都在争分夺秒地在它们的业务上采用平台模式。在不同程度上，平台模式在全球各个地区都占据着巨大的并且持续增长的经济份额（见图1-1）。

平台变革的力量同时也在方方面面改变每个人的生活，这在几年前都是让人难以置信的。

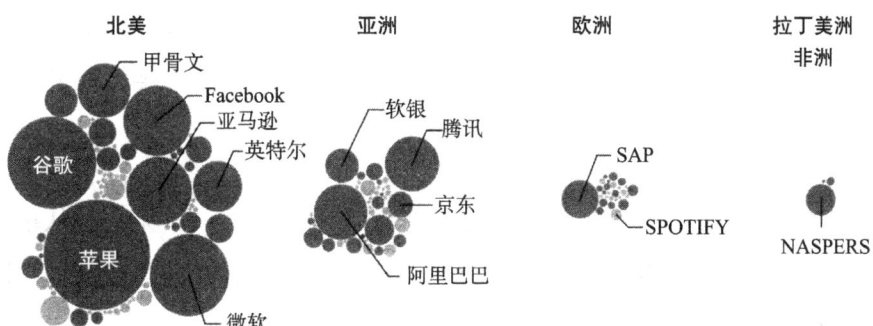

图 1-1　按照市值规模计算，北美比世界上其他区域拥有更多创造价值的平台公司。诞生在中国的平台企业，依靠其庞大、统一的市场，增长非常迅速。欧洲的平台企业的特点是更加细分，市值不到北美的 1/4。第三世界的非洲和拉丁美洲相对落后不远

资料来源：Peter Evans, Center for Global Enterprise.

- 乔·弗尔里斯（Joe Fairless）曾是一家纽约广告公司的主管，他的公司主要涉足房地产投资。通过在一个教育平台 Skillshare 上教授房地产课程，乔认识了几千名年轻投资者，也提高了演讲的水平——这使得他募集了超过 100 万美元。他辞去了广告公司的工作，成立了自己的投资公司。

- 当决定在年度小说创作月挑战赛中写一本书时，塔兰·马塔鲁（Taran Matharu）还是一个生活在伦敦的 22 岁商学院学生。他将书目摘要发布在一个分享故事的平台 Wattpad 上，从而迅速吸引了超过 500 万个读者粉丝。他的第一部小说 *Summoner* 在英国和其他十个国家出版。如今，马塔鲁已经是一个全职的作家。

- 詹姆斯·欧文（James Erwin）曾是一个在艾奥瓦州得梅因的软件应用手册的撰写者，同时也是个历史迷。某一个下午，他浏览了一个基于社群新闻的平台——Reddit，并留意到其中一个问题：如果现代美国海军与古罗马帝国作战将会发生

什么事情。他的回复立马吸引了很多狂热的追随者，几周内甚至谈成了一部电影制作的交易。欧文现在已经辞去了他的工作，转而开始了电影剧本创作。

教师、律师、摄影师、科学家、水管工或治疗师——无论你从事何种工作，一个平台都有可能带来改变，创造新的机会，并且在某些情况下，还能创造出高难度的挑战。

平台革命就在这里，并且都在向你传达同样的信息。但是平台究竟是什么？是什么让它与众不同？又是什么让它具有非凡的变革力量？我们将在本章余下的内容里探索这些问题。

让我们从一个基本的定义开始。平台是一种基于外部供应商和顾客之间的价值创造互动的商业模式。平台为这些互动赋予了开放的参与式的架构，并为它们设定了治理规则。平台的首要目标是：匹配用户，通过商品、服务或社会货币的交换为所有参与者创造价值。

从这方面开始解构，平台的功能显得如此简单。然而今天的平台，受助于数字技术从而消除了时间和空间的阻碍，利用尖端的智能软件工具能更准确、迅速、便捷地连接供应商和用户，创造出奇迹般的成果。

平台革命和变革的趋势

为了理解平台公司大爆炸所释放的强大力量，我们应该重新解读价值是如何被创造的，又是如何传递到主流市场的。大多数企业采用的传统系统是一种被我们描述成"管道"（pipeline）的东西。与平台不同的是，管道是一步一步创造和传递价值的过程，供应商在一端，而顾客在另一端。公司首先设计产品或服务，制造产品，然后投入市场进行销售或交付服务。最终，用户出现并购买产品或服务。由于它简单、单向的特性，我们也把管道业务称作线性价值链（liner value chain）。

在最近几年里，越来越多的商业从管道结构转向平台结构。在转换的过程中，简单的管道格局被转变成一种复杂的关系，供应商、顾客以及平台本身都进入了一个多变的关系网中。在平台世界里，不同的用户——一些是供应商，一些是顾客，还有一些是在不同的时间分别扮演不同角色的人——利用平台的资源与其他人进行连接和互动。在这个过程中，他们交换、消费，有时共同创造了某些价值。区别于从供应商到顾客的单向流动，价值在不同的地点以不同的形式被创造、改变、交换和使用，所有这些都基于平台的辅助在连接中实现。

每个平台的运营方式各不相同，它们吸引不同的用户，创造不同形式的价值，但在不同的平台公司中有一些相同的基本元素。例如，在移动手机行业，目前有两种主流平台——苹果的 iOS 系统和谷歌支持的安卓（Android）系统。在任何一个平台注册的用户都能享受该平台提供的价值，例如手机内置相机的图像制作功能。然而，他们同时也享受着一群开发者为拓展平台功能而生产内容所创造的价值，例如一个手机应用软件（App）的价值是在用户使用苹果手机时实现的。这是由于平台本身使得价值交互成为可能。

实质上，从传统的线性价值链向复杂的平台价值矩阵的转变看起来非常简单、直接。但是这其中隐含的意义令人震惊。一个又一个行业对平台模式的青睐导致在各行各业中产生了一系列翻天覆地的变化。让我们来看看这其中的几个变化。

平台之所以能打败管道，是因为平台借助规模化消除了守门人（gate keeper），从而使得其规模化更加有效。 直到最近，许多进行产品搭建的企业在管道的一端设计制造，在管道的另一端交付顾客。今天，许多基于管道的商业依然存在——但当基于平台的商业进入同样的市场时，平台总能取得胜利。

一个原因在于管道是由低效率的守门人管理着从供应商到顾客的价

值传递。在传统的出版行业，编辑在上千本书里选择几本投放市场，希望其能够成为畅销书。但这非常浪费时间，是一项靠直觉和猜测的劳动密集型工作。相反，亚马逊的 Kindle 平台允许任何人出版书，依靠实时的顾客反馈判断哪些书会成功，哪些书将会失败。由于传统的守门人——编辑被全社会的读者作为市场信号自动取代，平台系统成长得更加迅速和高效。

消除守门人也给了顾客更多的自由来选择产品，以满足需求。高等教育的传统模式迫使学生和他们的家长购买通用服务（one-size-fits-all bundles），包括行政、教育、设备、研究等。作为守门人的角色，大学可以要求家庭购买无差异化的打包服务，因为这是他们唯一能获得学位证书的方式。然而，如果有选择的机会，许多学生都愿意自己选择教育方式。一旦雇用单位可以认可其他学位证书，这对大学来说将是个极大的挑战。不出意料地，教育平台公司的首要目标就是开发这样一个不同的学位证书，比如 Coursera 公开课网站。

咨询公司和律师事务所也采用这种销售打包服务的形式。公司也许愿意为专业服务支付高价，但为了获得这种专业服务，它们不得不高价购买事务所里那些相对初级人员的服务。未来，最优秀的律师和咨询师可能独立为公司工作，在一个平台上提供后台支持和初级服务。像 Upwork 这样的平台已经为客户提供了专业定制化的服务，摒弃了传统守门人的捆绑销售。

平台之所以能打败管道是因为平台开发了价值创造的新来源。 想想酒店行业以前是怎么运营的。业绩的增长要求像希尔顿、万豪这样的酒店企业不得不增加房间数量，利用已有的品牌给顾客提供预订销售服务。这意味着需要持续寻觅有前景的商业地块，用现有的资产投资或建设新酒店，同时还要花费很多钱来维护、升级、扩大和提升已有的资产。

在某种程度上，新生代的爱彼迎的业务与希尔顿和万豪相同。就像其他酒店巨头一样，爱彼迎利用定价预订系统让顾客能查看、预订并支付需要的房间。但是爱彼迎将平台模式运用到了酒店业务：爱彼迎不拥有任何房间。相反，爱彼迎创造运营了一个允许每个人直接向顾客提供房间的平台。作为回报，爱彼迎对平台上的每一次租房交易收取9%～15%的佣金（平均值为11%）。[1]

这意味着爱彼迎的增长会远比一家传统酒店迅速，因为它的增长不再受限于资金使用和固定资产管理。一家连锁酒店可能要花费几年的时间选择购买地块，设计建造新酒店，然后雇用，培训员工。相比之下，爱彼迎能迅速增加资产"存量"，只要它能让有空置房间的房东注册房源。结果仅在短短几年里，爱彼迎达到了传统酒店经营者要冒着风险辛辛苦苦经营数十年才能达到的规模和市值。

在平台市场里，供应方的特性已经改变了。供应方现在解封了闲置的产能，使得社群住房成为供应侧的贡献者。尽管传统商业能达到最精益的实时库存管理（Just-in-time inventory），但是新生代平台商业里从来没有自己的库存（not-even-mine inventory）。如果赫兹租车（Hertz）能刚好在飞机抵达的时候派出汽车到机场接机，这是最理想的情况。而如今租车平台RelayRides向出发的（departing）旅客租车，然后出租给到达的（arriving）旅客。这样一来，以前要支付停车费的离港旅客现在能得到租赁收入，并且车的交通险对租客也是有效的。除了赫兹租车和其他传统租车公司，所有人都能获利。电视台搭建演播室，雇用员工拍摄电视节目。视频网站YouTube，比任意一家电视台都有更多的观众，其商业运营模式则大相径庭，并且使用观众生产的内容。除了电视网络和垄断了影片生产的电影公司之外，所有人都能获利。总部在新加坡的维奇（Viki）正在挑战传统媒体的价值链，通过翻译者的开放社群为亚洲电影和肥皂剧添加字幕。然而，维奇将这些有字幕的视频授权给其他国家的转播公司。

平台通过开发新的供应产品投放市场，颠覆传统的竞争局面。那些必须承担固定成本的酒店发现要和没有固定成本的公司竞争。这对新兴公司来说是可行的，因为平台中介能够帮助它们利用闲置产能。**共享经济**（sharing economy）分享的前提是许多物品在大多数时间是闲置的，如汽车、船，甚至剪草机等。在平台兴起之前，人们很可能把闲置物品租借给亲戚、好朋友或邻居，但很难租借给陌生人。这是因为对于陌生人，你很难相信使用了爱彼迎之后，你的房子还能保持原样；通过 RelayRides 租车后，你的汽车能完好无损地被归还；或者使用了 NeighborGoods 后，你的剪草机还能被还回来。

查证信用和诚信是一笔很高的交易成本，通常对交易有阻碍作用。而平台通过提供默认的保险合同和信用系统鼓励诚信行为，显著降低了交易成本，并为首次供应产品的新供应商创造了市场。

平台之所以能打败管道，原因在于借助基于数据的工具创造了社群反馈回路（community feedback loops）。我们已经看到 Kindle 平台是如何依赖社群读者的反馈决定哪些书畅销、哪些书不会畅销。所有的平台都依赖着类似的反馈回路。像爱彼迎和 YouTube 使用这种反馈回路与传统的酒店和电视台竞争。当这些平台汇集了社群观众对内容质量的反馈（以 YouTube 为例）或者顾客对市场供应方服务的评价（以爱彼迎为例），随后的市场交互变得越来越高效。其他用户的反馈让你在平台上更加便利地寻找符合需求的视频或租房信息。那些受到多数差评的产品通常会在平台上完全消失。

相反，传统管道公司依赖控制的机制：靠编辑、经理、监管者来保证质量和市场互动的形成。这些控制机制成本高，且会影响发展规模。

维基百科的成功表明了平台能利用社群反馈来取代传统的供应链。

像《大不列颠百科全书》（Encyclopaedia Britannica）这样的参考工具书是由学术专家、作家和编辑组成的昂贵、复杂的、难以管理的集中式供应链完成的。利用平台模式，维基百科借助外部撰稿者增强了对信息内容的审查，建立了一个在质量和范围上堪比《大不列颠百科全书》的信息库。

平台颠覆公司。因为平台最重要的价值是由社群用户创造的，平台商业必须将它的工作中心从内部活动转向外部活动。在这个过程中，公司运作模式发生了根本性颠倒——从市场营销开始拉动信息科技、运营、战略等，更关注业务外部的人、资源和功能，用于补充或替代存在于传统商业模式之内的要素。

用于描述这种倒置过程的说法因业务功能的不同而千差万别。对于市场营销，比如可口可乐公司的首席信息官罗伯·凯恩（Rob Cain），强调，以往用于定义信息传递系统的关键术语从广泛传播（broadcast）变成了市场细分（segmentation）、病毒式传播（virality）和社会影响（social influence），从推动式（push）变成拉动式（pull），从向外输送（outbound）到向内整合（inbound）。所有的这些术语的改变反映了一个事实，曾经由公司员工和代理机构发布的市场营销信号现在靠消费者群体进行传播——这是平台模式主导下的传播本质的颠覆。[2]

同时，信息技术系统已经从后台企业资源计划系统（ERP）演变成前台的顾客关系管理系统（CRM），最近又进化到利用社交媒体和大数据走出办公室的实验，这是从向内聚焦转变成向外聚焦的另一种形式。在财务方面，从关注股东权益和公司贴现现金流，转变成关注利益相关者和发生在公司外部的互动。

运营管理也从优化公司存货和供应链系统转变成管理公司非直接控制的外部资产。汉威士传媒集团（Havas Media）分管战略的高级副总裁汤姆·古德温（Tom Goodwin）简洁地描述了这种变化："世界最大的出租车公司优步，不曾拥有一辆车。世界最流行的社交网站Facebook，没有生产过任何内容。最有价值的零售商阿里巴巴，没有一件商品库存。还有世界上最大的民宿网站爱彼迎，旗下没有一处房源。"[3]这是因为社群提供了这些资源。

战略从掌握独有内部资源和构筑有竞争力的壁垒，转变为调动外部资源和激发社群内的活力。此外，创新不再是让专家闭门造车，而是通过众筹、独立参与者在平台上迸发的点子产生的。

外部资源并没有完全取代内部资源，而通常是互补的关系。但是平台公司强调生态系统治理更甚于产品优化，强调外部合伙人的观点更甚于内部员工的控制。

平台革命：你将如何应对

就像你在本书中看到的，平台的崛起掀起了经济、社会各个方面颠覆式的改革，从教育、传媒、医疗、能源到政府。图1-2是一个列举了一些采用平台模式的领域的不完整统计，并列出了在对应行业中知名的公司。需要注意的是，这些平台公司仍在持续进化中，许多平台为自己设置了多个目的，并且新兴的平台公司像雨后春笋般层出不穷。你可能熟悉列举在这里的大多数公司，而对其他一些则不熟悉。本书将会针对其中一些公司的故事详细阐述。我们的目标不是提供一个综合的、系统的概括，而是一个简单的速写，描绘在世界范围内，平台公司的日益增长的规模和重要性。

表1-1揭示了平台公司之间的显著的多样性。乍看之下，像推特和通用电气、Xbox和猫途鹰、Instagram和约翰迪尔都没有太多相似性。然而，所有的平台都有一套相同的基础平台基因——它们都是为了创造生产者和顾客的匹配以及促进他们间的交互，不论交换的产品是什么。

作为平台崛起的一个成果,几乎所有的传统商业管理实践,包括战略、运营、市场、生产、研究和开发,以及人力资源都在经历一场剧变。我们正处于一个极其失调的状态中,影响着每家公司和每个商业领袖。平台模式的到来成了这场变革的主要原因。

表1-1 迄今为止,平台模式改革涵盖的行业,并列举了一些相关行业里的平台企业

行业	案例
农业	约翰迪尔(John Deere)、Intuit Fasal
传播和社交	领英(LinkedIn)、Facebook、推特(Twitter)、Tinder、Instagram、Snapchat、微信
消费品	菲利普(Philips)、味好美(McCormick Foods FlavorPrint)
教育	Udemy、Skillshare、Coursera、edX、Duolingo
能源和重工业	Nest、Tesla Powerwall、通用电气、EnerNOC
金融	比特币(Bitcoin)、Lending Club、Kickstarter
医疗	Cohealo、SimplyInsured、Kaiser Permanente
游戏	Xbox、任天堂、PlayStation
劳动和专业服务	Upwork、Fiverr、99designs、Sittercity、LegalZoom
社群服务	Yelp、Foursquare、Groupon、Angie's List
物流和快递	Munchery、Foodpanda、海尔集团
传媒	Medium、维奇(Viki)、YouTube、维基百科(Wikipedia)、Huffington Post、Kindle Publishing
操作系统	iOS、安卓(Android)、MacOS、微软视窗(Microsoft Windows)
零售	亚马逊、阿里巴巴、Walgreens、巴宝莉(Burberry)、Shopkick
交通	优步(Uber)、位智(Waze)、BlaBlaCar、GrabTaxi、Ola Cabs
旅游	爱彼迎(Airbnb)、猫途鹰(TripAdvisor)

进而,平台专业知识和技能现在已经成为商业领导者的标配。但是大多数人,包括许多商业领袖仍然在努力挣扎着去面对平台的崛起。

在后面的几章里,我们会为平台商业模式及其对实体经济的影响提供一个综合性的指导。我们分享的见解是以大量的研究和我们作为平台顾问的工作经验总结而来,范围涵盖世界上各个国家的大型和小型企业或非营利机构。

你将了解到平台是如何运作的、它们采取的不同结构、创造的多种形式的价值以及它们服务的几乎无限范围的用户。如果你有兴趣想要

创建自己的平台公司，或者利用平台模式转型现有业务，本书将是指引你驾驭设计复杂性、启动、管理、运营和培育一个成功平台的指南。当然，如果你对创立一个平台并不感兴趣，那么你将学习平台日益蓬勃的力量如何影响企业家、专家、消费者和普通人，你可以如何更愉悦地（盈利地）参与到各种平台商业主导的经济体中。

不管你在今天迅速变化的经济中担任何种角色，现在是你掌握世界平台的规范的时候了。从下一页起，我们将帮助你实现目标。

本章小结

- 平台的首要目标是：匹配用户。通过商品、服务或社会货币的交换为所有参与者创造价值。
- 因为平台商业利用不直接拥有或控制的资源创造价值，因此它们能够比传统业务增长得更迅速。
- 平台绝大部分的价值是从它们服务的社群获取的。
- 平台颠覆了企业，模糊了业务界限，并且促使企业从传统的向内聚焦到向外聚焦转变。
- 平台的崛起已经改变了许多主要行业——更有甚者，同样显著的变革就要到来了。

第 2 章

网络效应：
平台的力量

2014年7月,一场针对一个看似神秘主题的公开辩论在一位来自纽约大学的著名金融学教授和一位来自硅谷的卓有声望的风险资本家之间展开。

埃斯瓦斯·达莫达兰(Aswath Damodaran),纽约大学公司财务与评估课程首席教授及教材的作者,久负盛名的赫伯特·西蒙奖2013年的获奖者,在发表了对用智能手机软件应用将乘客与司机联系起来的平台公司优步进行估值的文章后,他发起了这场辩论。7月初,优步完成一个12亿美元的融资回合,这个融资回合对该公司的交易前估值为170亿美元。达莫达兰说,"对一个收入只有几亿美元的年轻公司来说,这是一个难以置信的数目"。[1]他表明优步公司值这么多钱或像有的人所声称的值更多钱的观点,只不过是硅谷傲慢的另一个标志罢了。

达莫达兰的判断是基于金融学的经典工具做出的。他估计了全球出租车市场的规模、优步未来的市场份额及其可能带来的收益。接着他使用了风险调整后的现金扣减,得出了该公司价值约为59亿美元。他甚至十分坦诚地将他的电子试算表公布在了网上,使别人能够检验他的推断。

比尔·格利(Bill Gurley)是标杆资本风投公司(Benchmark Capital)的一名合伙人,也是优步在硅谷的投资人之一,他接受了这一挑战。作为最早一批投资OpenTable、Zillow和eBay这些火箭式增长的科技公司的著名风险投资家,格利认为170亿美元的估值很可能低估了优步的价值,达莫达兰给出的数字是低估了25倍。[2]用经济学家W.布莱恩·亚瑟(W. Brain Arthur)的网络效应分析进行计算后,格利对达莫达兰关于优步总市场规模和潜在市场份额的推断提出了质疑。[3]

优步以一种经典的平台形式为消费者提供了匹配服务。它帮助乘客找到司机,同时帮助司机匹配乘客。随着司机的不断加入和城市覆盖率的提高,大量显著的增长动力开始显现。乘客对优步做了口碑营销,还有乘客兼职做优步的司机。乘客等候出租车的时间缩短了，司机的空载时间也缩短了。更少的空载时间意味着即使在车费降低的情况下，司机的收入不会下降，因为在相同的工作时间内有了更多的乘客。这样一来，更少的停工时间使优步降低了价格，也刺激了需求，而这一需求创造了一个良性循环，使它的市场覆盖率进一步提升。

在格利的文章中，他引用了另一个投资人的图来阐释这一良性循环的工作原理，那张图是大卫·萨克斯（David Sacks），亚美（Yammer）的联合创始人、PayPal 的前任 COO 在餐巾纸上所画的草图（见图 2-1）。

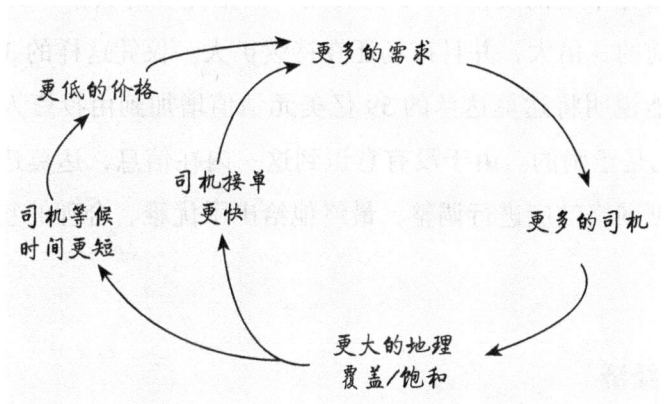

图 2-1　大卫·萨克斯关于优步良性循环模式的餐巾纸草图（已得到授权进行转载）

萨克斯的餐巾纸草图引用了**网络效应**（network effects）的一个经典案例。它表明了在越来越多人使用优步的情况下，优步对每一位用户的价值是如何提升的。这样一来也吸引了更多的用户，从而提升了服务的价值。

网络效应指的是一个平台的用户的数量对用户所能创造的价值的影响。**积极的网络效应**（positive network effects）指的是一个巨大的、管理完善的平台社区所有的，为每一个平台用户创造重要价值的能力。消极的网络效应指的是管理不善的平台社区的增加，能够减小为每一个用户所创造的价值的可能性。

正如我们在图 2-1 中看到的一样，积极的网络效应是平台公司中价值创造和竞争优势的主要管道。然而，网络效应也可以是消极的，本章我们将会解释消极的网络效应是如何以及为何产生的，以及平台公司的管理者面对这一情况要怎么办。但是第一步是理解如何通过积极的网络效应创造价值。

格利展示了一组数据，2014 年上半年，网络效应已经开始促进优步的发展。当优步的首席执行官特拉维斯·卡拉尼克（Travis Kalanick）在 2009 年为优步寻找种子资金时，在优步的家乡旧金山市，出租车和豪华轿车服务市场的规模为 12 亿美元。根据优步的数据，2014 年的市场已是之前的 3 倍大，并且市场还在持续扩大。仅凭这样的 3 倍速度的增长，就能说明将达莫达兰的 59 亿美元估值增加到由投资人所估计的 170 亿美元是正确的。由于没有意识到这一内在信息，达莫达兰没将他的计算根据网络效应进行调整，最终他给出了优雅、合理的签名，大度地认输。

需求规模经济

网络效应代表了一个新的、由科技创新驱动的经济现象。在 20 世纪的工业时代，**供应规模经济**（supply economies of scale）催生了许许多多的垄断巨头。这些是由生产效率驱动的。随着生产数量的增加，生产效率使得生产产品或服务的单位成本降低。供应规模经济能够给工业经济中体量最大的公司带来成本优势，而这样的成本优势使公司的竞争者很难为之抗衡。

由此可以想到那些在工业时代成长起来的巨无霸公司。在钢铁生产领域，英国的冶金学家贝塞麦（Bessemer）发明的转炉炼钢法，采用将空气注入液态熔渣中的方法去除杂质，将生产成本从每吨 40 英镑降到了每吨 7 英镑。运作 18 个 5 吨贝塞麦鼓风炉，巴罗赤铁钢铁公司

（Barrow Hematite Steel Company）在20世纪初，成为世界上最大的钢厂。同样地，在当今化肥生产中，有一半都使用德国的哈伯法来提取空气中的氮气生产化肥。而这种方法为当今最大的化学公司巴斯夫公司（BASF）的崛起做出了很大贡献。美国的托马斯·爱迪生在照明设备和廉价发电方面的发明使通用电气（General Electric）得以发展，同时亨利·福特（Henry Ford）采用流水线技术加速了福特汽车公司的崛起。生意越大，生产、市场、销售的成本就越低，这样的良性循环使得公司稳步地发展，利润也越高（直到这一过程被政府介入，受到阻碍，或是颠覆性的技术创新改变淘汰了旧的经济模式）。

在21世纪的互联网时代，**需求规模经济**（demand economies of scale）造成了一定程度上的垄断。（"需求规模经济"这一术语由两名业界专家首先使用，即谷歌首席经济学家哈尔·瓦里安（Hal Varian）和商学院教授卡尔·夏皮罗（Carl Shapiro）；他们还普及推广了网络效应这一概念。）[4] 与供应规模经济相反的是，在利润等式的左边，需求规模经济利用了技术的进步在需求侧取得优势——从生产角度来说是利润等式的另一部分。社会网络的效率、需求聚集、应用程序开发和其他的现象促使规模越大的网络越有价值，以此驱使着需求规模经济。它可以给平台市场中最大的公司提供网络效应优势，这样一来会使其他竞争公司极难与之抗衡。

需求规模经济是积极网络效应最基本的来源，也是当今世界经济价值的主要驱动因素。这并不意味着供应规模经济已不再重要，它当然重要。但以网络效应为形式的需求规模经济，已成为最重要的差异化因素。

梅特卡夫定律（Metcalf's law）能够有效地概述网络效应如何为该网络参与者、拥有者和管理者创造价值。以太网的发明人之一，也是3Com公司的缔造者罗伯特·梅特卡夫（Robert Metcalfe）指出，随着订户数量的增加，电话网络的价值呈现非线性增长，使得订户之间可以有更多的连接。

当网络中只有一个节点时，连接线路是不可能存在的。一位麻省理工学院的教授喜欢开玩笑说"历史上最伟大的销售员奖"应该颁给卖掉第一台电话的人。按理来说，这并没有什么价值，因为当世界上只有一台电话的时候，你没法给任何人打电话。但随着买电话的人增多，价值也就随之上升了。在有两台电话的情况下，一条连接就成为可能；四台电话会有六条连接；12台电话会有66台连接，而100台电话会有4950条连接。这被称为**非线性**（nonlinear）或**凸型增长**（convex growth），而这正是诸如20世纪90年代的微软公司、当今的苹果公司和Facebook的典型增长模式，也将会是优步的明天。（反过来说，它也解释了黑莓公司在21世纪初期的**凸型崩溃**（convex collapse）：随着黑莓平台用户的流失，网络节点的减少使得该网络的价值陡然下降，这促使更多用户放弃黑莓转向其他设备。）

主要的经济效果应运而生。通过网络效应得到的增长导致了市场的扩张。新的购买者受到越来越多网络中的朋友的吸引而进入市场。如果价格也降低的话（通常情况下，价格会随着技术成熟和生产数量的增加而降低），那么网络效应和低价格的相互作用将会扩大市场。

双边网络效应

大卫·萨克斯的草图表明了第二个驱动力在优步的增长中发挥作用，我们称其为**双边网络效应**（two-sided network effect）[5]。在梅特卡夫的电话例子中，电话用户吸引更多电话用户。但在优步的例子中则包含了双边网络：乘客吸引司机，司机吸引乘客。这一相似的驱动力存在于很多其他平台公司中。在谷歌的安卓一例中，应用程序开发者吸引消费者，消费者也吸引应用程序开发者。在Upwork（原名Elance-oDesk）

上，工作列表吸引自由职业者，自由职业者也吸引工作列表。在PayPal上，商家吸引顾客，顾客吸引商家。在爱彼迎上，房东吸引房客，房客吸引房东。所有这些商业以正面反馈引起双边网络效应。

对刺激网络增长来说，这些效应的重要性是如此之大，以至于平台商业通常花钱将一边参与者吸引到市场上来。他们明白，如果他们能使一边加入平台，那么另一边也会随之加入。双边网络效应及其积极的反馈解释了优步如何能将从比尔·柯尔利（Bill Gurley）和其他投资人手里融到的几百万美元分解成无数的30美元乘车代金券发放给乘客。优步的优惠券以吸引司机和之后愿意付全款来参加网络的乘客这一良性循环的方式获得了市场份额。

一个常见的（非高科技）例子是一个举行每周女士之夜的当地酒吧，这里为女士提供打折饮品。当女士光顾酒吧后，男士也愿意加入进来，而且他们很乐意以全价购买自己的饮品。这样一来，在一个双边市场中，如果扩大A市场能够使与之相关的B市场也扩大，那么在A市场中付出的财物损失便具有了经济意义，这不仅是暂时的而是永恒的！唯一的条件是在B市场得到的利润要超过在A市场受到的损失。

网络效应VS.其他促进增长的工具

将网络效应与其他诸如**价格效应**（price effects）、**品牌效应**（brand effects）等常见的建立市场的工具加以区分是十分重要的。对这些区别的误解是当前对平台商业模式估值产生疑惑的原因之一，这些误解也带来了1997～2000年的互联网泡沫的产生和破灭。

在互联网兴盛期，在诸如eToys、网络货车和FreePC这样的创业公司中的投资人十分现实地将市场份额视为商业成功的唯一重要标准。被"快速扩张"和"要么扩张，要么失败"这样的口号所迷惑，这些投资人催促公司花大价钱吸引消费者，希望以此得到不可超越的市场份额优势。创业公司的对策是，通过打折和发放优惠券创造价格效应。以极低的价格吸引消费者，有时价格甚至低到零，是一种绝不会错的购买市场份额的方法，至少暂时是这样的。像在 2009 年由《连线》杂志前主编克里斯·安德森（Chris Anderson）出版的畅销书《免费：商业的未来》(Free: The Future of a Radical Price)，大力宣扬赠品作用，设想一个从"免费的"到"优质的"再到"免费且优质的"产品或服务价格的稳步攀升。

问题在于价格效应是会逐渐消失的。它会在打折结束或者其他公司给予更优价格的时候消失。通常情况下，只有 1%～2% 的顾客会从免费享用转变为付款消费。因此，正如美国著名的孵化器科技之星（Techstars）的首席执行官兼创始人大卫·科恩（David Cohen）所说，你需要接触到成几千万的顾客才能使赠品模型变得有利可图。[6] 比起很难盈利，免费模式还带来了许多不速之客。FreePC 在 1999 年免费发放奔腾电脑以换取广告观看量和网络销售的前景时发现，免费且优质的模型里会掺杂进很多占小便宜的人。[7]

品牌效应更是棘手。它会在人们将质量与特定的品牌联系时产生。但品牌效应，像价格效应一样，通常很难维持。它也很可能极其昂贵。eToys 花费了好几百万美元创立了一个品牌，希望与亚马逊和玩具"反"斗城（Toys 'R' Us）竞争，一家名叫 Kozmo 的网络公司承诺在美国主要城市开展免费的一小时食品、书籍、咖啡和其他基本商品的配送服务，并聘请女演员琥碧·戈柏（Whoopi Goldberg）做代言人，以股票作为报酬，结果这一业务在之后不久就宣告失败。2000 年 1 月，互联网泡沫到达顶点时，19 家创业公司买下超级碗的广告，每条花费超过 200 万美元只为建立品牌认知。大约 10 年之后，其中的 8 家公司已不复存在。[8]

价格效应和品牌效应在一家创业公司成长的战略中拥有一席之地。

但只有前面提到的网络效应才能创造良性循环，这一良性循环会建立一个长久的用户网络，我们将这一现象称作**锁定**（lock-in）。

其他容易与网络效应混淆的增长工具是病毒式传播。病毒式传播从短语"像病毒式增长"而来，是一种理念或品牌在互联网用户中快速广泛传播的趋势。

病毒式传播能将用户吸引到网络中，例如，一个十分讨喜的、有趣的或令人惊讶的视频的粉丝会说服他们的朋友也上 YouTube。但是网络效应将他们留在那里。病毒式传播是吸引不在平台上的人群加入平台，而网络效应则是通过平台上的人群增加价值。

2000 年互联网由盛转衰，本书的两名作者（杰奥夫雷·帕克和马歇尔·范·埃尔斯泰恩）刚刚从麻省理工学院获得博士学位，两人入迷地关注着这一循环，观察了一些诸如标杆资本和红杉资本（Sequoia Capital）这样明智的投资公司的盈亏。风险投资公司标杆资本目前已投资优步，之前投资了网络货车，被科技资讯网（CNET）评为史上最大的网络灾难之一。[9] 红杉资本也曾投资过网络货车，但它现在投资了苹果公司、谷歌和 PayPal。

究竟是什么原因导致有些公司成功，有些公司失败？我们调查了许多事例，发现失败的公司大多依赖价格效应或品牌效应。与其不同的是，成功的公司则采用一个十分有用的想法：增加一个用户群的流量来吸引其他用户群的利润。我们在一篇论文中阐述了我们的发现，这篇论文分析了双边网络效应的的数学运算过程。[10] 今天，如 eBay、优步、爱彼迎、Upwork、PayPal 和谷歌等成功的平台企业都在很大程度上展现了这一模型。

扩大网络效应：无缝进入及其扩展工具

正如你所见，网络效应取决于网络的规模。[12] 一个重要的推论是有效的平台能够快速而轻易地进行规模扩张，从而扩展由网络效应衍生出的价值。

现在大家都已经难以记起，曾经雅虎是一个比谷歌更流行的网站。尽管雅虎早发展了四年，但谷歌战胜雅虎生动地阐释了扩展双边网络能力的重要性。

雅虎以人工编辑数据库起家。它使用在分类下用树状结构进行子分类的思路，像图书管理员整理书籍或生物学家整理植物和动物种群一样对网页进行分类。这种模式成功运行了一段时间。但在20世纪90年代到21世纪初，由于网络用户的增长和网页制作者呈指数级速度增加，基于雅虎员工编辑的层次数据库已经无法适应。[13]有一个作者回忆起向雅虎提交网页的经历，在提交之后等了几天甚至几个星期才看到结果在总清单中显示。（难怪受挫的用户开始宣称雅虎代表着"另一种正式层级化体系"。㊀）

相较之下，谷歌利用网页制作者的工作来服务网页搜索者。谷歌的网页排名算法（page rank algorithm）考虑了网页之间的关联程度。为了吸引网页浏览者，网页制作者已经站在用户的角度进行思考。从更重要的网页中抓取的更多链接意味着更高优先级的搜索结果。所以，谷歌的算法有效地匹配了双边网络。不仅算法处理网页的规模远高于员工，使用网页链接作为关键排序工具将工作的重点从公司内部转移到了公司外部，这样大众的选择能够控制行动，这是一个远比雅虎更具可扩展性的模型。

谷歌的案例表明，允许**无缝进入**（frictionless entry）的网络能够有机地、无限制地增长。无缝进入指的是用户能够快速且轻易地加入一个平台，开始利用该平台创造价值。

㊀ 雅虎英文名称恰是这个词的词头缩写。——译者注

无线T恤公司（Threadless）是一家由信息技术服务、网页设计、咨询方面的专家创立的公司。他们的商业模式包括举办对外部参加者开放的每周设计比赛、只印制设计人气最高的T恤和将T恤卖给他们日益扩大的顾客群。无线T恤公司不需要雇用艺术天才，因为有一批有经验的设计师为奖品和荣誉竞争，贡献优秀的设计作品。它不需要做市场营销，因为热情高涨的设计师会联系他们的朋友来吸引投票和销售。它也不需要做销售预测，因为投票的顾客已经表明他们会买的件数。通过外包生产，无线T恤公司也能使其装卸和存货成本达到最低。多亏这些无缝模型，无线T恤公司能够以最小的结构限制迅速且容易地扩展。

无线T恤公司的商业模式是意外发现的。起初创立人以为他们开展的是网络服务业务，给需要打开网销管道的公司提供咨询服务。但这种模式无法扩展：每一个项目都需要单独地协商，每一个项目都需要员工做大量工作，完成之后，没有一个项目能够原封不动地复制到其他项目上。公司的创始人发起T恤比赛网站起先是作为一个副产品以展示其能力。它仅仅是其中一个创始人曾经参加过的线下比赛的网络复制品。当这一副产品迅速蹿红后，它巨大的扩展性优势变得明显起来。

扩展一个网络需要双边市场成比例地增长。例如，一位优步司机一小时内平均能为三位乘客提供服务，所以对优步来说拥有一名乘客和1000名司机或1000名乘客和一名司机是完全没有意义的。爱彼迎面临一个扩展房东和房客的平行问题。如果一方变得不成比例，依靠优惠券或者打折来为另一方吸引更多参与者才能成就好买卖。

在某些情况下，平台的增长可以被**用户角色转换**（side switching）促进。这一效应发生在平台一方的用户加入另一方，例如当那些商品或服务的消费者开始为其他消费者生产商品和服务。在有些平台上，用户可以轻易且不间断地参与转换。

例如，优步从其乘客群中招募新的司机，就像爱彼迎从其房客群中招募新的房东。一个可扩展性的商业模式、无缝进入和用户角色转换同时促进了网络效应。

消极的网络效应：原因及解决方法

到目前为止，我们关注的都是积极的网络效应。然而，这些让平台网络迅速发展的特质，也可能导致其迅速失败。网络的发展能够产生消极的网络效应，它们可能会赶跑参与者，甚至可能导致平台公司的彻底失败。

人数增加让生产商和消费者之间有更多匹配的可能性，这同时也大大增加了两方找到最适合伙伴的难度，这时候一个消极网络效应出现了。只有对信息进行有效**策展**（curation）从而平衡无缝进入，才能避免这一困境。这个过程涉及平台筛选、控制并限制用户对平台的使用及参与的活动，以及和其他用户建立联系使用的过程。当平台的这个特质得到有效管理，用户就可以很容易地找到能够创造价值的伙伴配对；如果缺少这种策展，或者管理不当，用户很难在大堆无用的匹配中找到最可能有价值的一个。

婚恋网站丘比特发现，如果管理不谨慎，规模（匹配）可能导致网络崩溃。根据丘比特的CEO克里斯蒂安·鲁德尔（Christian Rudder）所说，当婚恋网站上有很多用户时，平台上的男性往往会接近最漂亮的女性。给男生定标的行为导致了一个问题，那就是接近特别有吸引力的女性的那些男性大部分会变得没什么吸引力——就像老话说的，她和他们"不是一个世界的人"。当这些B等的男性（这是我们的定义，不是鲁德尔说的！）向想要约会的A等女性套近乎时，没有人会觉得开心。漂亮的女性不高兴，而且很有可能因为所有这些未经筛选的关注放弃这个网站；与此同时，B等男性不高兴，因为他们感兴趣的女性从来不回应他们。而少数非常有吸引力的男性原本有机会和最有魅力的女性在一起，但是现在这些女性要离开这个平台了，所以他们也不高兴。[14]

一旦这一切发生了，各种魅力级别的男性全部涌向第二魅力级别的女性，同样的过程又会再发生一遍。网络效应逆转，这种商业模式随之垮台。

为了解决这个问题，丘比特实行了一种策略，即多级别的网络配对。第一级别解决了最突出的问题，即兴趣爱好的匹配。两个人都抽烟吗？都喜欢文身和恐怖片？都相信恐龙吗？这个级别排除了很多明显不合适的配对，减少了这个过程中的参与者人数。

第二个配对级别解决了魅力值匹配的问题——也就是说，两个人是"同一个世界的人"。根据其他用户的反应，如果丘比特的算法认定乔显然没有玛丽有魅力（打个比方），那么乔平时搜索配对时，就不会看到玛丽的照片。（她可能在出现有高度针对性的搜索里，而不会出现在其他地方。）相反，乔会看到那些被认为和他魅力值相当的女性。这种结果是双赢的。玛丽会更开心，因为这个平台帮她找到了她一直在寻找的人，同时保护她免受太多人的猛攻。乔也会很开心，因为以前他被冷眼以待，而现在那些女性会回复他的信息。

当然，使用这种算法意味着，当一个男生在使用丘比特搜索时只看到长相平平的女生，他很可能高估了自己的长相，觉得自己和电影明星一样帅。但是他配对成功的概率大大增加了，从长远来看，这会带来更高的满意度。

像丘比特采用的那样有技巧的策展极大地减少了消极网络效应。与此同时，它增加并利用了积极网络效应的益处。随着网络参与者越来越多，有关他们的信息量也在增加。正如任何一个统计学家都会说的，数据量增多后，你从数据中得出的推论的准确度和价值也会提高。因此，网络发展的规模越大，策展会越好——我们称这种现象为**数据驱动的网**

络效应（data-driven network effects）。当然，这取决于策展工具设计良好，且一直不断测试、更新和改进。

相反，策展不当会导致更多的噪声，使得平台的实用性降低，甚至导致其崩溃。聊天轮盘（Chatroulette）在迅速发展不久就经历了这样消极的反馈回路，很快就莫名其妙地失败了。

聊天轮盘是从世界各地随机选取两个人进行视频聊天。只要发起一个新连接或者直接离开，人们就可以随时结束一场对话。这个网站出人意料地让人上瘾，短短6个月的时间内，从2009年下半年刚起步的20个人发展到超过150万名用户。

最开始的时候，聊天轮盘没有注册要求，也不做任何控制，这就导致了众所周知的体毛旺盛的裸男（naked hairy men）的问题。随着这种没有监管的网络不断发展，越来越多体毛旺盛的男人赤身裸体出现在视频内，导致其他很多不裸体毛也不旺盛的人放弃了这个网络。随着合法用户退出，平台的噪声级别提高，而这导致了消极的反馈回路的出现。

聊天轮盘认识到它需要一种和平台发展相配合的策展方式。现在，这个平台让用户筛选其他用户，且使用算法来检查呼叫者的形象是不是得体，这个平台再次得到了发展——尽管比开始的阶段缓慢了很多。

每一个成功的平台都面临着匹配内容和分级关联的问题，这意味着在其发展的每一个节点，每一个成功的平台都必须解决有效策展这一挑战。我们将在下面几章再探讨策展的问题。

四种类型的网络效应

双边网络（也就是网络中既有生产商也有顾客）有四种网络效应。在设计和管理平台时，理解和考虑到这四种效应尤为重要。

在双边市场中，**单边效应**（same-side effects）是指由市场一边的用户影响这边其他用户而产生的网络效应——顾客对其他顾客的效应，以及生产商对其他生产商的效应。相比之下，**交叉效应**（cross-side effects）是指市场中一边的用户影响另一边的用户而产生的网络效应——消费者对生产商的效应以及生产商对消费者的效应。单边效应和交叉效应都有利有弊，取决于如何设计系统以及实施的规则。以下解释了这四种网络效应是如何工作的。

第一种类型，**积极的单边效应**（positive same-side effects），包括当同类用户数量上升时产生的积极效益——比如说，这种效应在贝尔电话用户数量增加时产生了。你有越多的朋友和邻居使用贝尔电话，你就能获得作为贝尔会员应获得的越多的好处。今天，消费者对消费者这种相当积极的效应可以被看作一个像是微软大型多人在线游戏机（Xbox MMOG）一样的游戏平台：你在这个平台上遇到越多的同伴玩家，你在使用这个平台的时候就能获得越多的乐趣。

积极的单边效应也能发生在生产商这边。比如说，想想看 Adobe 这种受众广泛的图像生产和共享平台。越多的人使用 PDF 平台创造和分享图像，你就能在出于自身需要使用这个平台生产图像的时候获得越大的好处。

然而，不是所有单边效应都是积极的。有时候平台的一边也会有不利于数量增长的一面，这被称作**消极的单边效应**（negative same-side effects）。比如信息技术平台 Covisint，它与服务提供商联合开发基于云的网络工具。随着 Covisint 平台上互相竞争的供应商数量不断增长，源源不断的客户被吸引到这个平台上，这也让供应商非常高兴。但是当供应商数量过多，合适的供应商和顾客找到彼此的难度也会变大。

当顾客或供应商的得失基于平台另一方的用户数量时，交叉效应就产生了。当用户从市场另一边的参与者数量增长中获益时，出现的是**积极交叉效应（positive cross-side effects）。想想看一个像 Visa 卡一样的支付机制：当更多的商家（生产商）同意接受时，消费者（顾客）在消费中能体验到灵活性和便利，这就创造了积极交叉效应。同样的效应反过来当然也是成立的。越多的人持有 Visa 卡，商家也就拥有越多的潜在客户。同样地，当微软 Windows 系统的 App 开发者的数量增加时，对用户而言操作系统的实用性和功率也就会越强大；当 Windows 系统用户数量增加时，App 开发者也就能获得更多的潜在利益（经济上及其他方面）。积极的交叉效应产生的是双赢的结果。

当然，交叉效应不一定都是对称的。在婚恋网站丘比特上，女人对男人的吸引力大于男人对女人的。在优步上，司机比乘客对市场发展更重要。在安卓系统中，开发者的 App 对用户的吸引力大于用户对开发者 App 的吸引力。在推特上，绝大部分人读，少部分人发。在问答网站 Quora 上，绝大部分人提出问题，少部分人回答问题。[15]

然而，同样地，它也有不利的一面，这时候**消极交叉效应**（negative cross-side effects）产生了。想想看一个促进数字媒体分享的平台——音乐、短信、图像、视频等。在大多数情况下，生产商（比如音乐公司）数量的增加会给顾客带来积极的好处，但是也可能会导致复杂性和费用的加大。比如说，太多不同的数字版权需要受理。这时候，交叉效应从积极转变为消极，导致顾客放弃或者至少减少使用这个平台。同样地，当一个平台上相互竞争的商家发布大量信息带来乱七八糟的广告时，增加生产商多样性的积极影响可能会转变为消极的交叉效应，从而让顾客反感，也破坏了平台原本的价值。

由于消极的交叉效应不断增加，我们可以预见优步在发育初期将面临的困难。如果优步吸引的司机数量远远超过乘客数量，司机空载的时间就会增多；如果优步吸引的乘客数量远远超过司机数量，乘客等车的时间就会延长（见图 2-2，图中插入了反馈结果的循环过程）。

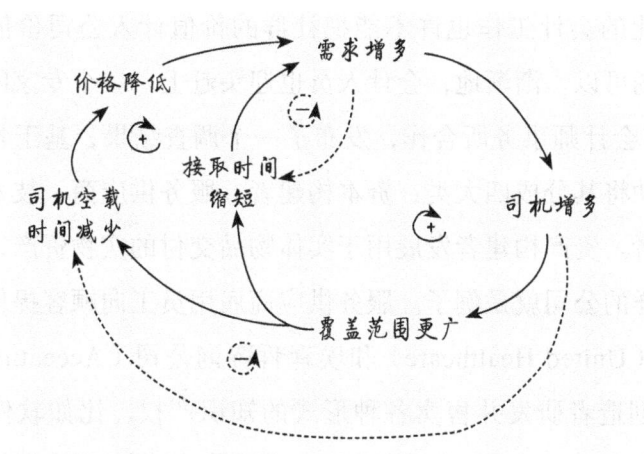

图 2-2 大卫·萨克斯画的优步餐巾纸草图,其中插入了一个消极的反馈回路

事实上,这一切正在发生。随着优步在既定市场上的占有率趋于饱和,司机数量过多且相互竞争,这增加了其空载时间并且导致一些司机放弃了这个市场。图 2-2 对优步的生长螺线的描述更加完整,强调了一个事实,那就是一家在双边市场上的公司必须处理这四种网络效应。好的平台管理会努力加强积极的网络效应,创造并强化尽可能多的积极的循环结果。对于这个话题,我们将在下面几章继续讨论,并就如何高效地应对这些挑战提供具体的建议。

结构性的变革:网络效应使公司关注点由内部转移到外部

正如我们所看到的,在工业时代,大公司依靠供应规模经济。相比之下,大多数网络时代的大企业依靠需求规模经济。像爱彼迎、优步、云存储、无线 T 恤、Upwork、谷歌和 Facebook 这些公司不是因为成本结构而有价值,比如它们利用的资金、运行的机器或者是指挥的员工。它们的价值源于参与它们平台的社群。图片分享应用——Instagram 以十亿美元的价格被收购的原因不是因为它有 13 个员工。WhatsApp 的售出不是因为它的 50 名雇员,这两家公司售出的原因相同,即它们创造出的网络效应。

标准化的会计工作也许不能把社群的价值计入公司价值中去，但是股票市场可以。渐渐地，会计人员也迎头赶上。一个专家团队与德勤（Deloitte）会计师事务所合作，发布了一个调查结果，基于各公司的主要经济活动将其分成四大类：资本构建者、服务供应商、技术创造者和网络协作者。资产构建者发展用于实体物品交付的实物资产，像福特和沃尔玛这样的公司就是例子。服务供应商雇用员工向顾客提供服务，像联合健康（United Healthcare）和埃森哲咨询公司（Accenture）就是例子。技术创造者研发并售卖各种形式的知识产权，比如软件和生物技术，微软和安进（Amgen）就是例子。而网络协作者开发网络让人们和公司一起创造价值——事实上就是平台公司。这份调查表明，在这四类中，网络协作者目前为止创造价值的效率最高。他们通常享有 8.2 倍的市场乘数（基于公司市场价值和市盈率之间的关系），而技术创造者是 4.8 倍，服务供应商是 2.6 倍，资产构建者是 2.0 倍。[16] 这只是简单地说明了数量差异代表了网络效应产生的价值。

另外，网络效应起作用的时候，产业根据不同的规则运行。[17] 原因之一是在公司外部衡量网络效应要比在内部简单很多——因为公司外部的人数总是要远远超出内部的人数。因此，网络效应起作用的时候，机构的关注点必须由内部转移到外部。公司要转变，关注点要由内转到外。人力资源管理从员工转移到大众。[18] 创新从内部研发转为开放式创新。[19] 让参与者创造价值的活动之前主要发生在内部的生产部门，而现在则源于外部生产商和顾客，这意味着对外部事物的管理能力已经变成了一种关键的领导力技能。发展不依靠横向整合和垂直整合，而依靠功能整合和网络协作。注重流程的金融和会计把重点由拥有的现金流与资产转变为能产生影响的社区及资产。虽然平台商业本身常常非常赚钱，创造财富的中心现在在机构外部而不是内部。

网络效应正在促成 21 世纪巨型公司的产生。谷歌和 Facebook 分别触及了超过世界 1/7 的人口数。在这个网络效应发挥了巨大作用的世界，用户生态系统是竞争优势和市场主导的新根源。

本章小结

- 鉴于供应规模经济促成了工业时代大公司的产生，今天的大公司则得益于需求规模经济，且以网络效应的形式表现出来。
- 网络效应与价格效应、品牌效应或者其他众所周知的工具不一样。
- 无缝进入以及延展性的其他特质最大限度地扩大了网络效应在创造价值这方面的影响力。
- 双边市场（既有生产商也有顾客）产生了四种类型的网络效应：单边效应（积极的和消极的），以及交叉效应（积极的和消极的）。一个发展中的平台必须妥善应对这四种效应。
- 让消极网络效应降到最低点的关键在于质量策展。它提高了生产商和顾客之间愉快配对的概率。

第3章

体系结构：设计成功平台的原则

我们怎样才能创造一个高参与度，且能够为用户创造价值的平台？怎样去提供工具和服务让生产者和消费者互惠互利？怎样才能设计出一个能够适应快速规模变化，放大积极网络效应，削弱消极网络效应的技术设施呢？

这些都是艰巨的挑战。平台是一个复杂多维的系统，它必须能够支持庞大的用户网络，因为用户的角色与互动方式是不同的。一个囊括整个行业的平台——比如说医疗保健业——需要支持医疗界有着各种不同动机的众多参与者的互动，而且那些动机也会随着经济、法规及技术形势的演变而经常改变。

复杂系统的设计者和创造者经常会发现寻找一个逻辑的开头是很困难的。这个问题在平台商业里是很严重的，因为它相比于线形设计的管道商业中存在的问题不同，且更加复杂。而目前，为了创造一个新的平台商业，现有的自然趋势是观察相似的执行方式并去效仿。但是因为没有哪两个市场会是一致的，所以这个策略经常失败。如果一个平台的设计欠妥，那么它创造的价值及其网络效应就会变得非常微小，甚至是丝毫都没有。

所以，我们该如何开始呢？最好的方法就是把注意力放在基本面上。平台到底有什么作用，又是如何运作的呢？

正如我们所看到的，平台会将生产者和消费者连接起来，并能够让他们交换价值。有些平台能够直接将用户联系起来，就像我们在社交网络上看到的那样。这些联系会让他们互相之间传递价值。而另外的一些平台虽然不会提供这种直接的联系，但是它们会创造其他的价值交换机制。例如，在YouTube上，视频的创造者就会在没有直接联系的情况下将价值传递给消费者。

在此方面，平台内的互动类似于任何经济交流与社会交流，无论是在现实世界还是在网络虚拟世界。在每一个交换过程中，生产者和消费者交换三样东西：信息、商品或服务，以及某些形式的货币。

信息交换。无论是牲畜拍卖者向一大群农场主喊价，还是 eBay 网搜索页面显示的可销售商品，每一次的平台互动都是以信息交换开始的。这些信息会让参与者决定是否以及如何去进行进一步的交换。

因此，每个平台商业必须要提供信息交换。一些平台把信息交换视作基础目标——例如，像 Reddit 一样的新论坛和 Quora 一样的问答网站。但是，就算平台的主要目标是物理商品或服务的交换，它们也要允许信息的交换。优步会提供司机的空闲以及位置信息作为对用户需求的响应，Yelp 会提供餐饮信息来让用户选择就餐地点，Upwork 允许公司和自由职业者交换个人信息来作为招聘参考。

要注意，在各种情况下，信息的交换都是通过平台本身进行的。实际上，这是平台公司的基本特点之一。

商品或服务交换。作为信息交换的结果，平台参与者还要决定在平台上进行商品或服务的交换。在某些情况下，商品或服务的交换也是通过平台本身进行的。在 Facebook 上，图片、链接、文章和个人的更新状态会在用户之间进行交换，而 YouTube 上的视频也一样。在平台内的每次交换中，用户可以被看作**价值单元**（value unit）；在某些情况下，平台造就了复杂的系统，它却可以让价值单元的交换变得简单方便。例如，Upwork 会向用户提供内置工具，来控制远程服务的传递，以便于自由职业者创造的电子商品（幻灯片或视频等）可以直接通过平台本身进行交换。

还有另外的一些情况，商品或服务的交换会在平台外进行（即使信息的交换发生在平台内）。优步上的租车服务需求会在现实中的城市街道及车辆上实现；Yelp 上的订单会转化成真实餐厅里真实餐桌上的晚餐。

货币交换。当商品或服务交换在平台参与者之间进行时，他们通常会使用各种形式的货币。在大多数情况下，他们使用的是传统货币，其使用的方式有很多种，包括信用卡、PayPal、比特币，以及现在很少见的现金等。

然而，价值的形式还有很多，因而在各种平台上，消费者用来支付的方式也会有很多种。YouTube 的用户和推特的粉丝会将注意力集中在发布者身上，这可以在很多方面为发布者添加价值。（例如，如果发布者是个政治专家或企业领导者，那么他作为意见领袖所产生的不断增加的影响力就会提升他的价值；对于歌手、演员、运动员来说，崇拜者基数的不断增加就是其价值增加的方式）猫途鹰、追波网（Dribbble）以及 500px 等网站的会员则通过协助他们喜欢的作品作者增加其知名度的方式完成"支付"。因此，关注度、名气、影响力，以及其他形式的无形价值可以在平台上扮演货币的角色。

有时货币的交换会通过平台本身来进行。在这种情况下，货币通常会以关注度和名气的形式存在。但是钱款的支付是发生在平台内的，即使商品或服务的交换会在其他地方进行。比如优步和爱彼迎，它们可以在平台外进行服务，但交易完成之时，支付一定是在平台内进行的。

我们还会在第 6 章中详细解说，平台将其自身所能提供的价值交换转换成金钱的能力，与其能够捕捉及内化货币的形式有直接关系。能够将资金流动内化的平台有机会收取交易额的部分费用——例如，eBay 在拍卖成功之后另外收取拍卖价格 10% 的费用。而只能博取关注度的平台，其收益通常来自那些认为这些注意力拥有价值的第三方——例如，广告商会为那些关注度较高的某些主题文章向 Facebook 支付钱款。

平台的目标是将生产者和消费者聚合在一起，使他们能够进行信息、商品或服务，以及货币的交换。平台会提供给那些参与者一个加入即用的基础设置，包括软件工具和规则等，来让交换变得方便，且能够使他们互惠互利。

核心交互：平台设计的根本原因

支持交互的平台设计开发应该一步一步地进行。因此，每个平台在开始设计时应先设计生产者与消费者之间的**核心交互**（core interaction）。核心交互是平台内部活动的最重要的形式——它就是价值的交换，能够在第一时间将多数用户吸引至平台上。核心交互有三个关键要素：**参与者**（participants）、**价值单元**（value unit）、**过滤器**（filter）。这三个要素必须要经过认真考虑和精心设计，以便让核心交互对于用户来说更加方便，更加有吸引力，更具价值。平台的基本目标就是促进核心交互。

尽管很多平台拥有以不同方式参与交互的用户，但核心交互的首要地位仍然保持着。例如，领英就拥有很多种交互方式：专家交换职场与企业战略的专业意见；猎头或招聘人员与潜在应聘者交换就业信息；人力资源主管交换劳动力市场信息；意见领袖发表自己对全球趋势的见解。这些交互方式都被植入了平台内部，它们在设计时都是为了去迎合平台特定的目标，并帮助用户创造全新形式的价值。领英目前的多元化设计初期却是围绕一个核心交互进行的：职业者联系其他的职业者。

我们现在来详细看看核心交互的三要素，弄清楚它们是如何帮助平台创造价值的。

参与者。通常，核心交互的根本参与者就是两种人：创造价值的生产者和使用价值的消费者。要定义核心交互，我们需要明确地描述和理解这两种角色。

平台设计的其中一个差别是：同样的用户在不同的交互中扮演着不同的角色。在爱彼迎上，同一个人既可能是房东，也可能是旅行者，尽管他们通常在一段固定的交互中只会扮演其中一种角色。YouTube用户既可以上传视频，又可以观看视频。设计得当的平台有利于用户的角色转换。

反过来，大多数用户在一次交互中也可能会一直扮演同一种角色。

例如，Facebook 上最常用的交互就是"状态更新"——它可以告知社交网络中的人们某个用户的活动与想法。在 Facebook 上更新状态的用户可能是个人、公司、一群好友，也可能是非营利组织，但是其基本角色是保持不变的。同样地，YouTube 视频的上传者也可能是公司或个人。吸引人们参与的要素各不相同，但角色是保持不变的。

价值单元。我们说过，每个交互都是以那些对用户有利的信息的交换开始的。因此，几乎每个核心交互的开端都是生产者对于价值单元的创造。

这里举几个例子，在 eBay 或爱彼迎上，产品与服务的信息列表都是卖家创造的价值单元，然后基于买家的搜索请求或先前表示出的兴趣为他们提供服务。类似于 Kickstarter 这样的平台，项目详情组成了价值单元，可以让潜在的赞助人做出决定是否进行赞助。YouTube 的视频、推特的文章、领英的简历、优步的可用车辆列表都属于价值单元。在每个案例中，用户都会基于这些信息做出决定是否进行下一步的交换。

过滤器。价值单元是经过过滤器处理后传递给特定消费者的。过滤器是有着严格算法、以软件为基础的工具，平台会用它来完成用户间适当价值单元的交换。设计得当的过滤器会保证平台用户只会接收到与他们相关并对他们有价值的价值单元，而设计不得当的（或没有）过滤器所造成的结果则恰恰相反，甚至使用户放弃平台。

搜索请求就是其中一种过滤器，参与者会搜索相关词条来寻找他们感兴趣的信息，比如"毛伊岛、哈纳及其周边的酒店"或"得克萨斯州奥斯汀地区 18～25 岁的单身直男"。除了生产者（包括酒店老板和寻找伴侣的用户）创造的数百万个价值单元，平台还会利用过滤器选择特定的单位来匹配搜索词条，并显示给用户。

不管怎样，每个平台都会利用过滤器来进行信息交换。优步的司机会通过分享其位置、可载人数等信息来显示目前的可利用状态，这些都是可以帮助他们寻找适当消费者的价值单元。当消费者拿出手机呼叫车辆时，她就会基于其位置与时间设定过滤器，之后，与其相关的司机信息就会被交换。

一旦信息交换完成，其他活动便会立刻开始。出租车到达乘客设定的起点，乘客上车直至出租车将乘客送达目的地，乘客支付车款，司机收到钱。核心交互就此完成，价值也因此被创造和交换。

有些平台的功能更加复杂，但是基本结构都是一样的：

参与者 + 价值单元 + 过滤器 → 核心交互

谷歌搜索引擎的运行方式基本相同。谷歌用户搜索网页，创建了网页标记（即价值单元）。消费者会在搜索框中输入查询，谷歌也会将搜索词条与特定输入结合起来，如**社交元素**（social signals）——网络上文章所收到的赞、转发、评论以及其他回复等。各种输入组成了过滤器，它可以决定要将哪个价值单元传递给消费者。

在 Facebook 上，你的整个社交网络会创造出状态更新、评论、图片、链接等，所有这些价值单元都会加入到平台当中。你的动态信息算法以你之前与某些内容发生的交互为基础，充当一种过滤器，来决定某个价值单元是否会向你传递。

在设计平台时，你的首要任务就是确定你的核心交互，然后去定义参与者、价值单元以及过滤器来完成核心交互。

与领英和 Facebook 的例子一样，为了拥有更多种类的交互，平台也会随着时间的推移而不断扩大规模。这些交互包含不同的参与者、价值单元和过滤器。但是成功的平台都是从核心交互开始的，它持续为用户创造高的价值。一个有价值的、可以简单安心参与的核心交互会吸引更多的参与者，并会产生积极的网络效应。

价值单元的关键作用。正如我们对核心交互所介绍的，价值单元在任何一个平台里都会起到关键作用。但是在多数情况下，平台不会创造价值单元，创造价值单元的是平台内的参与者。因此，平台是"信息工厂"，但它无法控制其库存。它提供"作业场地"（也就是说，他们创造的平台基础设施是用来生产价值单元的）。平台可以培育一种质量控制的文化（采取各种措施鼓励生产者创造精确、有用、有关联且让消费者感兴趣的价值单元）。它也会创造出过滤器来传递价值单元，并屏蔽不需要传递的单位。但是它并不直接控制生产过程，这是它与传统的管道商业之间最明显的区别。[1]

Fasal 是一个直接连接印度边远地区农场主、市场经纪人和买主的网络系统。通过 Fasal，农场主可以及时了解附近市场的作物价格，选择对自己有利的销售市场，并用这个数据去讨价还价争取一笔更好的买卖。这是个到处都可以见到的难题。

本书的作者之一桑基特·保罗·邱达利领导了 Fasal 公司的商业化，他与他的团队所遇到的其中一个挑战，就是确定使用什么样的交流设施来使生产者和消费者分享价值单元。他们意识到他们最大的优势就是手机，超过一半的印度农民，即便是穷人，都会使用手机。实际上，正如世界上其他的发展中国家，手机用户人数在印度也飞速增长。手机通信的即时性，使其为渴望获取市场行情的小农场主获取信息的传送器。[2]

但是创造关键价值单元需要让农民和当地市场创造者之间产生交换，这是一个不小的挑战。"我们需要不同种类的信息"，邱达利说道：

当然，我们需要获取当地市场的价格数据——各级商品的市场占有率，包括各个级别的胡萝卜、菜花、豆类和西红柿等。这都比较好收集。有些人会向我们提供这些信息。此外，我们还雇用了当地人去调查每个市场，然后使他们将一手的信息汇报给我们，以此进行信息的补充。

不过等式的另一边就难多了。为了创造对农民有用的电子信息资源，我们需要关于农民的数据——他们种植的作物量、期望的收获周期、农场的位置、他们与市场接触的途径。这些因素都会影响他们能否在市场里取得最好的交易。

但是从这些极其分散的农民（很多都是文盲）身上搜集信息是很困难的事。我们进行了很多实验，为了进行我们的调查，我们试图以一传十、十传百的方式来传播我们的服务，并以此来收集信息。我们还发动了当地的"首领"——村长，作为获取信息的通道。我们还安排了当地的种子、化肥和手机卡商贩，让他们与农民频繁地见面。但这些办法的效果都不好——那些人都不怎么感兴趣，这些刺激因素都不够强大，不足以产生一个强大的信息源。

最后，我们不得不建立了我们自己的信息收集网络——印度人称之为"街头漫步者"（FOS）销售队伍，团队成员在村子里挨家挨户地与农民见面，并在打满表格的纸上记录关于其作物和市场计划的关键数据。他们把信息带到我们的办公室，我们会将它们输入电子表格，渐渐地，我们拥有了数据库，并逐渐了解了当地市场。

正如你们所看到的，如果要建立平台，对价值单元的关注是很重要的。对于谁能创造价值单元，他们是如何创造的，又是如何将价值单元集成到平台内的，以及高品质价值单元和低品质价值单元之间的差异，我们将在本书中详细探讨。

吸引、促进、匹配：平台设计的方式

核心交互就是平台设计的理由，平台的整个目标就是要使核心交互成为可能。确实，要通过使它们对所有参与者创造价值的方式来完成。但是我们该怎么做呢？平台设计者怎样才能保证拥有足够数量的核心交互，进而吸引更多的参与者呢？

在本节中，我们会讨论平台设计的方式。为了拥有更多有价值的核心交互，平台必须发挥三个关键功能：**吸引**（pull）、**促进**（faciliate）、**匹配**（match）。平台必须要将生产者和消费者吸引至平台，以便使核心交互在他们之间发生。平台要通过提供方便且易于联系和交换的工具与规则来促进交互的完成。另外，平台还要通过利用相互之间的信息，进而有效地匹配生产者和消费者，让他们互惠互利。

平台想要成功，这三个功能必须要完美地发挥。如果不能吸引参与者，就不能创造可以让平台变得有价值的网络效应。如果不能促进交互的完成，落后的技术和限制性极强的政策会使平台在使用的时候变得困难，最终会使参与者泄气并失去吸引力。如果不能精准地匹配参与者，平台会浪费参与者的时间和精力，最终会让他们选择放弃。

我们来详细讨论一下这三个关键功能，有效的平台设计就是创造一个能够完美发挥这些功能的系统。

吸引。吸引参与者是管道商业不会遇到的难题。所以，人们在将这些平台市场化的时候，采用的方法似乎与直觉相反，尤其是对那些成长在管道商业环境里的企业管理者来说。

刚开始的时候，平台需要解决管道商业模式不会有的"先有鸡还是先有蛋"的问题：平台没有价值就不会有用户，而用户不去使用平台也不会具有价值。许多平台的失败就是因为没有解决好这个问题，鉴于此，我们会在整个第5章中分析并帮助你找出解决之道。

关于吸引的第二个问题是如何保持已注册平台用户的黏性。目前，大型的社交网络在一定程度上都会面对这种问题。比如，Facebook发现用户只有在与一定数量的其他用户联系起来的时候，这对他们才是有价值的。在此之前，他们可能根本就不会去使用它。为此，Facebook将市场精力从招募新用户转向帮助已有会员建立更多的关联。

其中一种能够让用户反复使用平台的工具是**反馈回路**（feedback loop）。平台的反馈回路有很多种形式，这些形式都有助于平台持续不断地自我补充。在典型的反馈回路中，价值单元会促使用户回应。如果价值单元与用户相关，且能引起用户的兴趣，用户就会不断地被吸引至平台中，进而产生其他价值单元并促进更多交互。有效的反馈回路可以扩大网络，提升价值，强化网络效应。

其中一种反馈回路是**单用户反馈回路**（single-user feedback loop），这是一种嵌入平台的算法，它能分析用户活动，最终得出用户的兴趣、喜好、需求，并向用户推荐其他对于他们可能存在价值的价值单元和关联。如果单用户反馈回路设计得当，可以有效地增加用户活动，因为用户使用平台的次数越多，反馈回路就对用户"了解"得越多，它的推荐也就越准确。

而在**多用户反馈回路**（multi-user feedback loop）中，生产者的活动会递交给相关消费者，而消费者的活动也会给予生产者很多反馈。如果它能够有效运行，就可以创造良性循环，增加双方的活动，最终加强网络效应。Facebook的动态信息就是典型的多用户反馈回路。生产者的状态更新会显示给消费者，而消费者的赞与评论就是对生产者的反馈。价值单元的不断流动会刺激更多活动的产生，使得平台对于参与者更加具有价值。

其他因素也会影响平台吸引用户的能力，其中一个就是平台内现有货币的价值。正如我们所讨论的，一些平台的交换是基于无形的货币，如关注度、人气、影响力等。因此，网络效应的一种形式就是随着网络平台规模不断增加而与日俱增的吸引力形式货币。因为推特有了很大的用户基础，与在其他平台传播相比，一条成功的推文在推特上会吸引更多的关注度形式货币。所以，推特巨大的规模增加了它的吸引力，鼓励人们进行更多的活动，从而使其他平台无法与其竞争。

吸引力也可以通过利用外部网络的参与者来增加。Instagram 和 WhatsApp 在几年的时间内吸引了几千万用户，就是因为它们利用了 Facebook 的网络。我们会在第 5 章中讨论快速增加吸引力的技巧。

促进。与传统的管道商业不同，平台不控制价值的创造，而是设定一些价值可以被创造和交换的机制，并制定原则来管理交互过程。这就是所谓的促进过程。

促进是要让生产者更加方便地创造和交换商品与服务。这需要提供具有创造性的工具用来共享，就像加拿大图片网站 500px 做的那样：照片上传者在平台上管理自己的整个作品集；或者像创意平台 Quirky 做的那样：提供工具来让用户分享创意并集体创造新的产品和服务。

促进过程还需要减少使用障碍。不久前，Facebook 用户若想要与朋友分享照片，就需要将相机里的照片传到电脑里，再用 PS 软件修改图片，最终才上传到 Facebook 上。而 Instagram 允许用户在一个设备上只经过三个点击操作就可以完成对图片的拍摄、修改和分享。减少使用障碍有助于进行互动，并扩大参与者数量。

在有些情况下，使用门槛变高也会有一些积极作用。Sittercity 是一个帮助父母寻找保姆的平台。为了提高用户（父母）的信任度，该软件设计了一套严格的规定来限制注册的生产者（保姆）。其他时候，平台需要制定严格的规则来组织管理价值单元及其他生产者创造的内容，实现用户需要的交互，去除用户不需要的内容。另外的少数情况是，不法分子也会在网上有一些违法行为，比如社交新闻网站 Reddit 的"喷子们"的种族和性别歧视言论，克雷格网站（Craigslist）上也会出现雇凶杀人，糟蹋爱彼迎上订的公寓都能说明有害的交互会破坏网络效应。

设计平台来促进价值创造交互是一件很困难的事。我们会在第 7～8 章中详细讨论平台的组织和管理工作。

匹配。成功的平台能够精确匹配用户，保证相关的商品与服务能够被交换。它会利用生产者、消费者、价值单元和要交换的商品与服务的信息来完成这个目标。平台获得的信息越多，收集、组织、分类、解析数据的算法设计得越好，过滤器越精准，用来交换的信息就会越有用，生产者与消费者正确匹配得到的回报就越高。

数据需要的理想匹配各不相同，从静态信息（身份、性别、国籍），到动态信息（位置、年龄、可在搜索词条中体现的实时爱好等）。类似于Facebook动态信息的复杂数据会形成一个过滤器，它会考虑到所有的因素，包括用户之前在平台内的活动。

作为设计过程的一部分，平台公司需要设计出一个明确的数据获取策略。用户对待信息分享的态度和对数据驱动活动的回应是不同的。一些平台以奖励机制鼓励参与者提供个人数据，其他平台会利用游戏元素来收集信息。领英就设计了一个进度条来促使用户完善个人信息，渐渐地完善了其数据库。这些信息也可能来自第三方提供者，即一些手机应用程序。例如，音乐软件Spotify，要求用户使用他/她的Facebook账号登录，这使得该应用程序可以获取原始数据来向用户进行匹配。但是，一些用户不喜欢透露自己的信息，这就使得平台厂商，包括Spotify，需要提供除Facebook账号之外的登录方式。

成功的平台可以不断实现互惠互利的匹配。同样，持续完善数据获取与分析方式对于平台的建设与管理来说仍然是一个难题。

平衡三个功能。吸引、促进和匹配这三个功能对于平台来说都是非常重要的，但不是所有的平台都能处理好这三个功能。一个平台如果能够处理好其中一个的话，也是可以生存的，至少是在短时间内。

2015年年中，虽然克雷格网站界面简陋，缺少管理，且数据系统简单，但它仍能够有效地对广告进行分类。克雷格网站的巨大网络能够保留大量的用户。因此，平台的高吸引优势弥补了促进和匹配的欠缺，至少目前是如此。

Vimeo 和 YouTube 虽然处在相同的竞争领域，但是它们侧重的功能是不同的，YouTube 擅长吸引和很好地根据使用数据进行匹配，而 Vimeo 则擅长利用主机、带宽等工具来促进生产和消费。

核心交互之外的其他交互

正如我们看到的，平台设计从核心交互开始，但是一段时间之后成功的平台还要在核心交互的基础上建立新的交互。

有时候，新交互的建立是一项长期的工作，平台设计者在一开始就要做到心中有数。2015 年年初，优步和来福车（Lyft）开始试验新的共享租车服务，来补充它们的出租车商业模式。它们的新服务分别叫 Uber Pool 和 Lyft Line，可以让旅行方向相同的乘客进行拼车，在给乘客省钱的同时还给司机增加了收入。来福车创办人罗根·格林（Logan Green）说，公司一直有创造拼车服务的想法。来福车初版在设计时就是为了吸引"各个市场"的消费者，在这个目标达成之后，"我们要打的下一张牌就是实现多人的拼车服务"。[3]

优步对此也很重视。为了使自己的拼车服务能够与来福车竞争，优步参与了对 Here（诺基亚公司的电子地图服务，是谷歌地图的主要替代品）的竞拍。优步希望收购 Here 并利用其地图功能来创造出比其他竞争对手更加高效、迅速、精准的拼车匹配体验。[4]

在其他情况下，新的交互创意会从经验、观察和需求中涌现出来。在寻找新司机的过程中，优步发现最大的潜在目标人群是美国的新移民，他们渴望为优步开车来增加收入，但是没有足够的信用记录和经济能力去购买一辆汽车。优步司机运营团队的安德鲁·蔡平（Andrew

Chapin)想出了由优步来担当司机买车贷款的中介担保方的想法，从司机的收入中扣除还款金额并直接转给贷款方。金融公司很喜欢这个方案，因为这个贷款由优步充裕的现金收入来担保从而风险很低，同时当地的汽车经销商也因为能周转更多的库存而高兴。[5]

另一个例子，领英平台的建立是为职业人士提供互相联系的可能。最初，它只注意其核心互动。但是随着发展，领英的团队发现这个平台没有创造跟Facebook和其他少数平台那种每天都产生的交流。为了解决这个问题，领英在核心交互机制层上又加了一层：它使用户可以自己组群进行讨论。

第二种交互机制也没有产生领英期望的人气。鉴于专业职业人士中有鼓励自我宣传的特性，群体中最响亮的用户多数都是最可憎的。所以，领英接着加入了一个新的互动机制，一部分原因是为了寻找平台获利方法：允许猎头用网站来联系候选人，并且广告商可以针对相关的职业人投放广告。后来，领英又创造了另一个互动机制，先引导有思想的领导者，之后号召全部用户发表帖子给领英其他人阅读，将这个网站变成了一个发表观点的平台。多个不同交互机制的结合带给用户更多访问领英的原因。

优步、来福车和领英展现了多种将新的交互机制嵌入核心交互机制的方法：

- 改变现有用户对价值单元的交换（就像领英将基本信息交换从用户资料改为讨论帖子）
- 加入新的生产性和消费性用户群体（就像领英邀请猎头和广告商以生产性用户加入平台）
- 容许用户交换新类型的价值单元（就像优步和来福车使乘客可以选择拼车）

- 鼓励现有用户去吸引新类型的用户（就像领英将一些用户指定为"思想领导者"，并且请求他们成为高信息量帖子的生产者）

当然，不是每个新的互动机制都会成功。杰克·麦凯恩（Jake McKeon）创建的 Moodswing 社交网络为人们提供了一个分享自己情感的地方，从兴高采烈到沮丧至极，无所不包。随着时间的流逝，他发现一些用户会在极度抑郁的时期访问 Moodswing，甚至少数会使用网站发出自杀威胁言论。麦凯恩决定试着为这些用户提供他们需要的感情支持。他构想出了一个召集心理学学生来做志愿者的计划，为 Moodswing 的用户提供在线心理咨询和建议。这些心理治疗的志愿者必须经过测试保证治疗质量水平。这种"业余心理治疗"体现了 Moodswing 建立的一种新型价值交换模式。

这是一个令人着迷的概念，但是同时也会引起一些明显的问题——尤其是雇用没有训练和执照的咨询师为那些有生命危险的患者提供心理咨询所产生的潜在危险。2014 年年中，麦凯恩正在为这个项目进行众筹。Moodswing 这个新的互动机制是否会成功上线和会不会达到期待的效果都尚待见分晓。

在平台设计上使用端到端原则

正如我们所看到的，在平台上加入新的功能和交互机制是一种吸引新用户的有效方法。但是创新很容易产生过度复杂性，使得平台非常难以使用。不必要的复杂性也会对程序员、内容开发者和管理者造成巨大的技术问题，他们有更新和维护平台的责任。膨胀软件（Bloatware）这个嘲弄术语就是描述一些软件系统因为不断增加的功能变得过于复杂、缓慢和低效。

但是，完全避开创新不是一种解决方法。如果一个平台在发展中没有加入所需要的新功能，很可能会因为用户发现了其他更优秀的竞争平台而被抛弃。另一种方法就是找到一种平衡，慢慢地改变核心互动并在周边范围内允许积极的改变。

对于平台公司，这个概念等同于一个早已存在的电脑网络概念，被称为**端到端原则**（end-to-end principle），最初被萨特泽（J. H. Saltzer）、里德（D. P. Reed）和克拉克（D. D. Clark）于1981年提出。端到端原则是指对于通用网络，专用功能应该存于末端主机而非中间节点。[6] 换句话说，对整个网络没用，但是对某些用户有用的功能应该被放在网络的边缘区域，远离核心区域。这样，补助性功能就不会干扰或者负面影响网络核心的运作，也不会使得整个网络的维护和升级变得更复杂。慢慢地，端到端原则从网络设计延伸到多种复杂运算环境的设计。

因为没有注意端到端原则而失败的最出名的一个例子，是2007年微软发布Vista，这是当时最新版的Windows操作系统。首席执行官史蒂夫·鲍尔默（Steve Ballmer）宣称Vista上市为"微软历史上最大的产品上市"，并且为这个产品上市提供了数亿美元的营销预算。[7]

但是Vista一败涂地。问题在于微软的设计团队试图为保证向下兼容，保留了上一代系统的软件组件，同时又加入了下一代产品所需要的新功能，这些都被放在核心平台里。结果就是Vista与前一代Windows XP相比，稳定性变差，复杂性增多，外部的软件开发者为其写代码变得很困难。[8]

评论者将Vista形容成"比膨胀软件更差"。实际上，他们把其称为山羊软件（goatware）因为它会吃掉系统中所有的资源。[9] 至今，数百万Windows用户拒绝接受Vista，坚持使用微软多次想放弃的Windows XP。具有讽刺意味的是，尽管微软在2008年就停止了XP的销售，并在2010年停止了Vista的销售，XP的市场占有率在2015年仍然在

12%，而 Vista 则少于 2%。[10]

相比之下，当史蒂夫·乔布斯（Steve Jobs）经历了多年有雄心但是最终失败的 NeXT 创业后，在 1997 年回到苹果的领导岗位，他做出了尊重端到端原则的关键性决定，从而开启了苹果的成功之路。在 NeXT，乔布斯和他的团队开发了一个优雅、简练的新操作系统，其拥有简洁、多层的结构和美丽的图像界面。此时，正值苹果计划推出 Mac OS 9 操作系统的下一代，乔布斯面临着一个困难的决定：他可以将 NeXT 和 Mac OS 9 的软件代码融合，这样产生一个对两个系统都兼容的操作系统，或者他可以抛弃 Mac OS 9 而全力支持 NeXT 的简洁设计。

乔布斯下了一个冒险的赌注，他将 Mac OS 9 的旧代码舍弃了。但是，他同时做出了一个让步：设计团队开发出了一个分开的"经典环境"，这个可以使消费者运行他们旧的 OS 9 应用。这种分隔设计方法满足端到端原则。旧的代码没有降低新应用的反应速度，也没有增加新应用的复杂度，并且为新的 Mac 购买者卸去了那些针对他们没有的应用所写的代码。乔布斯所做出的决定使得在新的 Mac OS X 上创新变得更简单和更有效率了，并使得苹果操作系统所开发新的功能比微软的操作系统看起来更先进。[11]

端到端原则也可以被应用到平台的设计上。对于平台来说，这个原则认为专业型应用功能应该放在平台的边缘或者上层，而不是放在平台根部的最底层。只有流量最大、价值最高、应用最广的功能才应该成为平台核心的一部分。

有两个理由支撑这个规则。第一，当某一特定的专业功能被加入平台核心当中，而不是外挂在平台上时，不使用这些功能的应用程序会运行得缓慢和低效。反过来，当某一特定的专业功能是通过应用运行的而不是在核心平台上运行时，用户体验会非常简洁。

第二，只要其平台核心是一个简洁、简单的系统，而不是一个多种功能互相纠缠的系统，这个平台的生态系统就可以发展得更快。就是基于这个原因，哈佛商学院的鲍德温（C. Y. Baldwin）和克拉克（K. B. Clark）认为一个精心设计的平台应由一个稳定少变的核心层撑起一个发展多变的层组成。[12]

现在设计最优秀的平台融入了这个结构原则。比如，亚马逊云服务（Amazon Web Services，AWS），是提供云端存储和管理服务中最成功的平台，只注重优化少数基础的运营服务，包括数据存储、运算和消息传递。那些只被一小部分用户使用的其他服务则被限制在平台外围，并且需要使用专门创建的应用。

模块化的力量

如果一个系统为了最快速地达到一个目的，整体开发方法是有优势的，特别是在平台初期。但是，从长期来看，一个成功的平台必须有更模块化的开发方法。关于权衡这两种方法的全方位讨论超出了本章的范围，但是我们会简要提及其中的核心理论。我们首先将鲍德温和克拉克（1996）提出的模块化定义写下来：

> **模块化**（modularity）是一种用来有效组织复杂产品和进程的战略。模块化系统是由那些独立设计，但仍有整体功能的单位（或模块）组成。设计师通过将信息分割为可视化的设计规则和隐性的设计参数实现模块化。只有当这些分区是精确、明确且完整的时候，模块化才是有利的。可见设计规则（也被称为可视化信息）是影响后续设计决策的决定。在理想情况下，可见设计规则在设计过程的早期建立，并广泛地传达给参与对象。[14]

在 2008 年的一篇论文中，鲍德温和伍达德（C. Jason Woodard）就稳定的系统内核给出了实用而简洁的定义：

> 我们认为，所有平台背后的基本的体系结构基本上是相同的，即该系统被划分为一组具有少数变体的"核心"组成部分和一组与之互补的具有多个变体的"周边"组成部分。那些少数变体的部分构成了平台。它们是系统的长生命周期元素，因此隐性或显性地建立系统的接口，（并）管辖不同部件之间交互的规则。

使模块化奏效的一个关键因素是，当系统被清晰地划分成子系统，它们可以通过定义明确的接口进行连接与通信，从而作为一个整体工作。这意味着，只要子系统坚持整体设计规则，且仅与系统其他部分通过标准接口连接，它们是可以被单独设计的。读者可能已经听说过应用程序接口（application programming interface，API）这个术语。谷歌地图、纽约证券交易所、赛富时（Salesforce）、汤森路透、Eikon、推特和其他众多系统都是使用了这些标准接口使外部实体获得了核心资源。[16]

亚马逊在对其模块服务公开 API 这方面做得相当有效。图 3-1 比较了亚马逊和领先的传统零售商沃尔玛提供的开放的 API 的范围。沃尔玛努力成为一个重要的平台竞争者。可以看出，亚马逊目前所提供的 API 的数量和种类超过了沃尔玛。

模块化的力量是个人计算机产业在 20 世纪 90 年代增长如此迅速的原因之一。计算机系统的关键组成部分是能够提供计算功能的中央处理器（CPU），能在屏幕上呈现丰富图像的图形处理器（GPU），能提供工作内存的随机存取存储器（RAM），以及提供长期、大量储存空间的硬盘（HD）。这些子系统中的每一个硬件都通过定义明确的借口与其他子系统进行沟通，这给大量的创新带来了可能性。如英特尔公司（CPU）、

ATI 和英伟达（GPU）、金士顿（RAM）和希捷（HD）都是单独作业以提高其产品性能。

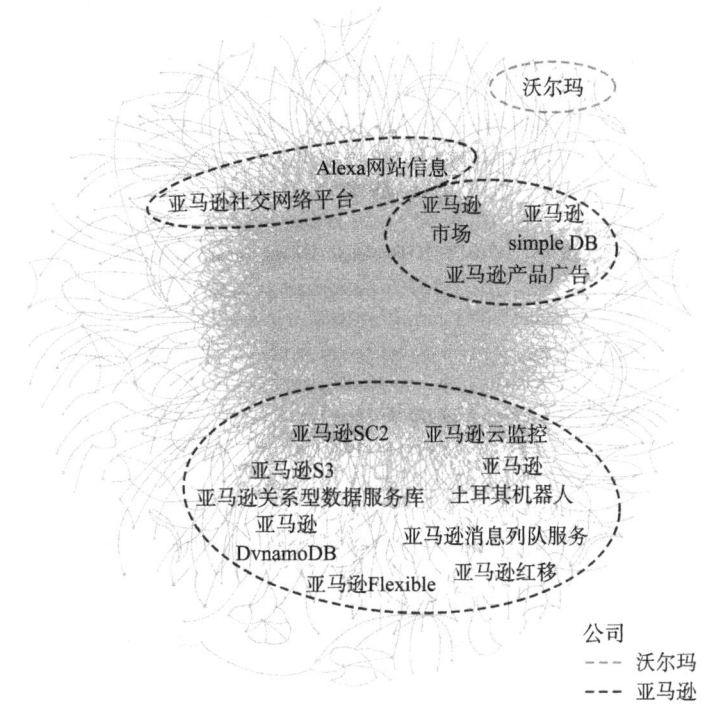

图 3-1　亚马逊有远超沃尔玛的 API 混合或"混搭"。其范围包括支付、电子商务、云服务、信息、任务分配等。当沃尔玛优化物流时，亚马逊也允许第三方在其模块化服务上创造价值

资料来源：Evans and Basole 使用 ProgrammableWeb 数据。[17] 经授权转印。

大多数平台都发行高度集成的体系结构设计的原因是，准确指定子系统接口需要大量的工作——即使只是简单的记录。当企业追求狭窄的市场和有限的工程资源时，它们会禁不住跳过复杂的将系统分为模块的工作，而尽快着手一个可行的解决方案。然而，随着时间的推移，这种做法使那些能够在核心平台顶端更进一步并将其拓展进新市场的开发者组建外部生态系统变得困难。[18] 因此，有一个完整架构的公司将可能不得不投资改造其核心技术。[19]

为平台重建体系结构

将重建平台体系结构的伎俩转化为模块设计是可能的。第一步就是要分析这个系统已经被模块化的程度。幸运的是，有一系列能够完成这个步骤的工具被开发出来了。其中最关键的工具是设计结构矩阵（design structure matrics），它能够将合成系统的依赖性进行可视化检验。[20]

2006年发表在《管理科学》杂志（*Management Science*）的一篇文章中，麦克拉肯（Alan MacCormack）和鲍德温记录了一个产品成功地从整体进化成模块化架构的例子。[21] 当软件被作为开放源码投入公共领域，拥有其版权的公司会投入大量的资源完成其转换。这一点是至关重要的：如果该软件没有被分解为更小的子系统，它就无法被分散的志愿开发团队维护。

将复杂的系统重构并非软件独有的需求。20世纪90年代早期，英特尔公司面临着市场拓展方面的重大挑战。英特尔的CPU性能以每18～24个月增长一倍的速度改进。[21] 类似性能的改进也发生在其他个人计算机的子系统中，如GPU、RAM和硬盘。然而，子系统之间的信息连接仍是一套叫作工业标准结构（ISA）的老标准定义。于是，消费者看不到个人计算机性能的提升，因此没有理由去更新机器。在一篇2002年的论文中，库苏马诺（Michael A. Cusumano）和高尔（Annabelle Gawer）记录了英特尔是如何投资了一项新的外围组件互连（PCI）从而提升主要子系统的性能，获得行业领先，而且通用串行总线（USB）标准促进了数量巨大的连接设备创新，如电脑鼠标、摄像头、麦克风、键盘、打印机、扫描仪、外置硬盘等。[23]

反复改进：反设计原则

当你正推出一个新平台或者寻求现有平台发展时，重视平台设计原则会最大限度地增加价值创造。正如我们所见，平台无法被完全规划，即便如此，它们也会涌现出来。记住一个平台区别于传统商业的关键特质：其大多数活动都是由用户控制，而非由平台的拥有者或管理者控制。用户以你从未预计的方式使用平台是不可避免的。

推特从来都没想过要有一个发现的机制。它开始只简单提供逆时间顺序的反馈。要想找到有特定话题的推文，除了把毫不相关的页面全都浏览一遍之外别无他法。克里斯·梅西纳（Chris Messina），一个在谷歌工作的工程师，开始建议使用**标签**（hashtag）标注和发现相似的推文。如今，标签成了推特的中流砥柱。

平台设计师应该始终为偶然的发现留有余地，因为是用户经常指明了设计应该发展的方向。在平台上密切监视用户的行为几乎一定会发现意想不到的行为模式——其中说不定存在能为有价值的创造提供富有成效的新领域。最好的平台为用户的怪癖留下空间，而且它们会开放到逐步将这些怪癖纳入该平台的设计中。

智能化设计是建立和维持一个成功的平台必不可少的。但有时，最好的设计是反设计，它能为偶然、无意识甚至怪异留下空间。[25]

本章小结

- 平台的设计应该从它的核心互动机制开始——这种互动是平台价值创造使命的核心。
- 三个定义核心互动的要素：参与者、价值单元和过滤器。其中，价值单元是最重要而且通常是最难掌控的因素。
- 为了使核心互动容易产生甚至必然发生，一个平台必须执行三个关键的作用：吸引、促进和匹配。这三个功能是必不可少的，各有其特殊的挑战。

- 在平台发展的过程中，它常会扩展，超出核心互动机制。新类型的互动可能在核心互动的上面分层堆积，这个过程中经常会吸引新的参与者。

- 精心设计平台，让大部分用户都能便利、满意地互动是很重要的。但是在平台上为偶然与意外留下空间也很重要，因为用户自己会在平台上找到创造价值的新方法。

第 4 章

颠覆市场：
平台如何征服、改变传统行业

从根本上说，平台的概念很简单，即创造一个场所，在这里让生产者与消费者通过能为双方产生价值的互动而集中到一起。对于这一构思，人类业已实践千年。毕竟，从非洲到欧洲，在城市和乡村中的传统露天市场，就是供农夫与手工艺者销售货物的平台。在伦敦及纽约这样的城市中得到发展的传统股票市场也同样如此，在这里，公司股份的买家与卖家会亲自会面，以通过公开喊价系统建立公平的市场价格。

当然，传统平台公司与本书中特别写到的现代平台之间的区别在于后者新增了数字技术，它大幅度扩展了平台的覆盖范围、速度、便捷性，并提升了平台的效率。（现在主要的股份交易已从实体交易大厅转移到了能从世界各地登录的电子市场，这是有合理原因的。）互联网及其相关的技术赋予了今天的平台公司颠覆行业的惊人能力，其方式常常不可预料。

我们已经看到约车服务平台优步如何利用网络效应，从出租车及豪华轿车等如此传统的业务中取得大量租车市场份额，并让份额继续增长——而且在这一过程中，它用极短的时间创造出了巨大的企业价值。到2014年年底，已经五岁的"优步"被投资者估值400亿美元（短短六个月前还是170亿美元），这使得它至少在纸面上比三菱（Mitsubishi）、塔吉特（Target）、联邦快递（FedEx）、通用动力（General Dynamics）以及索尼（Sony）这样的老牌商业巨头更值钱。[1] 目前"优步"的运营范围覆盖全球250多座城市，它能攀登至这样的高度，正是通过为消费者和生产者提供十分简单却有价值的服务得来的，既为乘客带来快速而平价的出行方式，同时还令平台司机赚得比大部分出租车司机要多——并且不用为传统出租车所需的牌照支付大量资金。在出租车市场如日中天的时候，一张纽约市出租车牌照在2013年中旬的价值就超过120万美元。

因此，仅仅是提供一个可以集中乘客与司机的线上地址，优步平台就已经为消费者与生产者带来诸多利益，同时为它的投资者积累了巨大财富。这对每一个人来说都是只赚不亏的，只是那数十万的出租车司机、叫车服务调度员，以及豪华轿车公司的员工变得朝不保夕。难怪位于旧金山（优步就是在 2010 年夏天从这座城市起步的）的出租车司机协会主席巴里·科伦戈尔德（Barry Korengold）称优步的高层都是"强盗贵族"："他们一开始就是非法经营，没有遵照任何规章，也没有公平竞争。而他们就是这么发家的——他们有了足够多的钱，多到可以无视所有的规则。"一家旧金山出租车公司的总裁预测，整个出租车行业将在 2015 年年底之前崩溃——世界许多城市的出租车公司老板都对此表示认同。结果，纽约市出租车牌照的价值在一年之内跌了将近 30 万美元，而且还没跌到头。[2]

优步这样的平台公司是否进行了不公平竞争，或者说现有的传统企业是否对自身被数字技术的不速之客所淘汰感到气愤。我们将在第 11 章中会回到这个问题继续讨论。但现在，就让我们先表达一下自己的惊讶之情，一家平台企业竟如此迅速地颠覆了一个曾经固若金汤的行业，而且看起来毫不费力。

更引人注目的是，优步所引起的改变可能只是铺天盖地般打破现有局面的序幕，这种对市场的搅动最终也许会颠覆整个出行的产业。该平台模式与另一项从设计快速走向人们视野的技术——无人驾驶的结合将进一步提升优步现有的主要经济模式，并可能引发影响力延伸至出租车行业之外的瀑布效应。有一位眼光超前的未来主义者预测了这样一个时代：无数人不会买车，而是依赖一种可快速投入使用的优步无人驾驶车队，以每英里 50 美分的价格，载着他们去任何想去的地方。优步联合创始人及首席执行官司特拉维斯·卡兰尼克（Travis Kalanick）评论道："我们想做到的是使用优步会比买车更便宜。"他认为最终前景是："出行将如自来水一般简单可靠。"[3]

这其中的意义是惊人的。主要的汽车生产商会因为市场萎缩而崩溃。诸如汽车保险、汽车金融以及停车场这样的附属业务也将如此。另外，对停车场需求的突然减少（因为无人驾驶汽车几乎可以一直使用）将解放数百万平方英尺的地产可供开发，几乎每条城市的马路都能空出车道，因司机寻找停车场而开车四处游走所导致的污染和拥挤也能得到大幅改善。如果这一关于优步下个阶段成长的设想成真，美国的汽车产业格局和地形地貌很可能会发生翻天覆地的变化。

如果这一切还不够的话，那再想想卡兰尼克的这句话："如果我们能够在五分钟之内给你弄到一辆车，那任何东西都不在话下。"[5] 任何东西？有人好奇什么才能限制住优步扰乱市场的能力。卡兰尼克自己似乎是完全不知道的。

数字化颠覆简史

"软件正在吞食整个世界。"这句标语最初被网景（Netscape）创始人马克·安德里森（Marc Andreessen）用在了 2011 年《华尔街日报》（*Wallstreet Daily*）的一篇专栏文章的标题中，而这篇文章的主要内容简要概述了技术，尤其是互联网是如何转变商业世界的。[6] 到目前为止，我们见证的关于由互联网所导致的颠覆性变化出现在两个主要阶段中。

在第一阶段中，"高效的管道淘汰了那些效率低下的管道"。20 世纪 90 年代，大部分互联网应用都涉及创造高效管道，比如用来分销商品和服务的在线系统在当时许多的行业中脱颖而出。与传统线下管道不同的是，在线管道的利润源于商品分销低廉的边际成本，有时候这些成本可以忽略不计。这就能够让它们以相当小的投资去定位并服务于大型市场。

面对这种威胁，首当其冲的是传统的媒体公司。互联网能够在不计印刷、运输、零售和投递等传统分销成本的情况下将新闻直接传播给全球读者，这使得新闻报纸行业的模式完全被颠覆了。这是一种有效的管道吞食掉一种效率低下的管道。将分类广告和其他广告形式与报纸内容解绑，让报纸模式少了一种至关重要的盈利机制，这是因为这种更加有效且投放针对性广告的在线方式相比于传统的纸墨印刷模式要更胜一筹。再一次，又是一种有效的管道吞食掉一种效率低下的管道。

零售和邮购的购物方式很快也体会到了切肤之痛。亚马逊在图书行业的成功迫使鲍德斯（Borders）和其他书店关门。百视达（Blockbuster）分销光碟的实体体系不敌网飞（Netflix）的分销经济模式，网飞公司的这种模式起初是以客户在网上选购光碟然后再邮递给客户的方式为主，后来发展为在线提供流量化的视频。唱片的销量大幅下降，取而代之的是速度更快、价格更加低廉的音频文件下载，而且人们还非法盗版并共享了许多音乐内容，这让唱片公司的盈利低至谷底。久而久之，相比于传统途径，许多互联网分销商找到了各种方式，利用与消费者选择相关的精细数据去更好地服务消费者。

诸如此类的商业革命恰好体现了安德里森所说的"软件正在吞食整个世界"这样一种远见。而今天，这种说法却已经毫无新意可言，所以他的那句话需要一番与时俱进的提升应该是："平台正在吞食整个世界"。我们已经进入这一颠覆传奇的第二个阶段，在这一阶段中，是**平台吞食传统管道**（platforms eat devours the traditional pipelines）。

平台如何吞食传统管道

这一新的颠覆阶段的佐证在我们身边比比皆是。我们看到，出租车公司和监管机构都意识到了优步在世界各地交通运输中正在占据主导地位这一现象。曾经在酒店业颇受嘲讽的爱彼迎也已经迅速扩展成为一家全球住宿供应商，其每晚的房间预订量比全球最大的连锁酒店还要多。Upwork 正逐渐从一家人才市场网站慢慢发展为一种允许在云端建立起整个机构的基础平台。这一平台可以在不需要实体办公地点以及不收取与之相关费用的情况下将各地的自由职业者联系起来。亚马逊继续扩大其在传统图书出版业方面的影响力，同时在其他几十种零售业中也取得了进展。在过去的十年中，像诺基亚和黑莓等传统管道的巨头已经失去了90%的市值，而像苹果和谷歌等平台巨头则已经主导了股市。

这一切是如何发生的？其发生的原因又是什么？让我们抽丝剥茧地分析一下。

在平台界，互联网不再只扮演销售管道（途径）的角色，它同时还扮演了创新基础设施以及协调机制的角色。各个平台正在利用这一新的功能去创造全新的商业模式。此外，实体事物与数字化事物也正在迅速交融，使互联网能够连接并协调现实世界中的事物。例如，你可以通过智能手机应用远程遥控你的家用电器。同时，随着平台公司利用外界的行业生态以新的方式创造价值，组织机构之间的界限也正在被重新界定。[7]

在这一数字化颠覆的新阶段，相比于传统管道，平台享有两大重要的经济优势。

其中之一就是生产和销售方面无与伦比的边际经济效益。正如我们所提到过的，当像希尔顿和喜来登这样的连锁酒店想要扩展业务时，它们需要建造更多的客房，雇用成千上万的员工。但与之相反的是，爱彼迎在扩展业务时，花费的边际成本几乎可以忽略不计，因为爱彼迎在其网络列表上多添加一间房的成本微乎其微。

网络效应进一步提升了平台迅速扩大规模的能力。一旦网络效应产生积极影响，更高的产能就会带来更高的消费，反之亦然。更多的自由职业者加入到Upwork中，对于想要招聘员工的公司来说就更有吸引力，反过来也会吸引更多的自由职业者；在Etsy上的商家越多，就会吸引越多的顾客，从而又会吸引更多的商家。这就形成了一种良性反馈回路，以最小的成本推动平台的发展。

利用网络效应，各个平台就能够建立容纳上百、上千乃至上百万名远程参与者的开放的电子行业生态系统。这种生态系统的规模比大多数以传统管道为基础的机构都要庞大，而且比起以传统管道为主的公司，这种生态系统还能获取更多的资源。因此，在这样的生态系统中创造出的价值要比在类似的传统组织中创造的价值要大得多。所以说，那些依旧以内部资源作为竞争基础的公司正逐渐发现自己很难与各大平台竞争。

平台带来的颠覆对价值创造、价值消费以及质量控制三大环节的影响

平台拥有着能让它们比类似的管道企业发展得更为迅速的经济优势。单单这一现象就足以强烈颠覆传统行业，因为平台公司正取代管道企业跻身《财富》500强企业排行榜的前列。然而平台吞食管道的时代也在诸多其他方面颠覆着各行业。尤其要提到的是，平台世界的崛起正在重构我们熟悉的三大业务过程：价值创造、价值消费，以及质量控制。[8]

重构价值创造以开发新的供应源。平台作为自助式的系统，每当它们为用户将使用的门槛降至最低时，它们便能增长并征服市场。尤其是每当平台移除阻碍生产者参与进来的门槛时，价值创造就会得到重构，并且会打开新的供应源。

当维基百科创造出一个系统，令志愿者得以攫取并整理世间所有的知识之时，它便成为了第一批开发新供应源的平台之一。紧接着，YouTube赋予了每一名有摄像机或者智能手机的青年人与电影工作室和电视网竞争的能力。

今天，我们看到重构价值创造的现象正在多种平台公司上发挥着作用。以新加坡为主要市场的视频流媒体平台 Viki 利用了一家全球爱好者论坛（而不是雇用员工）为韩国与日本电视剧添加字幕，它随后又将这些投放至美国市场。在经历了快速发展之后，Viki 以 2 亿美元的价格被卖给了日本乐天（Rakuten）。Facebook 采用了类似的方法为其网站寻找译者，而非依赖于专业人员。

为了激励新供应源继续爆发式增长，平台公司正稳步减少那些可能会打击生产者积极性的障碍。推特用其新的文本格式，不超过 140 字的信息吸引了大量内容创作者。传统的博客写作需要花费大量的精力与时间，与此相比，发一条推特不失为一种更为简单快捷的写作形式，这激励了更多的用户成为内容创作者。

爱彼迎以类似的方式致力于降低成员门槛：通过定期为其成员家庭主持项目和活动，向他们举例说明并将最佳的操作手法教授给他们。优步则通过提供诸如注册奖金之类的资金激励，努力地移除可能拦住潜在司机的经济障碍。像追波网、无线 T 恤公司，以及 99designs 这样的平台已经为设计者建立了大型的生态系统，这主要归功于过去几年里设计与打印工具的大众化，是借助平台工具来降低准入门槛的又一例。

新型生产技术的普及进一步促进了新的生产者群体的出现。正如智能手机的摄像功能扩大了 Instagram 与 Vine 这类平台上的内容量，3D 打印的传播可能会带来工业设计平台的普遍兴起。然而，技术通常需要商业模式的创新设计提供支持才能大规模地实现价值创造的重构。虽然用于文字处理、排版，以及图形设计的软件已经存在了几十年，但是直到亚马逊的出版平台 Kindle 为广泛的读者提供简便的访问之时，全新的作家生态系统才得以出现。

通过产生新型消费行为来重构价值消费。平台世界的到来同时也在颠覆着传统的消费行为，激励着千千万万的人们以数年前无法想象的方式来享用产品及服务。如记者杰森·坦茨（Jason Tanz）所言：

> 通过来福车、Sidecar、优步等平台，我们在踏入陌生人的车辆；通过爱彼迎，人们迎接这些陌生人入住我们空余的房间；通过 DogVacay、Rover，人们将自己的爱犬寄养于陌生人的家中；通过 Feastly，人们在陌生人的餐厅吃东西；通过 RelayRides、Getaround，人们将自己的车租给他人；通过 Boatbound，人们将自己的船出租；通过 HomeAway，人们将自己的房子出租；通过 Zilok，人们甚至可以将电动工具出租。我们等于是将自己最宝贵的财产、个人的经历以及我们的生活托付给完完全全的陌生人。在此过程中，我们正跨入一个由互联网赋予的亲密无间的全新时代。[9]

若是不久以前，这些行为在人们看来，就算不是特别危险，也很古怪。今天，它们被千千万万的人们所熟知，这要多亏平台公司建立起来的信任度构建机制。许多宣称是"某某行业的优步"的新兴平台正致力于改变其他领域的消费行为。[10]

通过社区驱动的内容管理重构质量管控。当新平台刚起步时，它们通常会受到众多的批评，甚至是嘲笑，比如 YouTube、爱彼迎，以及维基百科。这是因为，在早期阶段，它们没能拿出传统竞争企业所提供的质量与信赖度。YouTube 上的早期内容通常与色情打着擦边球，大多数都是盗版。城市治安人员会接到有人狂欢的投诉而突击检查爱彼迎旗下的公寓。维基百科上的人物介绍上会把很多健在的人显示为"去世"。

这就是信息量过载导致的问题。当平台开始引入新的供应源时，通常质量会急剧下降。我们在第 2 章中讨论过这一网络负面影响的例子。

平台的早期生存阶段可能很艰难。然而，一段时间以后，随着内容管理机制开始生效，平台便会提升自身的能力，将消费者与相关的高质量内容、产品及服务相匹配起来。强大的内容管理能激励可取的行为，同时打击并最终剔除掉不可取的行为。随着平台对于质量的滋养，它会发展出用以吸引广大顾客的信赖度。主流的竞争企业常常突然发现自己在与陌生的新贵竞争，而这些新贵已经比自己更好地为更快速的增长做好了准备。

一旦平台开始扩展规模，它们得确保内容管理机制不会崩溃。成功地付出努力提高内容管理的平台，能更好地收集关于用户的数据并提升它们的匹配算法。同时它们也要确保手动的内容管理逐渐被淘汰，让位于以社交驱动的反馈回路为基础的自动化内容管理机制。比如问答平台Quora，它起步的时候是让内部的编辑进行内容管理。一旦有接近奇点的大批用户参与进来，内容管理便很大程度上交由至以社群判断为驱动的算法来处理。

所以，平台世界的崛起，并非简单地意味着新型商业实体的出现，并与传统的既有公司相竞争。正如这些在价值创造、价值消费与质量把控三者模式变化中所提示的那样，平台世界的崛起也意味着新型商业活动的出现。

平台颠覆的结构性影响

平台公司的崛起正从三个具体的方面改变商业面貌，而这三个方面很大程度上被人忽视了。我们将这三种由平台驱动的颠覆称作资产与价值的脱钩、中介重构以及市场集合。

资产与价值的脱钩。最让人熟知的平台爱彼迎、优步、亚马逊都属于企业对消费者的电子商务模式（B2C）的竞争市场。在企业对企业的电子商务模式（B2B）中，怎样将一个产品转化为平台呢？很多企业拥有大量的固定资产，比如发电站、磁共振成像仪器，或者是大片的农场。怎样才能围绕着这些来建立平台呢？

答案是你只要将实体资产的所有权与其创造的价值脱钩即可。这能让资产的使用进行单独交易并得以充分利用，即采用能创造最大经济价值的资产使用方式，而不是局限于只针对拥有者的使用方式。如此一来，效率和价值会大幅提升。

本书的两位作者杰奥夫雷 G. 帕克与马歇尔 W. 范·埃尔斯泰恩，在回复一封来自美国纽约州的请求信时使用了这一方法，他们要协助设计一个智能市场，整合该州不断增长的分布式能源的来源。这些来源包括太阳能屋顶、蓄电池储能，以及家用发电机，同时还包括由建筑的热惯性产生的虚拟存储器。建筑可以在几度的范围内预先或延迟进行加热或冷却，而不影响居住者的舒适度。这些系统联合起来能够集中资源，协助纽约州的电力系统根据日常使用与四季更迭来适应温度的上下浮动，只要在合适的位置上设置一个系统来进行协调即可。目前，价格信号从全系统范围的批发市场中产生并且聚合，从而模糊了本地数据本会提供的更为明朗的价格信号。

为了解决这个问题，我们推荐了一个能将实体资产与其创造的价值，也就是其产生的能源相分离的平台。这一平台将允许小型卖家满足大型能源买家的需求，由他们再将其送至终端客户。为了避免平台用户需要不断查询市场价格，该系统应自动发出价格信号，以便卖方机器通过编程来自动响应当地的相关价格，以及通过该平台而分发的需求信息。

如果纽约州的系统投入使用，这将节省大量资源，因为在新型传输、分发、发电能力上的投入可以进行延后，或者得以完全避免。另外，该系统高度灵活、反应迅速，相较现有的系统，更能适应日后可持续能源的部署，因为现有系统依赖大型发电站来对供需的变化做出反应。

将资产与价值脱钩还能让诸如磁共振成像设备（每一台的成本在 300～500 万美元）之类的昂贵医疗设备产生更大效益。一家医院内磁共振成像设备的使用率约为 40%～50%。解决方法是：按时间段划分其使用，并为这些时间段，在其他医院以及无法自行购买仪器的小型诊所之中开辟一个市场。将资产与其创造的价值相分离能推动其使用率达到 70%～90%，这为仪器的拥有者产生了增量收入。

这仅仅是将当地市场变为全州或是地区范围市场的又一步。事实上，2015 年年中，一家叫作 Cohealo 的波士顿公司正迈出这一步，这家公司的目标是成为"高端医疗器械界的爱彼迎"。

将资产与价值相分离的这一概念为拯救苦于干旱的澳大利亚农民提供了帮助。这次干旱比 2015 年加利福尼亚州所遭遇的还要严重。同加利福尼亚州一样，澳大利亚深受用水权分配体制之苦，该体制限制个体拥有想要的水量。2003 年年初，通过将土地所有权与用水权分离，该体制得以改革。在名为 Waterfind 的私人公司的帮助下，澳大利亚建立了一个交易用水的平台，其极大地提高了用水的经济效率。庄稼价值低的农民可以停止耕作，将他的用水出售给庄稼价值高的农民，或者给有一定运输距离的市水务局。因此，当澳大利亚被始于 2006 年的干旱袭击时，农民的受灾程度比加利福尼亚州的农民小得多。现在，Waterfind 正在加利福尼亚州首府萨克拉门托市建立一家子公司，冀图在美国农业上应用同样的以平台为基础的解决办法。[11]

中介重构。在互联网驱动颠覆的早期阶段，很多商业评论员都预测，新型信息与交流技术带来的最大冲击将会是非中介化现象的蔓延。从各行业剔除中间人或是中间环节，建立生产者与消费者的直接联系。专家指出，随着消费者学会绕过中间人购买机票以及保险单，像旅游代理以及保险经纪人这样的传统公司会走向衰落。随着时间的流逝，可以期待的是，同样的非中介化过程也将席卷许多其他产业。

然而事实证明，现实情况与评论员的预测稍有出入。平台已经在众多行业中不断地重构了市场中介，引入了新型中间人，而不是简单地消灭市场参与者的环节。典型的中介重构，包括替换掉不可扩展的低效率中间代理人，补以线上的，通常为自动化的工具，以及可以为平台双方参与者提供新的优质产品与服务的系统。

互联网上的平台由于其拥有调整规模的市场调解能力，正起着愈加高效的中间人的作用。传统的中间人依赖手动工作，而平台中间人依赖算法与社区反馈，这两者升级起来既快速又高效。另外，它们不断收集数据，并以此令系统具有更为智能的能力，令平台得以在市场上扩大它们的调解能力。这种方式是传统中间人无法做到的。

由平台公司带来的中间调解正在改变各行业，创造出新的场地，在这里市场参与者以前所未有的强大力量与效率联系到一起。在音乐行业，艺人及音乐作品领域（A&R）的主管过去将自身与大型唱片厂牌联系起来，以吸引有才艺者。现在，他们以独立专职人员的身份进行操作，在诸如 YouTube 网站和 Soundcloud 这样的平台上搜寻有才艺者。文学代理商则在 Quora 以及 Medium 这样的内容平台上寻找新作者。小型公司不需要传统广告代理商或者媒体频道来进行广告宣传活动，它们只需要依靠谷歌提供的谷歌关键字广告（AdWords）平台。相应地，这已经在亚洲引起了全新的中间代理商的崛起。只需传统价格的一小部分，它们就能管理谷歌关键字广告上的营销活动。因此，当平台挤掉低效率的大型中间人时，利用平台向终端用户提供服务的小而灵活的服务商便从平台那里获得了新能力。

在中介重构的另一种形式中，平台通过利用社区对生产者的反馈建立了信誉信息这一新环节。像 Yelp、Angie's list 以及猫途鹰这样的平台基于产品质量与服务商的认证从而创造了一种全新的产业。在此过程中，一些传统的行业认证者（比如旅行指南以及消费者杂志出版商）被驱赶了出去。

平台带来的中介重构，对于生产者与消费者来说，同时也在改变着

参与经济学（economics of participation）的意义，引出了新的赢家与输家。在传统的书籍出版业务中，出版商赚得（和花费）书本的大部分利润，通常付给作者的版税只有10%～15%。对比之下，亚马逊自出版平台上的作者通常能持有70%的利润。当然，亚马逊自出版平台上的作者必须支付本来传统出版商会承包的不少花费，比如编辑、设计、宣传以及营销——这令此例中的赢家与输家的定位更为复杂。

随着苹果手机与安卓的软件生态系统的出现，一场偏向于应用程序开发者的类似的经济转向业已开始。这些新的"参与经济学"之所以能成为可能，是因为平台享有着绝佳的边际经济效益。[12]

市场集合。通过将无序的市场集合起来，平台正在创造出新效率。**市场集合**（market aggregation）是一个过程，凭此过程，平台提供集中化的市场以服务广泛分散的个体和组织。市场集合为平台用户提供信息与力量，而他们此前都是以偶然的方式参与到交互中，往往无法接触到可靠的或最新的市场数据。

比如，试想一下印度的巴士交通。不同的巴士车队运营在州际、州内以及其他路线上。巴士种类各有不同，价格也极其多变。因为该行业十分分散和无序，消费者的搜索成本高，所以他们难以做出选择。[13] 现在，一家叫作redBus的平台公司正在将所有印度巴士运营者的信息集中到一个即插即用的中央基础设施上。结果，消费者决策更为简单快捷，花费也更少。从长远结果来看，印度将建立起更为健康的交通市场。

很多成功的平台起着近似的市场集合作用。亚马逊集市（Amazon Marketplace）、阿里巴巴以及Etsy都提供线上网址，在这里来自全世界千万种产品的销售商能够向消费者提供他们的商品。像Upwork这样的服务平台将许多熟练的专业人员带到了同一屋檐下，令潜在雇主能够方便地评价、比较并雇用他们。

现有企业的反击：管道变为平台

因此，平台公司正在以多种方式来颠覆传统商业的面貌，不仅通过取代一些世界上最大的现有企业，还通过改变我们熟知的商业过程，比如价值创造、消费者行为，以及对主要产业结构的改变。

现有企业能做出哪些反应呢？根深蒂固地运营着令人熟悉的管道业务的企业，是否注定要在平台对它们的产业进行重塑并最终接管之时俯首称臣？

大可不必。但如果现有企业想要与平台颠覆的大军做抗争，那么它们将需要重新审视现有的商业模式。比如，它们需要仔细检查所有交易成本，就是它们在营销、销售、产品运送以及消费者服务这类过程中所花费的资金，并思考，在一个愈加无缝连接的世界中，怎样可以降低，甚至是减免这些成本。它们也需要检视目前它们打交道的所有个体与组织，并构思出将他们联接起来的新方法，以创造出新的价值形式。[14] 它们需要提出如下问题：

- 无论是供应商还是消费者环节，我们有哪些内部管理的环节可以委托给外部合作者？
- 我们怎样才可以令外部合作者有能力创造出能够为现有客户产生新价值形式的产品及服务呢？
- 我们有无办法与现有竞争者联合起来，为客户生产优质的新服务呢？
- 怎样才能通过新的数据网络、人际关系与内容管理工具来升值我们已经提供的产品与服务呢？

耐克业已证明，它是平台世界中，寻求新手段以生存并繁荣的最有智慧的现有企业之一。它所采取的一些竞争性的措施看似理所当然，实则不然。

像耐克这样的管道企业过去已经以两种方法中的一种进行了规模升级。有些是通过并购及整合更多价值创造及配送的管道，比如通过购买上游供应商或下游分销商，这被称作**垂直整合**（vertical integration）。其他则是能过扩宽管道来推升价值，这是**横向整合**（horizontal integration）。如果消费产品公司通过创造新产品与品牌来获得成长，那么这就是一例横向的整合。

2012年1月，耐克生产出了一款可穿戴技术的设备充能手环（FuelBand），用它来追踪用户的健身活动，包括已行走的步数以及消耗掉的热量。耐克也像很多其他公司一样，一直在开发应用程序。此例中则为与体育与健身相关的小程序。这些似乎表面上看起来是传统产品线的扩展，意在进行横向整合。但事实上，耐克正在测试一种新的方法，如若成功，便能引领新的发展方式。该方式由类似苹果这样的平台公司所开创。

在过去的十年里，苹果的部分成长是通过将其产品与服务在云端相互连接实现的。人们能够在iTunes与iCloud上对内容与数据进行同步，这让拥有多件苹果产品变得很有价值，并且相比索尼、东芝或其他电子厂商的多件产品，拥有多件苹果产品更加有用。数据担当着黏合剂的整合作用，将所有这些产品以及服务和谐地统一起来。

这引发了新的发展形式。当多个产品与服务利用数据进行连接与互动时，管道便可以像平台那样开始运作，产生新的价值形式并鼓励用户参与到更多的交互中来。

正如苹果产品的套件一样，由充能手环连接起来的耐克鞋与手机应用程序并非只是因同一品牌名而有联系的单独的产品与服务。取而代之的是，它们不断地进行互动，为用户提供关于他们运动能力、健身计划与健康目标的信息与建议。不同于传统的体育用品公司，耐克正在建造一个生态系统，在这里用户得以使用耐克为其捕捉到的数据。最终，耐克能够利用这些数据，为它的用户创造更多的相关体验，并将他们连接起来，以产生更有价值的交互。

在开始采取措施将传统管道业务转变为平台公司的公司中，耐克并非仅有的一家。耐克在体育及休闲服装市场中的竞争对手安德玛（Under Armor），已经展开迅速行动，搭建自己的健身生态系统。2013年11月，安德玛收购了一家关于健身与锻炼的领先平台健身记录（MapMyFitness）。然后在2015年2月，它继续收购了两家健身平台——健身记录伙伴（MyFitnessPal）与英多蒙德（Endomondo）。前者关注营养摄取，而后者作为"口袋中的训练师"则主要服务欧洲消费者。收购3家公司的总花费足足有7.1亿美元。一位分析师称："真正令人吃惊的是，没有一家被购公司是制造实体设备的，一切都围绕着平台与数据以及更重要的——用户。"综合起来，3次收购使安德玛暴增了1.3亿名平台用户。[15]安德玛像耐克一样，看见了其产业的未来是以平台为基础的，并且它决心成为一名颠覆者。

其他行业也在发生着类似的竞争。美国通用电气、西门子以及包括海尔在内的行业巨头正在将它们的电器与尚处于初期的物联网连接起来。[16]这些联网的电器不断地将流数据传输至一个中央平台，让它们得以与彼此互动并相互学习。[17]从这些设备网中接触到数据能帮助每台机器更好地利用其资源并提供更可靠的服务。

任意一项产品或服务都能成为平台公司的基础吗？这里有个测试：若该公司能利用信息或者社区来为其商品增加价值，那么搭建一个平台便是有可能的。这为众多公司创造了巨大的机遇。

想想味好美吧，这家销售草本植物、香料以及调味品的公司已经126岁了。到2010年，该公司的传统发展战略已经走到了尽头。味好美已经发展为一家食品调味料全范围涵盖的公司，并且在供应链上下游

（包括耕种以及食品制作）站稳了脚跟。它已经没有任何发展选择了。首席信息官杰瑞·沃尔弗（Jerry Wolfe）听说了耐克建造平台的举动。味好美能否效仿呢？

沃尔弗找到了R/GA公司的合伙人之一巴瑞·瓦克斯蒙（Barry Wacksman）。R/GA公司是纽约的一家领头设计公司，曾帮助耐克设计了自己的平台。他们一起想出了一个主意：利用食谱与人们的口味情况建立一个以食品为基础的平台。沃尔弗与瓦克斯蒙一起，用味好美公司的味道测试实验室提取了36种原型口味，比如薄荷味、柑橘味、花香味、蒜味、肉味，它们几乎可以描述任何食谱的味道。这一系统基于个人偏好，能够预测出每个个体可能想品尝的新食谱。味好美平台社区的成员可以修改食谱并上传新的版本，这创造了得以不断扩充的口味种类，并对于识别新的食品潮流有帮助。这些信息不仅对平台用户有用，食品店、食品厂商与餐厅都能受益。[18]

如这些实例所示，对平台的利用不再局限于硅谷的互联网新贵。现有企业对颠覆大军的回应也不再局限于仅仅是尝试反抗平台力量不断上升的浪潮，或者是在产业被占领后，仓皇地去尝试搭建一个山寨平台，而且通常都是白费力气。

能理解新型商业模式的现有企业领导人不仅可以通过利用现有资产，还可以通过对它们进行强化与加固，来开始搭建未来的平台。

因此，平台正在吞食着这个世界。它们推动的这场颠覆正在以一次一个行业的速度逼近着各个企业，并且在某个时刻，很可能会袭击几乎所有的信息密集型产业。零售业、城市交通以及酒店业是目前正在遭受攻击的行业。我们可以期待，银行、教育以及医疗行业将很快感受到这种影响。这些信息高度密集化的行业，之所以能抵御住迄今平台所推动的颠覆，很大程度上要多亏了保护性的监管机制，以及由更高的风险敏感度驱动的消费保守主义。当YouTube向用户展示一段无趣的视频或是盗版视频时，其造成的破坏程度，相较于后面几种情况要小得多：一家未做好内容管理的平台帮借款人联系放高利贷者；一家教育平台向大学生提供错误的数学或科学信息；医疗平台将患者推荐给一位不称职的医生。不过，Lending Club、Udemy 以及 Jawbone 正在一点一点侵蚀这些市场并取得了初步成效。

当然在最后，将平台带来的颠覆引向这些或者其他行业，主要不是技术上的挑战。渴望创造出未来伟大新平台的创新者需要关注他们目标市场上的核心交互情况，并分析限制这些交互活动的阻碍。克服这些阻碍将使得在这些市场上建立以平台为基础的生态系统成为可能。在本书的第 12 章中，我们将详尽地讨论这一话题，并分享对于平台世界未来的憧憬。

本章小结

- 平台能在竞争中打败管道企业，是因为它们优越的边际经济效益以及由积极的网络效应所产生的价值。因此，平台比管道企业发展得更快并在曾经以管道企业为主导的行业中占据领先的位置。

- 平台的崛起也在其他方面颠覆着商业。它正对价值进行重构以开发新的供应源；通过赋予新的消费行为来重构价值消费；通过社区驱动的内容管理来重构质量管控。

- 平台的崛起同时也带来很多产业中的结构性改变，尤其是通过以下三个方面进行：中介重构、分享使用权与管控以及市场集合。

- 现有企业可以反抗由平台驱动的颠覆，其方式是用平台的思维方式思考自身的产业，正如耐克与美国通用电气所做的一样，企业可以建立它们自己的价值创造的生态系统。

第 5 章

平台上线：
先有鸡还是先有蛋？
平台成功上线的八种方式

1998年的秋天，全球企业迎来发展大潮。受互联网迅猛发展的刺激，成百上千的科技企业如雨后春笋般出现。其中许多企业沉浸在与其实际收入（通常很低）和利润（经常不存在）不成比例的赞美和剧增的估值中。受诸如美国在线公司（AOL）、亚马逊等公司早期经验的启发，高科技企业家和他们的媒体支持者决定不惜代价实现增长，这是长期成功的关键——其中许多公司斥资数百万美元，追求增长。无数满怀抱负，20～30岁出头的电脑高手积累了巨额财富，至少在纸面上是这样。

在这个喧闹骚动的氛围下，两个年轻的企业家进入了爆炸的互联网领域。31岁的彼得·蒂尔（Peter Thiel）出生于德国，在美国加利福尼亚州长大。也就是在加利福尼亚州，他成为美国最高级别的年轻国际象棋手之一，并在斯坦福大学学习哲学和法律。作为公开的自由主义者，蒂尔协助创办了《斯坦福学报》（*Standford Review*），该保守报刊挑战学校主宰的自由文化。

23岁的马克斯·列夫琴（Max Levchin）出生于乌克兰，当他以及家人移民美国时受到美国提供的政治庇护。列夫琴在芝加哥长大，之后进入美国伊利诺伊大学香槟分校计算机科学专业学习。在大学里，列夫琴对加密技术（加密及解密的科学）产生了浓厚兴趣。1998年，列夫琴已准备利用他的天赋在商界中打造安全的计算机通信。

蒂尔和列夫琴，以及另一位同伴约翰·伯纳德·鲍尔斯（John Bernard Powers，他很快退出了）成立了康菲尼迪公司（Confinity）。这是一家旨在让掌中宝（Palm Pilots）以及其他装配有红外端口的个人数字助理设备（PDA）具备资金转移功能的创业公司。那时，掌中宝是极为普遍的移动设备，普及率越来越高，他们想要在人们随身携带的移动设备上开发支付系统也就说得通了。康菲尼迪公司的商业逻辑似乎无可厚非。正如10年后另一个网上支付平台——比特币引起了自由主义者无限的想象，能使成百上千万的人民不再依赖于政府发行的货币的支付机制概念也激发了理想主义者蒂尔的自由主义倾向。

然而，康菲尼迪公司没能吸引多少用户。两年后，康菲尼迪只有1万名注册用户，列夫琴和蒂尔只得关闭公司。

然而，在这一过程中，他们开启了一个更加充满希望的商业前景。早在1999年10月，康菲尼迪公司的一位工程师已经成功构造了一个在线样本，以通过邮件接受支付。这一辅助项目代表了付款进程的一个重要的潜在进步。与以往的网上支付系统不同，这一项目允许世界上的任何人收到另一个人的网上付款，而不需要笨拙地将资金从一个银行账户转移到另一个。列夫琴和蒂尔认为这一新型的网上支付模式将很有可能发展为一项重要的业务，服务于成百上千万名客户以及他们旗下的在线业务。

他们为这一服务起了个名字，叫作PayPal，并且开始围绕这一服务开办公司。然而，在那个时候的商业市场里，推行此服务根本凶多吉少，高科技工业领域所谓的互联网泡沫开始隐现，而未来几个月内，纳斯达克指数的急剧下跌将使得互联网泡沫的破碎成为定局。此外，压力更为沉重的是，蒂尔和列夫琴知道他们必须尽快使得PayPal走向成功，因为他们每月的投入近1000万美元，这在通常不需要大型资本支出的网络平台世界里是极大的数字。[1]

他们也意识到必须战胜最为严峻的挑战之一是如何创造一项业务服务市场双边，这是"鸡与蛋"的循环问题。在努力创建一个双边同等重要的市场时，应先创造哪一边？而在缺乏其中一边的情况下，又该如何吸引另一边？

在新的支付机制里，"鸡与蛋"的问题显得格外明显和尖锐。如果没有卖家愿意接受新的支付方式，买家也不会采用。但是如果买家不愿意采用新的支付方式，卖家也不会投资时间、精力和资金接受它。因此，当卖家和买家都找不到理由先于对方加入这一平台，用户基础为零时，怎样才能在这种情况下推介新的支付平台？

就简单的逻辑而言，"鸡与蛋"的问题看似无法解决。然而，PayPal通过一系列巧妙的策略解决了这一问题。

首先，PayPal减少了与接受在线支付相关的摩擦。用户只需要提供一个电子邮件地址和一张信用卡。这种简单的方式与之前的网上支付机制形成了鲜明的反差：之前的网上支付机制要求在账户建立前必须进行多轮认证，其烦琐性让很多早期用户望而却步。PayPal从客户角度出发，几乎无缝的系统吸引了一批重要的初期用户群，尽管人数还不够多，不足以吸引众多的网络卖家。

后来，在斯坦福大学的一次演讲中，彼得·蒂尔解释接下来所发生的事情：

> PayPal所面临的巨大挑战在于获得新客户。他们尝试着做广告，搞宣传，然而成本高昂。他们试着与大型银行进行企业发展（BD）交易。后来官僚主义随之猖獗。PayPal团队得出了一个重要的结论：BD并不起作用。他们需要有机的、病毒式的增长。他们需要给人们钱。
>
> 他们就这么做了。新用户注册会得到10美元，而已注册的用户成功推荐新用户再得10美元。PayPal迎来了迅速增长，而对每一个新用户进行20美元奖励也使得PayPal受伤惨重。他们感觉努力有了成效，但同时又感觉没有成效；7%～10%的日增长率以及1亿用户，收效不错。然而，零收入以及成倍增长的成本结构则令人沮丧。事态变得有些不稳定。PayPal需要造势，以筹集更多资金，并继续经营下去。（最终，这奏效了，但这并不意味着这是经营公司的最佳方式。实际上，这很可能不是。）[2]

蒂尔的演讲既描绘了公司早期的艰辛和绝望，又讲述了为了发展 PayPal 随机采取的实验策略。然而，最终，这一策略取得了成功。通过鼓励新用户注册，PayPal 的顾客群体迅速壮大。

最重要的是，PayPal 团队认识到仅仅让新用户注册是远远不够的。他们需要用户尝试支付服务，意识到支付服务对于他们的价值，并成为常用客户。换句话说，与用户获取相比，用户承诺更为重要。因此，PayPal 设计了一些激励措施，通过资金奖励的方式鼓励新用户成为活跃用户。资金奖励不仅使用户觉得加入 PayPal 是安全且具有吸引力的，而且从实质上确保了新用户将参与到交易中来，只需花费他们得到的存储于账户里的 10 美元奖励。

PayPal 的爆炸性增长引发了一系列积极的反馈回路。一旦用户体验过 PayPal 的便捷，他们在网上购物时常常会坚持以这种方式付款，因此也促使卖家纷纷注册 PayPal。新用户进一步宣传 PayPal，将它推荐给朋友。反过来，卖家开始在他们的产品页上展示 PayPal 的标志，告知消费者，他们已做好准备支持这种在线支付方式。看见这些标志，更多的买家得知 PayPal 的存在，然后受到鼓励开始注册。PayPal 也为卖家提供奖励，鼓励他们推广，然后带来更多的买家和卖家。通过这些反馈回路，PayPal 网络持续朝对自己有利的方向发展，在寻求自身迅猛增长的同时，也服务用户（卖家和买家）的需求。

然而，公司的领导层并没有安坐后台，仅依靠积极的反馈回路来寻求该网络支付方式的发展。他们积极寻找商机来谋求平台进一步的迅猛发展。

2000 年年初，公司的领导层注意到在最受欢迎的电子商务网站 eBay 上，PayPal 这一网上支付平台越来越受欢迎。eBay 是 PayPal 的"适宜之地"，因为 eBay 上的大多数卖家都不是专职的商人，而是普通人，缺少信用卡刷卡机和其他网上支付方式的设备。

PayPal营销小组抓住机会，重新调整方向，致力于eBay网站上PayPal的发展。除了技术之外，他们模拟消费者需求，制作了一个自动程序（一个自动化的软件工具），然后在网站上购买商品时坚持使用PayPal完成这些交易。很多eBay卖家注意到这一需求的明显增长，纷纷寻求PayPal服务，这反过来使得PayPal更能引起消费者的关注与兴趣。eBay卖家开始在他们的网站上展示PayPal图标，买家只需轻点鼠标就能进入支付系统。这样一来，交易摩擦进一步减少。[3]

在短短的三个月内，PayPal的用户量从10万涨到了100万。

eBay的管理层注意到PayPal是如何借力eBay网站发展起自己的平台公司的。考虑到PayPal正与eBay客户建立独立的联系（且正从eBay网上的交易中汲取部分收入作为资产）会对该公司造成潜在威胁，eBay决定反击。它与合作伙伴美国富国银行（Wells Fargo Bank）一同推出自己的支付系统Billpoint。eBay大力推广自己的支付系统，一度要求Billpoint和PayPal这两大支付系统的eBay商家在他们的销售页面上设置更大的Billpoint图标。尽管做出了一系列努力，Billpoint还是没能成功地吸引eBay用户，部分原因可能为推行时间较晚，也可能是因为eBay不明智的商业运作。例如，eBay决定制止一些可能促进非eBay网络商家使用Billpoint完成的交易。

PayPal持续发展。2000年年末，在康菲尼迪终止掌中宝业务后，掌中宝的后代PayPal已经赢得了300万名用户，是掌中宝客户数的300倍。自第一代信用卡大莱卡（Diners Club）发行以来，人们还从未见到这样一个新的支付工具能在全球以如此快的速度被接受采用。2002年2月，PayPal正式上市。

2002年10月，eBay最终放弃了Billpoint系统，然后用14亿美元收购了PayPal，虽然按照今天的标准来看，这一数字并不多，但在那时可是一笔不小的数目。在销售环节，70%的eBay网络拍卖都采用了PayPal支付平台，而大约25%的封闭式竞价采购也以这种支付方式进行交易。如今，PayPal使得成千上万个小型商家在开展网络业务时比以往更加便捷、高效和有利，同时，PayPal所创造的收益也构成了eBay总收入和总利润的主要来源。

平台营销的核心：寻求病毒式增长的设计

PayPal发展的故事表明，建立平台公司与传统的产品或管道型营销在许多方面大大不同。对于平台营销的起步者而言，前拉策略远比推动策略更为有效和重要。

工业领域的管道严重依赖推销。企业只有通过自己拥有或购买的专门的营销和沟通管道才能获得消费者。在供应商稀缺的世界里，选择受到限制，只要能被听到，就足以能让营销人员和他们所传递的信息出现在消费者面前。在这种环境下，传统的广告和公关产业只能集中于意识创造，这是一种经典技巧，将产品或服务"推"入潜在客户的意识中。

在网络世界里，这一营销模式不灵了。在网络世界里，获取营销和沟通管道越来越大众化——正如前文所分析的，例如YouTube上的视频——韩国艺人PSY的《江南Style》（*Gangnam Style*）和丽贝卡·布莱克的《星期五》（*Friday*）都在全球引发了病毒式的流行。在物质丰富的世界——产品和产品的信息都是无限的，人们更容易分散注意力，因为只需轻轻点击或者刷新，就会出现无数选择。因此，只创造意识并不能提升接受和使用率，而将产品和服务"推"向客户不再是成功的关键。实际上，这些产品和服务必须本身就极具吸引力，能够自然而然地将客户拉入轨道。

此外，对于平台公司来说，用户承诺和频繁地使用（而非是注册或下载），才是用户采用率的真正指标。这就是为什么平台必须通过构建激励机制鼓励用户参与，特别是那些与平台互动有着系统相关性的激励机制来吸引用户。一直以来，营销功能与产品是相分离的。而在网络业务中，营销需要与平台紧密结合。

PayPal 的管理层为了让平台走向成功所采用的策略反映了这一新的营销思维方式。PayPal 没有通过诸如电视广告、印刷品广告或电子邮件群发这样的方式将 PayPal "推"入用户的意识之中，而是创造了新的激励，使得平台本身就具有"拉"的引力。这些方式既包括"PayPal"服务的极致便捷，也包括给推荐新用户的人的现金奖励。他们通过在客户群中创造对 PayPal 服务的需求，同时通过 eBay 这一热门购物网站模拟需求，将消费者拉入平台。随着越来越多的用户注册，PayPal 的吸引力持续加强。最终，PayPal 扫清了其他具有竞争力的支付服务，证明了"拉"的力量。

在网络平台的世界里，传统的"推"的策略仍有着一定的意义。例如，Instagram 因为在苹果软件商店（Apple's iTunes store）的首页 Banner 推荐，在发行当天就获得了几万次的下载量。这一种用来推广公司的推式策略已经被用了几十年。此外，正如我们稍后要讨论的，推特获得了极大的成功主要是源于一个成功的大型公关事件——"推"的策略的另一种类型。

但是在网络平台的世界里，通常用"拉"来实现快速、大规模和持续增长。

现有企业的优势：现实还是幻觉

"鸡与蛋"的问题以及吸引一个大用户群的困难可能会使你想知道：为什么拥有强大客户基础的公司不接管平台世界？也许这只是时间问题，一些公司如沃尔玛、三星和通用电气将齐头并进开始加入竞争。

大型企业在推行平台公司方面的确具有某些优势。它们有现成的价值链，与其他公司保持着强大的联盟和伙伴关系，有着人才库和巨大的资源库——包括忠诚客户基础。

然而，这些优势容易导致自满。传统企业以产品和管道为主，通常有时间来观察外部竞争的出现，然后做出调整。大部分大型公司已经形成的新陈代谢机制反映了这种相对缓慢的变化步伐：它们进行战略规划、目标设定、自我评估以及路径改正的进程会轻易对公司日程产生影响，通常是每年一次，最好的情况是每季一次进行核对调整。然而，在平台世界里，网络占据主导地位，变化迅速，难以预测，市场也是瞬息万变的，而客户的需求变化得更快。管理系统需要做出相应的改变。

现有大公司为进军平台世界重塑自我，却发现自己与快速兴起的小型公司处在同一竞争水平。在大众化的网络接入与"拉"式营销世界里，规模、经验和资源产生的优势已经不再那么重要。

因此，如果你已经是或即将成为一名创业者，或者如果你帮助经营一家致力于寻求平台商机的中小型公司，不要被大型竞争者侵入你所在的领域而吓倒。增长游戏的规则已经发生了改变，如果你理解并掌握了这些新规则，你将和任何人一样拥有生存和发展的良机。

推广平台的方式众多

人们常想当然地认为适用于平台 A 的推广策略应该也适用于平台 B，但历史证明并非如此。实际上，就算处于直接竞争关系的平台也可能需要采用不同的推介策略以便在市场开拓有力且独一无二的优势地位。三个处于竞争关系的在线视频平台：YouTube、Megaupload 和 Vimeo 的发展故事则生动地展示了这一点。

YouTube 是第一个获取主要引力的大众化视频的主平台（所有人都能进行下载）。它实现这点完全靠内容创造者。在成立早期，YouTube 开展了一系列比赛，旨在鼓励内容创造者上传视频。此外，它还允许内容创造者将他们的视频嵌在平台之外，此举使得 YouTube 这个词迅速流行。一些潜在用户发现这一新的运营场所十分具有吸引力。例如，之后流行的社交网络聚友（MySpace）的很多用户量都是围绕一些独立乐队建立起来的。YouTube 在聚友的基础上又做出了一些改进，创立了基于闪存、一键获取视频的体验，给乐队上传音乐视频带来了诸多便利。这样一来，YouTube 建立了网站内容的初始语料库，同时利用生产者带来消费者，其中很多消费者最后也变成了生产者。为了增强对生产者的关注，YouTube 甚至将高级内容创作者提升为伙伴关系，给予他们一定份额的广告收入。

YouTube 对生产者不懈的关注在以下四个方面起了作用：第一，这一做法使得平台内容丰富；第二，它在平台上创建了活跃的内容管理，通过让视频观看者对视频进行投票选出质量较高的网站内容；第三，它利用生产者带来客户；第四，也是最为重要的是，它创造了一批内容创造者，这些创造者对平台进行投资，有用户追随，而且不会轻易被诱惑对另一个其他平台进行投资。

Megaupload 则面临着**后进入**（later-mover problem）的问题。2005 年，当 Megaupload 建立时，大多数内容创造者已经活跃在 YouTube 之上了，他们没有动力加入只有少量用户的新平台。作为较晚起步者，Megaupload 无法采用与市场开创者相同的用户获取策略来参与竞争。因此，它采用了另一种推广策略。Megaupload 完全将重心置于消费者（视频观看者）之上，在平台上提供了一些新的内部内容，包括盗版和色情视频，这些内容所属类别在 YouTube 上越来越多地被明令管制。通过重视这些似乎未被满足的需求，Megaupload 获得了显著的发展。然而，在这一过程中，Megaupload 遭遇起诉且声名狼藉。

第三家竞争公司 Vimeo，是另一个较晚入市者，它成立于 2004 年 11 月。但凭借生产者第一的策略大获成功，直接对战 YouTube。这一策略的关键在于创造一系列更高质量的工具，来吸引那些在 YouTube 上感到被忽视的特定用户群体。

在发展早期，YouTube 的主机和宽带基础设施，再加上其嵌入式播放器构成了吸引生产者的价值定位。然而，随着 YouTube 在生产者中引领主流，平台的重心由提高视频主机基础设施（作为吸引生产者的价值定位）转向向消费者提供更良好的视频服务（集中于视频搜索和视频内容提供）。

针对 YouTube 的转变，Vimeo 集中于生产者，提供给生产者一流的基础设施，包括对于高清视频播放的内部支持和为博客提供更好的可嵌入式播放器。因此，在对能创造持续视频流的生产者的抢夺大战中，Vimeo 能成功地与 YouTube 开展竞争。

这些例证说明，如果你将推广一个平台，了解你的对手所提供的价值定位能帮助你构建自己的价值定位，这将使你有可能占据相对来说未被触及的市场，即便你的基本价值单元可能在表面上看来是相似的。

八种策略破除"鸡与蛋"式的困境

理解平台营销中前拉策略的重要性，以及分析和回应竞争对手商业设计的必要性，是上线策略的重要部分。但在实际中，所有平台创办者不时遇到我们称之为"先有鸡还是先有蛋"的困境。当双边市场中任何一方的存在都取决于另一方优先存在时，如何为双边市场打造用户群呢？

平台解决这个难题的一个方法是，通过打造一项基于现有的管道或产品业务的平台业务，以此彻底避免"鸡与蛋"问题的出现。这个方法所提供的一些人们熟知的八种策略：

1. "追踪兔子"策略：采用非平台的示范项目来塑造成功的典范，从而把用户和生产商都吸引到依据这个项目中已被证实的基础架构所建立的新平台上。

比如亚马逊，它从来没有出现过"鸡与蛋"的问题，原因是作为一个成功的线上零售商，它经营着一个通过线上商品列表吸引消费者的有效的管道业务。由于拥有惊人的客户体量，亚马逊只是将系统开放给外部生产者，就转型成为了一个平台业务，结果成就了亚马逊市场。在该平台上，成千上万的商家可以把商品卖给数百万名消费者，亚马逊从每一单交易收入中分得一杯羹。

在 B2B 领域中，英特尔在如何展现无线技术的价值上曾经遇到过同样的挑战。如果没有电信公司提供无线服务，人们就不会想购买无线手提电脑；如果没有用户需要它们，电信公司就不会花钱投入到无线路由器上。英特尔和日本电信公司 NTT 联手合作证实了这个市场的存在。一旦 NTT 显示在这个市场的投入能够带来收益，大量的公司将会开始仿效。事实上，就是英特尔创造了"追踪兔子"这个名词来描述这个策略。

但并不是在所有情况下都可以采用"追踪兔子"策略。有时候要开发平台只能白手起家，这就意味着寻找方法吸引市场两方的用户群是不可避免的挑战。[4] 为克服"鸡与蛋"的问题，人们已经研发并采用了多种具体有效的策略。一般而言，这些策略包含以下三大技巧：

（1）**上演价值创造**。平台管理者安排价值创造单元以吸引一组或多组用户群并向其展示参与平台可以获得的潜在利益。[5] 首批用户创造更多的价值单元，吸引其他用户，然后建立正面的反馈回路使用户群持续增长。[6]《赫芬顿邮报》(*The Huffington Post*) 采用这种策略，聘请作家在其网站上发表高水平的博客，以此吸引读者。有些读者开始在网站上发表自己的博客，因此更多人成为创作者并不断吸引更多的读者。

（2）**设计吸引某一类用户的平台**。该平台旨在提供工具、产品、服务或其他利益吸引一组用户——可以是消费者或生产者。市场一方存在大量重要的用户将会吸引市场另一方的用户，最终迎来正面的反馈回路。下面我们将会详细讲述，订餐平台——OpenTable 利用这种策略，为餐厅创造有用的电子工具。一旦大量餐厅上线，消费者发现了这一网站，然后使用它制订订餐计划。

（3）**同时上线**。最初，尽管网络总规模很小，但平台依然要创造条件以便打造与用户相关的价值单元，然后努力刺激活性闪现，同时吸引大量消费者和制造商创造更大的价值单元，使价值产生相互作用，以便发挥网络效应。随后，本章将会展现 Facebook 是如何利用这一策略，将最初潜在成员还只是一所大学中屈指可数的学生社会网络发展壮大，吸引众多用户的。

这三种技巧既可以单独使用，也可以一起使用，在适当的情况下，组合使用更加有效。下列所述是一些我们已经查明的具体的不同情况。如果你正在研发新平台或希望推介新平台，你可能会从中发现一个对你有启发的模式解决"鸡与蛋"的问题。

2. 背负式策略。与另一个平台的现有用户群连接，示范价值单元的创造以吸引这些用户参与你的平台。

许多成功的平台推介都采用了这一经典策略。我们已经看到，PayPal 采用这种策略，将其捆绑在 eBay 的网上拍卖平台之上。

Justdial 是印度国内最大的一家电子商务公司，为消费者和超过 4000 万小企业提供交易平台。公司从现成的黄页上"借来"清单形成自己最初的数据库，另外还雇用一些地勤人员挨家挨户地敲门收集的企业信息。Justdial 利用这些数据开始电话簿服务。消费者将会拨打电话寻找服务提供者，比如婚礼餐饮承办者。Justdial 将会把电话转接给生产者，比如在这种情况下，就是消费者所在乡镇中最合适的婚宴承办者。因为对这种连接充满感激，一些服务提供者开始成为 Justdial 的订阅者。为了鼓励当地商人更加积极地参与到平台中，对于之前许多没有出现在网络列表中的，Justdial 通过人际交流、界面、电话联系和信息发送为他们提供便利的途径以加入平台。

Justdial 在 2013 年 5 月首次公开募股大获成功之后，成为印度当地贸易市场独占鳌头的平台。而它初创立时条件十分简陋，仅仅收集从现有平台"借来"的企业名录以及当地电话簿。

在美国，许多创业公司采用了类似的策略，利用克雷格网站带来的便利。新平台创办之初，从克雷格网站上"揩油"，利用自动化数据收集软件获取有关商人和服务供应商的信息。然后将这些信息加入自己的平台，让消费者觉得这些商人实际上已经参与了该平台。当消费者需要某家服务供应商时，平台将电话连线给商家，同时邀请商家加入该平台。

之前，本章谈到采用背负式策略的另一个引人注目的范例就是 YouTube。它向聚友提供强大的视频工具，然后吸引该社交网络内的成员，依赖聚友的增长浪潮而获得增长。一旦 YouTube 呈现给数百万名聚友成员，其普及率将呈病毒式增长。截至 2006 年，YouTube 成员增长率已经超过聚友，普及率从那时起就一路飙升。

3. 播种策略。创造至少与一组潜在用户相关的价值单元。当这些用户被平台吸引后，其他类型想要与他们互动的用户也将随之加入。

在许多情况下，平台公司作为第一生产商，自己承担价值创造的任务。除了安装平台之外，平台拥有者还能利用此策略界定他们想要在平台上看到的价值单元的类型和质量，以此营造一种文化，鼓励随后的制造商做出高质量的贡献。[7]

谷歌开发安卓智能手机运行系统与苹果竞争时，便对开发者设立了500万美元的奖项，只要开发人员在10种应用类型中的任何一个类型中——包括游戏、生产力、社交网络和娱乐中设计出最佳应用程序，便可获奖，以此扩大市场。获奖者不仅可以得到奖金，同时成为这一应用领域的市场领头人，而且最后可以吸引大量的客户。

在其他情况下，可以借用其他资源的价值单元而不是平台开发者从零开始创造。Adobe开发出现在已经普及世界的PDF文件阅读工具，一部分原因就是它可以让用户在网上下载所有类型的联邦政府纳税申报表。这个唾手可得的市场规模十分庞大，包括任何可能需要向政府缴税的个人和企业。Adobe向美国国税局提出建议说，这样可以节省数百万美元的印刷和邮资成本，从而使得美国国税局与其合作。而纳税人可以快速便捷地获取每人需要的文件，至少每年需要一次。由于对Adobe提供的服务印象深刻，所以许多人就选择它作为文件平台。

还有一些情况是，通过模仿（伪造）价值单元实现播种策略。我们看到，PayPal在eBay用户中创造自动程序时采用了这种策略，然后将大量卖家吸引至PayPal平台。这种做法十分高明，因为一个自动程序可以反过来列出它刚购买的产品进行出售，因此覆盖了市场两方——PayPal就不必自己存储或装运货物。

约会服务通常靠制造虚假的个人资料和对话以模仿最初的邂逅。许多服务商在个人资料中展现富有魅力的女性，将男性吸引至该平台。访问网站的用户看到该活动后会受到诱惑继续逗留。

Reddit是一个广受欢迎的链接共享社区，大量互联网内容在此传播。首次推出该平台时，网站用虚假用户配置文件进行传播，并贴出创办者想要在网站上看到的内容的链接，这种策略奏效了。最初的内容吸引了对相似内容感兴趣的人群，并营造文化氛围，让他们对社群做出高质量的贡献。渐渐地，Reddit成员学会了依赖彼此，指导对方哪些内容值得浏览，哪些不值得一看。（虽然 Reddit 的平台推介及扩展取得了成功，但其仍深陷争议之中。2015 年，针对其网站中存在所谓种族主义和偏见性内容，引发了数次争论。）

同样地，Quora 平台刚刚起步时，网站编辑自问自答，制造平台活动的假象。用户开始提问之后，编辑继续回答问题，以此向人们展示平台将如何运作。最后，用户自己开始实践这一过程，Quora 的工作人员就可以停止"自我推动"的做法。

4. 精英策略。 提供奖励以吸引成员中的重要用户加入你的平台。

在许多情况下，有一批用户成员举足轻重，他们的加入与否将决定平台的成败。因此，这就可能解释平台管理者为何给予现金奖励或者其他特别福利激励他们加入。

在电子游戏领域，诸如微软的 Xbox 游戏机、索尼的 PS 游戏机以及任天堂的 Wii 游戏机这样的公司创建类似的平台装置将消费者和游戏开发商创造的内容连接在一起。美国艺电公司（EA）雄霸体育游戏领域，它所开发的游戏模仿美国国家橄榄球联盟的橄榄球、NBA 的篮球、国家冰球联盟的冰球以及其他运动（比如老虎·伍兹的高尔夫巡回赛游戏），每年都会更新，火爆程度远胜其他对手。任何游戏生产商的平台若没有来自艺电游戏的一个系列，便没有继续生存的希望。因此，微软、索尼和任天堂一直以来都愿意和艺电公司保持亲密的合作关系，说服艺电公司开发或改变游戏，然后在它们将要推介新平台时推出游戏。

这种策略也可以稍有变化，即平台公司可以选择购买一位至关重要的参与者获取独家访问权。多年以来，软件生产商 Bungie 专门经营游戏，如广受欢迎的游戏"马拉松"，为苹果计算机专用。2000 年，微软的 Xbox 游戏机即将发行，微软收购了 Bungie，他们的《光环：战斗进化》(*Halo: Combat Evolved*) 成为 Xbox 的首发游戏：射击游戏演变成为 Xbox 一家独大。光环变成重要的游戏应用，推动了成千上万的微软游戏机设备的销售，本身也成为十亿美元的经销商。

有时候，对平台成败起关键作用的"精英"是消费者而非生产商。好比 PayPal，这就是为什么该公司给予现金奖励吸引购物者采用其在线支付机制。

2009 年，瑞士邮电业决定将自身转变成为数字信息传递平台，采用设立于西雅图的 Earth Glass Mail 所提供的扫描归档技术。[8] 瑞士邮电局很快意识到如何捕获并转变成千上万更习惯传统邮递方式的客户的重要性。为了吸引这些不愿改变邮递形式的人群，瑞士邮局向居住在偏远地区的居民赠送了数万台 iPad（苹果平板电脑）。在这个过程中，邮局鼓励居住在偏远地区的瑞士家庭从物理邮件转变到电子信息，因此大幅减少了邮局手工派送邮件的资源。同样，这也使得瑞士邮局成为该国最大的苹果产品销售商——对于邮局而言重要的是第二类收益，这绝非偶然。[9]

5. 单边策略。围绕产品或服务，打造只让单一用户群体受益的业务，随后将该业务转变为平台公司，吸引想要与第一类用户互动的第二类用户。

如果要推广像 OpenTable 这样的服务订购平台，餐厅的预订系统就会带来传统的"鸡与蛋"的问题。在没有大量餐厅加入的基础上，为什么客户会访问 OpenTable 网站呢？但是如果没有大量的客户基础，餐厅为何会选择加入平台呢？OpenTable 首先向餐厅分发预订管理软件，餐厅可以用来管理座位剩余清单。OpenTable 线上有足够的餐厅之后，开始着手建立客户联系，允许他们预订席位，然后从餐厅收取客户引导费用。

印度公共汽车预订平台 redBus 也采用类似的方式获得了发展动力。该平台向公交运营公司提供座位存量管理系统，一旦公交运营公司开始使用该软件，redBus 就向消费者开放该平台。

Delicious 作为社交网站，允许用户共享网络书签，该书签链接至个人喜爱以及想要重复访问的网络内容。Delicious 允许早期用户以独树一帜的形式贡献有价值的内容，获得最初吸引力，使用 Delicious 在云端存储浏览书签以供个人访问。一旦用户群达到群聚效应，就可以利用公共书签特色。随着用户不断增加，网络价值也不断增值。如今，人们在分享他们的书签列表时，Delicious 已经成为备受欢迎的工具传播互联网模因和趋势。

6. 生产商传播策略。设计平台吸引生产商，以使他们引导其客户成为平台用户。

平台为企业提供的客户关系管理这一工具通常也能解决这种"鸡与蛋"的问题，仅仅只需要吸引一方用户——生产商，然后他们就承担吸引另一方用户的责任，从自己的客户群带来消费者。平台帮助生产商迎合现消费者的需求，慢慢地，当网络上的其他消费者对他们的产品和服务感兴趣时，生产商就能从数据交换中获益。

诸如 Indiegogo 和 Kickstarter 这样的云募资平台锁定需要资金的创办者，为他们提供基础设施，以便于他们主持并管理资金筹集活动，与客户群高效联系，从而推动平台繁荣发展。Skillshare 和 Udemy 这类教育平台也是通过生产商传播而获得成长。它们签下有影响力的教师，为它们主持在线课程提供便利，并鼓励它们发展在线学生。

在类似的潮流下，专家市场通过生产商成员提供的客户列表，建立自己的客户群。比如 Clarity 作为在线市场，宣称能够为企业家提供专业的建议，允许博主或其他专家使用 Clarity 小程序让读者拨打预订电话支付金额，从而赚取利益。每打一次电话，生产商就帮助 Clarity 获得新的签约用户，之后这些用户又被引荐给其他生产商。

Mercateo 是德国一家商业和工业供应品 B2B 平台，以新奇的手法充分利用了生产商传播策略。它十分高明地向生产商发出这一邀请："为我们带来您的客户,您将在任何投标竞争中拥有绝对话语权……但是仅针对您带来的客户。"因此,在具有竞争力的公司中标之前,供应商就迅速行动邀请其客户加入 Mercateo,享受最终报价招标的优势。

7. 采用"大爆炸"策略。利用一种或多种传统推动式营销策略,引发人们对平台的兴趣,吸引注意力。这种做法同时可以引发在线效应,事实上可以立刻让网络获得近乎全面的发展。

我们已经提到,当今世界社群化、网络化,竞争日趋激烈,公司要想获得快速、大规模的增长,推销策略的效果已江河日下。但是,偶然也会有例外。推特的爆发时刻发生在 2007 年西南偏南音乐大会(SXSW)上。而推特发布 9 个月以来,没有获得较高的采用率。杰克·多西(Jack Dorsey)和推特的其他创始人需要寻找方法获得平台用户的群聚效应。考虑到推特平台活动的实时性,他们意识到需要建立时间和空间的集中性。

推特投资 11 000 美元在西南偏南音乐大会主厅里安装了巨大平板屏幕。用户可以输入"加入 sxsw",然后发送至推特的短讯服务代码(40404),就会发现他的推文立刻就显示在屏幕上。实时观看大屏幕上的反馈,成千上万名用户纷纷加入推特营造出的兴奋感,使之成为网络中最热门的网址。因为年度最佳网络创意,推特收到影视音乐会颁发的网络奖,截至此次音乐大会结束,推特的使用率增加了 3 倍,每天推文由 20 000 条增至 60 000 条。

其他网络平台也效仿推特的突破策略。两年之后,博客平台 Foursquare 在 2009 年的西南偏南音乐大会上也获得不遑多让的突破。2012 年,当地约会应用 Tinder 通过在美国南加州大学举办联谊会,取得了重大突破,将其打造成为年轻男士与女士想方设法寻找方式进行交往的温床。Tinder 在此过程中很早就开始行动,从而在狭小、拥挤的场所举办的现场派对中获得群聚效应。

但是，并不是每个平台都能像推特、Foursquare 和 Tinder 一样，充分利用大爆炸策略。随着西南偏南音乐大会的不断发展，越来越多的公司试图将其作为平台推介推手，以至于几乎被淹没在人群的嘈杂声中，难以被听到。[10] 通常也不是经常有相关的机会，引发实时公众兴趣的爆炸以吸引成千上万名用户。

尽管如此，一旦存在这样的机会，如同 Tinder 一样，聪明的平台管理者必将抓住时机。

8. 微型市场策略。起初，锁定有成员正准备参与互动的小市场。这样，平台即便在最初发展时，也能为大市场提供有效的匹配特征。

Facebook 当时发布的胜算赔率就很不被看好。自 2002 年 Friendster 发布以来，一个月内用户就达到了 300 万，聚友的用户量也迅速壮大。在所有的平台公司中，社交网络可能对后来的市场加入者当仁不让。用户不太愿意转向新的社交网络，除非新的社交网络能够提供一些极度差异化的体验。这就是网络效应的力量。

此外，因为社交网络的价值很大程度上建立在网络效应之上，达到群聚效尤为重要。如果 Facebook 在世界范围内发布，很快获得几百位甚至几千位注册用户，它就不会成功，因为广泛分布的随机用户注册之后不会有互动。

所以，Facebook 决定在哈佛大学封闭的社区内发布绝不仅仅是因为便利的问题。此举乃神来之笔巧妙地使 Facebook 解决了"鸡与蛋"的问题。在哈佛大学社群最集中的地方吸引了 500 名用户，确保发布时创造一个活跃的社群。Facebook 把哈佛大学当作现有的微型市场，通过提升成员之间互动的质量获得吸引力。专注小型市场，降低临界量需要开启互动，使得市场匹配更加便利。

当 Facebook 在哈佛以外的地区开辟市场时，必须要在每个它对其开放的新校园建立用户群，通常会与校内社交网络竞争。起初，这些校园没有连接Facebook网络的节点，但当Facebook允许不同校园之间的朋友相互联系时，它获得迅猛发展。这就消除了在每个新校园解决"鸡与蛋"的问题的需要。新校园里加入网络的用户拥有其他校园的现存联系人列表，因此在等待自身校园的其他同伴加入平台时，还能保持在线。

聚焦地理不是界定小型市场的唯一方式。Stack Overflow最初作为问答社区平台讨论程序话题（分类聚焦），然后依据用户要求扩展第二类别——烹饪。现在Stack Overflow设立了投票机制，允许社区选择它们感兴趣的话题。

病毒式增长：用户对用户的推介机制

加速平台发展最有力的方式之一就是实现**病毒式增长**（viral growth）。病毒式增长策略是对我们本章讨论的其他任何推介策略的补充。

病毒式增长依靠鼓励用户向其他潜在用户传播有关平台的言辞，是以拉力为基础的过程。当用户自己鼓励其他人加入该网络时，该网络就成为自身推动自身发展的引擎。

当然，术语病毒式增长包含了固定的隐喻。它将平台的发展比作传染病的扩散。在自然界，疾病要有四要素相互作用后才能传播：宿主、细菌、媒介和接受者。受到感染的宿主打喷嚏或者通过其他形式将携带病毒的细菌传播到环境中。然后这些细菌通过空气等媒介传播，进入接受者的呼吸道、肠道或者其他吸收细菌的地方，最后使其成为感染人群。现在接受者成为宿主，如此循环。如果经常发生，就会带来大规模的流行疾病。

同样地，平台公司开启病毒式发展的过程前，也必须具备四要素：发送者、价值单元、外部网络以及接受者。让我们思考一下Instagram的病毒式增长：

- **发送者**。一名 Instagram 用户分享他刚刚制作的图片，然后开始循环此操作，最终带来新的用户。
- **价值单元**。在 Instagram 平台上，价值单元就是用户同朋友分享的图片。
- **外部网络**。对于 Instagram 而言，Facebook 便是非常有效的外部网络，允许价值单元（图片）传播，并展示给潜在的用户。
- **接受者**。最后，一名来自 Facebook 的用户对图片产生兴趣，然后访问 Instagram 平台。这名用户可能制作她自己的照片，然后开始循环上述过程。现在，接受者成了发送者。

每个人都听过 Instagram 迅速发展，不到两年内拥有 1 亿多名活跃用户，最后在 2012 年 4 月，Facebook 以 10 亿美元将其并购。但是很少有人知道，Instagram 在实现快速增长的过程中从未聘用一个传统的营销经理。这是因为，公司平台经过精心策划，使得病毒式发展有机化而且几乎不可避免。

与竞争者 Hipstamatic 不同的是，Instagram 不仅仅允许用户保存、拼接以及过滤图片，还鼓励用户在 Facebook 这样的外部网络共享图片，把单一的用户活动转变成为社会的、多用户的活动。每次用户使用该应用程序时，都会共享他们的作品。每次应用程序的使用都成为一次应用营销的实例。从根本上来讲，Instagram 将用户转变成为营销者。

病毒式增长的循环，在流水线和产品的工业经济中完全不可能实现，但可以帮助解释为何其他许多平台创办可以大获成功。爱彼迎鼓励出租房屋的用户（宿主）在克雷格网站（外部网络）列出其所提供的房屋（价值单元）。查看房屋列表的人（接受者）受到鼓励租赁这些房屋，便成为爱彼迎的用户，其中许多人随后也开始出租他们自己的房屋，这就促进了平台的发展。同样，OpenTable 鼓励订餐者（宿主）通过电子邮件或者Facebook（外部网络）向将要和他们一起进餐的朋友与同事（接受者）分享晚餐预订（价值单元）。

如果平台管理者希望实现像Instagram、爱彼迎以及OpenTable那种类型的病毒式增长，你需要设计规则和工具以引进这种循环。你的目标是设计一套生态系统，在此，发送者想要通过外部网络向大量接受者转移价值单元，最终引导许多接受者成为你平台的用户。

让我们更进一步分析这四个设计要素。

1. **发送者**。要让发送者传播价值单元并不是只有口碑传播，那是传统营销惯用的伎俩。只有用户十分喜欢你的平台时才会进行口碑传播，因为他们不禁想要谈论它。当用户变成发送者传播价值单元时，他们并不是在谈论你的平台——他们只在传播自己的创作，并间接意识到你的平台，并对之产生兴趣。

一般而言，用户传播自己创造的价值单元以获得社会反馈，另外，这又为他们带来了乐趣、名誉、成就、财富或者其他各类形式的奖励。YouTube上的频道拥有者可以在多个网络向世界传播他们的视频以获得观众，SurveyMonkey的调研开发人员可以通过邮件、博客和社交网络传播调查以获得回答，然后为调研开发人员想要回答的问题提供见解；Kickstarter网上想要寻求资金的创业者可以在社交网络传播项目页面上筹集资金用于完成工作，同时也吸引那些欣赏他们最终作品的观众。

这些例子详细解释了精心设计平台时如何创造自然的动力，激励用户分享。通常，平台设计必须避免阻止价值单元的传播。将这些价值单元传送至Facebook这样的外部网站时，不应该分散创作者之前使用该平台的注意力，相反，传送行为应该与平台的工作流程贴合在一起。此举与平台的主要使用越是紧密贴合，平台就越可能呈现病毒式增长。

平台也可以提供无机的（人为的）奖励以鼓励价值传播行为，但是需要谨慎地组织。比如金钱奖励，一旦平台实现了病毒式增长就会掏空公司的现金。云存储是普遍受欢迎的云端服务器，用于存储和分享数据，在设计无机奖励方面就技高一筹，它向发送者提供免费存储空间，而接受者注册成为云存储用户后，也可以获得免费存储空间。如此一来，用于宣传云存储的奖励不再是只能掏空公司财政的现金，相反，这样反而给人们提供机会使用云存储服务，刺激平台进一步增长，并鼓励用户更大限度地使用云存储平台。

2. 价值单元。这是病毒活性的基本单元，平台使用价值的一个个载体，可以向外部网络传播，展现平台价值，但并不是平台上的每一个价值单元都具有可传播性。比如，企业平台的用户想要在公司合作伙伴间交换专利文件时，并不愿意像 Instagram 用户分享照片一样传播这些机密信息。因此，可传播价值单元的设计对迈向病毒式增长至关重要。

一个可传播的价值单元可以在外部网站上开启一个互动。比如，Instagram 照片展现在 Facebook 上，Facebook 用户看到图片后产生兴趣，然后就开始交流；或者创造机会完成未完成的互动，比如在我问你答上没有回答的问题需要以回答形式实现社会反馈，或者像 SurveyMonkey 那样进行新的调查，邀请回应。方便用户创造或传播可传播的价值单元不仅可以实现平台高增长率，同时还能带来高参与率。

当然，用以交换机密文件的企业平台的例子表明，并不是每一个价值单元都可以传播。不致力于创造可传播价值单元的平台不太可能实现病毒式增长。此类平台管理者必将使用其他的方式实现发展。

3. 外部网络。许多平台的发展依靠其他网络。Instagram、推特、Zynga、Slide 以及其他平台实现病毒式增长都是利用 Facebook 作为基础网络。爱彼迎在克雷格网站上传播，OpenTable 依靠邮件传播。

但是，利用外部网络传播不仅仅是点击"分享至 Facebook"按钮，然后等待数百万名用户涌现这么简单。通常，当越来越多的应用程序利用它们实现增长时，外部网络就会施加限制，比如 Facebook 已经限制外部公司向其用户提供游戏应用。在其他情况下，外界生产商发出源源不断的邀请劝说用户展示其产品和服务，用户淹没在这些邀请之中，逐渐感到厌倦，然后就停止回应。为避免这种结果，新晋平台的管理者需要制定策略寻找可以用来实现增长的外部网络，并找到创造性和增值的办法连接其用户。

领英在 2003 年发布时，大部分社交网络绑定新用户的 Hotmail 或雅虎邮箱联系人列表，鼓励他通过邮件向其联系人发送平台邀请，从而获得发展动力。迈克尔·博（Michael Birch，以社交网络 Bebo 的共同创办人的身份为人熟知，但该社交网络早早夭折）的原创设计帮助许多早期社交网络获得了发展。领英选择与 Microsoft Outlook（个人邮件及资讯管理软件）结合，这在技术设计上充满挑战，但是该软件收藏领英想要获取的大部分业务联系。这种结合需要大量时间和资金成本，但是可以帮助领英把自身建设成为头号商务社交网络。

4. 接受者。当一个平台的用户向朋友或熟人传递价值单元时，如果接受者发现价值单元中肯、有趣、有用、令人愉快或者具备其他价值，那么他将做出回应。当价值单元足以激发接受者的兴趣，他们将会进一步对其传播，有时候会在其他社交网络引发新的互动。Upworthy 和 BuzzFeed 这样的广告公司，几乎完全依靠消费者发起来的病毒式传播而实现发展。

可惜，因为价值单元由用户创造，平台管理者对其控制有限。Instagram 自身并不收集照片或者修整照片让其更具吸引力，YouTube 并不导演或编辑用户视频，Facebook 也不会管理成员帖子，删除无聊的内容。但是，有时候平台可以推动用户向接受者传播更具吸引力的内容。比如，Instagram 提供图片编辑工具帮助用户增强他们贴出的图片的吸引力，同时鼓励用户为照片贴上具体的和相关的标签，比如大众汽车的照片，可以标为"# vwbus"，而不是一般的"# van"或（更加糟糕的）不言自明的"# photo"。[11]

此外，平台管理者可以将价值单元同付诸行动的短信连接起来，确保接受者意识到平台传递的价值单元，理解加入平台的机会。当邮件服务平台 Hotmail 首次呈现病毒式增长时，它在每封邮件的底部都附上"谢谢，我爱你。立刻获得你自己的免费 Hotmail 邮箱"。那时，免费邮箱对于消费者而言是新的和引人注目的产品，这种简单的信息吸引了成千上万名用户。

并不是每个新建的平台都有机会实现病毒式发展。但是如果是这种情况，它可以经由缓慢而稳健的扩张，然后扶摇直上迅速发展，使平台成为国家或全球性的奇迹，并可能在未来几年统领市场。

本章小结

- 平台公司与传统的管道型业务的区别之一在于：在平台的世界里，旨在实现病毒式增长的前拉策略比传统营销使用的推动策略（比如广告和公关）更加重要。

- 成功的平台使用 8 种久经考验的策略之一解决"鸡与蛋"的问题："追踪兔子"策略、背负式策略、播种策略、精英策略、单边策略、生产商传播策略、采用"大爆炸"策略以及微型市场策略。

- 可以通过病毒式增长加快平台扩张速度，这取决于四个关键要素：发送者、价值单元、外部网络以及接受者。

第 6 章

盈利化：
获取由网络效应所创造的价值

不久以前，两名公司创始人准备要与一群风险投资人开会，途中他们拜会了本书的其中一位作者马歇尔 W. 范·埃尔斯泰恩。他们开创了一种新型的平台企业，这里为了能够更好地进行叙述，我们暂且给他们的这家企业化名为广告世界（Ad World）。他们希望用灵活的商业计划去打动那群风险投资人，从而获得丰厚的投资。

其中一位创始人向马歇尔解释道："我们的理念就是，我们所开创的'广告世界'这一新平台能够给各大公司提供一种目录清单式的服务，以帮助它们寻找广告代理商。不论是对于那些准备开始进行新的广告宣传想要张贴其招标的各项要求的各大公司，还是对于那些想要张贴提案以及投标意向，以便能让各大公司看到并予以反馈的各个广告代理商，我们都能让一切变得容易起来。99 designs 这一众包式产品设计的威客平台的理念是让图形设计师与那些想要获取艺术项目方面帮助的顾主联系起来，我们的理念与其类似，只是相比较于其所使用的企业对消费者的电子商务模式（B2C），我们所使用的是企业对企业的电子商务模式（B2B）。"

马歇尔说道，"好的，我已经明白了您的想法了。请问您的问题是什么？"

这位创始人回答道："我们想知道的是，我们很有把握'广告世界'能够给我们的用户带来价值，而且还能吸引大量的眼球。但我们想知道该如何从中获得收益。我们是应该对那些加入到我们这个平台并在这一平台上张贴他们简介的广告商收取费用呢？还是应该向那些寻求服务的各大公司收取费用？或者我们应该向每个项目收取刊登费用？又或者这三种都应该收取费用？"

他的搭档插嘴说道："而且我们希望能快点得到答案，我们需要想出我们自己的策略，这样我们才能进行量化分析，并且向那些风险投资的人们展示我们的商业模式。"

这两位颇有抱负的平台人物看着马歇尔的目光是如此诚挚，以至于他几乎不想戳破他们虚幻的梦想，但他又不得不这样做。马歇尔以尽可能委婉的方式回答他们："你们列举了三种将'广告世界'这一平台进行盈利化的可能方式，并且让我从中选择一种方式——或者你们觉得这三种方式都可行，但我的答案是以上这三种方式都不可行。"

本故事中的这两位创始人都是很聪明、有天赋并且思虑周全的商业领袖。他们下了很多功夫研究平台的商业生态系统的本质。从总体上来看，他们也的确明白，平台商业的运作模式以及在吸引市场双方以使创建一种稳健的相互交流集合变得可能这方面所带来的挑战。但是在盈利化这一方面，他们却问错了问题。

对于在他们平台上发布信息的任何一方，这些创始人都不应该收取费用。如果都进行收费的话，就会阻挠人们进入这样一种商业生态系统中，让许多潜在的用户望而却步。张贴一笔交易信息就要收取费用，那么人们张贴交易信息的数量就会变少。这并不是好的策略。它减少了市场双方可能潜在发生的信息交互量，更别谈会有多少交互会真正实现了。因此，它也减少了平台数据所能收到的数据量，而这些数据量对于能够让平台在消费者和供应商之间构建强有力的匹配关系上是至关重要的。

实际上，与其向加入平台的用户收取费用，创始人不如赞助用户去加入平台，可以通过提供工具和服务让用户能够轻松、快捷、有效地完善他们的档案。

对于那些创始人来说，这一点并不足为奇。因为他们已经使用了Scrapers这款自动化工具用来收集网络上的数据，以生成用户档案。从这一点上，马歇尔就可以判断出他们其实已经有一点开窍了。他们明白建立用户数据库会是他们首要的、同时也是最大的一项挑战，而在这一过程中收取费用阻碍用户加入平台犯了一个严重的错误。

那么，这些创始人又该如何实现他们的平台模式盈利化呢？答案就是：他们可以根据用户从这一商业生态系统中所获取的价值去进行收费，但是费用的收取应该在交易完成的时候，而不是在用户发布信息时进行收费。只有在各个公司已经得到它们所需要的时候向它们收取一定的费用，这样才能让各个公司零风险刊登交易信息成为可能。所以，这笔费用就变成以平台的绩效为导向，而且这笔费用也微不足道，因为与一笔无论如何都要花出去的交易费用相比，这只占其中的九牛一毛而已。

而且，其实最好的一种策略可能是那些创始人从未考虑过的。为什么不向广告代理商收取费用呢？他们可以帮助那些广告代理商分析为何他们会错失一笔交易，从而通过提供这样一项服务而盈利。通过这样的收费形式，不仅不会阻碍一笔交易的完成，还能够体现出平台提供的回馈所带来的价值。此外，相比于一次性收入，这笔费用还能变成持续性的营收，同时还能帮助广告代理商提升服务质量，久而久之，这种信息之间的交互所带来的价值就能够得到提升。

关于这一刚刚兴起的平台及其创始者所面对的策略性挑战的故事体现出了平台商业的一些复杂性，同时也说明了：如果那些具有创新思维的平台经理人想完全发挥他们构建的这些商业生态系统的价值创造潜能，就需要去实践。实际上，盈利化是任何平台公司都必须去解决的、最困难但同时也是最具吸引力的问题之一。

价值创造以及将网络效应盈利化所带来的挑战

正如我们已经解释过的，一项平台公司的内在价值主要在于其创造的网络效应。但是要将网络效应进行盈利化则又是一项独特的挑战。网络效应通过创建自我强化的反馈回路来吸引用户，而这一反馈回路则可以发展用户基础。通常，在这一过程中，平台经理人只需投入最小的努力或投资就可以完成。这一平台上的供应商所提供的更高的价值创造会吸引更多的顾客，而更多的顾客反过来就会吸引更多的供应商，从而进一步进行价值创造。

然而，具有讽刺意味的是，这种强有力的积极发展动态却让盈利化的实现变得难以捉摸。向用户收取任何费用都有可能减小他们加入平台的动力。收取平台准入费用也许会导致人们完全弃平台而去；收取平台使用费用可能会导致人们登录平台的频率有所减少；收取成果费用则会减少价值创造，这会减少平台对顾客的吸引力；收取消费费用则会减少平台对供应商的吸引力。这正是"广告世界"的创始者所陷入的困境。

那么，如何在不损坏，甚至摧毁你辛辛苦苦所营造的网络效应的前提下，去将一个平台盈利化呢？

一些研究平台商业的学习者大胆假设：互联网上价值创造的协作性本质是，在网上所分销的商品和服务的自然价格都必须是免费的。但是一家企业对其所提供的效益不收取任何费用当然是不可能维持太久的，因为它无法获得用来维持并提升其服务所需的资源，而且投资者也毫无动力去提供其发展所需的资金。

做一些价格上的减免，对于一家平台企业来说是有助于营造其网络效应的。但是要知道在不同的模式中，对于部分免费提供服务能够促进平台的发展，明白这一点很重要。正如每个商业学习者都知道的，企业家金·吉列（King Gillette）于 1901 年所创立的安全剃刀品牌，其营销策略就包括在对剃刀进行分销时不收取费用，或者以非常低廉的补偿性价格进行分销，但同时他们还是会收取刀片的费用。

当时，由芝加哥大学法学院（University of Chicago Law School）的兰德尔 C. 皮克尔（Randal C. Picker）所进行的研究对吉列公司（Gillette）及其"剃刀与刀片"的收费策略这一传统事例提出了质疑。皮克尔发现吉列公司剃刀与刀片价格变动的时机，以及吉列公司独特的剃刀设计专利的截止日期，似乎让大众所了解的这家公司采取的"剃刀与刀片"策略这一概念有点站不住脚。尽管如此，对于在许多市场上都使用过的这一策略，类似的事例也一抓一大把。比如，在打印机市场中，商家通过销售高价的墨盒盈利，而将不由他们生产的打印机的价格压得相对低一点。

关于这一策略的另一种版本是免费增值模式。在这一模式下，商家不对某一层的服务收取费用，以此来吸引用户，最终让用户购买升级版本的服务。许多网络平台服务，包括云存储和 Mailchimp 都是按照这种方式运作的。"剃刀与刀片"模式与免费增值模式都是从同样的用户群体中或是其中的部分用户群体中去获取盈利的。

平台还可以向一群基础用户提供免费或补助性价格优惠，同时向另一群完全不一样的基础用户收取全额费用。这就使得盈利化模式的设计变得更加复杂了，因为平台必须确保其向一边所给予的价值能够被用来从另一边获取价值。在这一领域也出现了重大的学术性成果。本书的两位作者（杰奥夫雷·帕克和马歇尔 W. 范·埃尔斯泰恩就是第一批提出双边市场定价理论的学者。2014 年，让·梯若尔（Jean Tirole）作为"双边市场经济学"的创始人之一被授予了诺贝尔奖，其中也提及了这一理论。

想要在双边市场定价所涉及的复杂因素中实现正确的平衡并不容易。网景公司作为互联网时代的先驱之一，免费将其浏览器提供给用户使用，而其意图则在于能够出售网络服务器。不幸的是，在浏览器与服务器之间不存在网景公司能够有效控制的专有连接。任何人都能够轻易地使用微软的网络服务器或者免费的阿帕契（Apache）网络服务器，这就意味着网景公司无法将其另外一边的浏览器业务盈利化。所以，正如这一例子所展示的，那些想要使用价格免费作为其策略的一部分的各个平台企业需要确保由它们所创造的，并且希望最终能够盈利化的价值完全由平台所控制。

想要实现盈利化就必须先对在平台上所创造的价值进行分析。在传统的非平台企业中，管道是以提供产品或服务的形式将价值递送给它们的顾客的。它们会向产品的所有权进行收费，就像惠尔普（Whirlpool）这家公司会在出售一台洗碗机时进行收费；或者它们会向一件产品的使用权进行收费，正如通用航空（GE Aviation）会向那些安装了自家生产的飞机引擎的客户收取安装费和定期服务费。

与惠尔普公司和通用航空一样，各个平台公司也在致力于技术上的设计与创新。但与将技术售卖给顾客以换取费用不同的是，这些平台公司是邀请用户加入到它们的平台，然后再通过平台技术为用户创造价值以此来收取费用，从而将平台盈利化。这一价值可以归为以下四大类。

- **对于消费者来说：能够获得在平台上所创造的价值。**视频观看者发现 YouTube 上的视频是有价值的；各种应用程序使得各式各样的活动变得可能，所以安卓用户就在这些活动中发现了其价值所在；学生通过 Skillshare 这一网站能够获取各种课程，他们在这些课程中也发现了其价值所在。

- **对于供应商或者是第三方供应商来说：能够加入到一个社区或市场当中。**爱彼迎对于房东有价值是因为它能够为他们提供全球市场的旅客客源。企业的招聘人员觉得领英这一职业社交网络有价值，是因为这一网站能够让他们与潜在的求职者取得联系。商家觉得阿里巴巴有价值，是因为它能够让他们将商品销售给世界各地的顾客。

- **对于消费者和供应商来说：能够获得促进交互的各项工具和服务。**平台通过减少阻碍供应商和消费者进行交互的障碍与壁垒来创造价值。众筹网帮助有创造力的企业家筹集资金资助新项目。eBay 与 PayPal 互相结合允许任何人在网上开店以服务世界各地的顾客。YouTube 能够让音乐家在不需要录制实体作品（唱片或光碟），并且不需要通过中间零售商进行出售的前提下，向他们的粉丝提供其演出的记录视频。

- **对于消费者和顾客来说：能够获取提高交互质量的内容管理机制。**消费者看重的是能够获取解决他们个人所需，并满足他们兴趣爱好的高质量的商品和服务，而供应商所看重的则是能够获得对他们提供的商品或服务感兴趣，并愿意以公道的价格购买这些商品或服务的客源。运营良好的平台所搭建并维持的管理系统，能够迅速快捷地将合适的消费者与匹配的供应商联系在一起。

这四种形式的价值是不会脱离平台而存在的，所以它们可以被形容为由平台所产生的超额价值源。大多数设计优良的平台所创造的价值比其直接获取的价值要多得多，这就是这些平台能够吸引大量用户的原因，这些用户很乐意去享用平台提供的所有"免费"价值所带来的利益。一项精明的盈利策略首先要将这四种形式的价值都考虑进去，然后再决定平台在不制约网络效应持续增长的前提下该去充分利用哪种超额价值源。

仅仅数字还不够：找到网络效应中的价值所在

由伊森·斯托克（Ethan Stock）于 2005 年创办的 Zvents 起先只是一家旧金山湾区本地活动的线上指南网站。随后迅速发展，业务范围超出了加利福尼亚州并成为这类网站中的魁首，服务几千个市场，每月吸引 1400 多万名用户的访问量。不论是供应商（主要指那些本地的活动组织者，他们在该网站上张贴有关他们举办的音乐会、展览、集市、节庆和其他活动的信息），还是消费者（那些登录 Zvents 网站想在工作之余或周末闲暇之时找点有趣的事情去做的用户），都十分中意这一网站所提供的服务。

斯托克当时似乎正沉浸在"硅谷梦"当中。他已经建立了数以百万计用户需要依赖的平台，剩下的唯一挑战就是将这一平台盈利化。但事实证明要实现这一点根本不简单。

"我们的用户曾一度达到了关键规模"，斯托克回忆道，"很显然我们当时已经成为了市场的领军者，我们希望那些活动组织者能够付费使用我们的服务。但某些企业是存在致命性的缺陷的，它能够束缚住企业盈利的能力，这一缺陷就是用户对于信息完整性的期望。"

问题在于那些访问 Zvents 网站的消费者希望能够找到一项全面完整的关于本地活动的清单。如果网站只包含有限的几个选项可供查询的话，那么用户很快就会失去兴趣。这就意味着 Z 活动的网站并没有许多筹码去要求那些活动组织者付费。如果他们以将活动组织者刊登的信息撤下来作为威胁的话，这种威胁也唬不了人，因为 Z 活动网站的全部价值都在于其信息列表的完整性。向供应商收取平台准入费用是行不通的。

Z 活动网站还试行了另一种盈利化策略：向供应商收取增强型访问的费用，在本章后面，我们会讨论到这一点。他们确实成功地让一些组织者为了更加重要的刊登信息进行付费，但是这种服务从增加出席率或是出售门票的角度来看带来的价值很小。最终 Z 活动网站只获得了微薄的利润，而不是他们所期望的赚得满盆归。2013 年 6 月，怀揣着建立一个能与谷歌或 Facebook 匹敌的盈利性平台帝国的希望，斯托克将他的公司卖给了 eBay。而 eBay 现如今将 Z 活动平台作为刊登艺术和娱乐活动信息的电子公告栏，并将这一平台与其旗下的 StubHub 票务转售平台结合在一起运作。

从这个事例中我们能学到什么教训吗？那就是单单以访问量来衡量网络效应并不一定会反映出一个平台的盈利性价值。经过促进的交互必须能够产生大量的超额价值，而这些超额价值又能够被平台在不对网络效应产生消极影响的前提下所获取。如果不能做到这一点，盈利化就不可能实现。

网络规模与盈利化潜力之间的这种矛盾关系还不止于此。在某些情况下，在用户数量减少的状况下，一个平台盈利化的能力反而会大幅提升，这就反映出消极网络效应的力量能够对一个平台的价值产生影响。

Meetup 平台于 2002 年面世，它是一个能够让不同群体通过在线上取得联系然后再安排线下聚会的服务平台。它的共同创始人斯科特·海佛曼（Scott Heiferman）说他的灵感源于"9·11"恐怖袭击后纽约的人们作为一个团体聚集在一起的那种方式。

虽然 Meetup 作为一个免费的平台获得了发展的动力，但是 20 世纪 90 年代晚期网络泡沫的破裂不断提醒经理人需要去开发一种可靠的盈利化模式。首先他们尝试使用引导性销售的方式来盈利，向那些诸如提供聚会的餐厅和酒吧的线下场所收费，而收费的标准则是根据在这些场所参加聚会的平台用户的数量而定。但是，在智能手机还没风靡全球之前，这种盈利模式的进展并不顺利。真正出现在这些场所参加聚会的人数与在平台上签名参加的人数不符，而且 Meetup 平台也没有一套可行的方式去清点人数，从而决定合适的费用。

于是，Meetup 平台弃用了引导式消费模式并试行其他方式来将其服务进行盈利化。它尝试通过广告业务盈利，但没能够吸引大量的广告商。它还试过提供一种称为 Meetup Plus 的高端服务产品，但是其提供的附加值所带来的盈利几乎为零。(也许这是可以理解的:几年以后,在一次采访中,当被要求说明一下"Meetup Plus"所包含的额外服务时,海佛曼笑着回答道,"天啊,我甚至都想不起这项服务产品给你带来的是什么……我不知道,我也不记得了"。)Meetup 平台甚至还尝试向政治组织收取费用,因为政治组织在这一平台的用户群体中所占的比例当时正不断攀升,但这一次尝试还是只为他们带来了微薄的盈利。Meetup 平台当时已无路可走了。

与此同时,Meetup 平台发现自身还有另一个问题要去面对。而自相矛盾的是,这一问题竟然能够帮助拯救这家公司。这就是消极网络效应的发展。随着平台的发展,计划一次聚会的门槛也比较低,所以许多人在聚会时是在没有一个明确的目的或者是没有进行精确的计划下开始的。平台上闹声一片,带给用户的是令人不快的体验,这些用户报名参加了聚会,但发现出席的人数很少,而且也没有什么活跃的气氛可言。

于是,Meetup 平台的领导者做了一个冒险的决定。他们决定向聚会的组织者收费,尽管这一决定有大幅削减平台规模并减弱网络效应的风险。他们的解释是向组织者收费一方面能够有助于解决他们的盈利化问题;另一方面还能清除一些并不是非常看重自己目标的组织者。于是他们就发信通知所有组织者从今往后每月需要缴纳 19 美元的费用才能有继续使用 Meetup 平台提供的服务。

然而,用户的抵制情绪非常强烈。在《商业周刊》报道了一篇关于 Meetup 平台的新策略的文章之后,这份杂志收到了大量平台用户的电子邮件,纷纷预测这一平台服务将走到尽头。一位来自伦敦的用户写道:"我觉得说大部分组织者都震惊了一点都不为过,而且跟我谈过的大多数组织者都不会再为他们的群体组织聚会了……而在这段时间 Meetup 平台也没有提供任何用户自己无法做得到或无法更有效率去做到的新服务,而且仍然还有大量的、开放性的资源软件能够利用并去创建自己的网站。"

但是尽管用户的抵触情绪很强烈，这一策略还是产生作用了。通过平台网站而促成的聚会的数量虽然大幅下降，但这些聚会的质量、通过这一平台所发生的交互质量却大大提升了。正如5年后海佛曼在一次采访中所解释的，"从免费提供服务到向用户收取费用这一转变中需要去强调的一点是：确实，我们是损失了95%的活动数量，但现在我们所进行的真正的活动要比我们以前进行的还要多得多，而且，相比较于之前1%～2%的成功率，现在的成功率则是50%。"

正如我们已经讨论过的，一个平台的目标并不是单单在于提升参与者和交互活动的数量，还必须采取措施鼓励那些值得进行的交互活动而筛除那些不值得的。而Meetup平台的盈利模式正好帮助它实现了这一点。通过筛除那些对自己的目标不在意的组织者，这一定价机制在平台上创造了一种高品质文化。

认为通过简单地不去向用户收取费用，就能够一直使网络效应实现最大化的效益，其实是一种错误的想法。分析盈利化挑战的比较好的一种方法就是试着去问下面这三个问题：我们如何在不减弱积极的网络效应的情况下去盈利？我们能够想出一种定价策略既能同时加强积极的网络效应，同时又能减弱消极的网络效应吗？我们能够想出一种策略同时鼓励那些值得进行的交互活动，并筛除那些不值得进行的交互活动吗？

盈利化方式一：收取交易费

为了能够开始探究开发有效盈利策略的方式，先让我们回顾一下由平台所创造的四种超额价值形式，分别是：实现价值创造、市场准入、获取工具以及内容有效管理。所有这四种价值形式最终都以某种形式的交互体现出来。在很多情况下，这种交互都包含一种金钱上的交易，就像一位使用优步平台的顾客付给司机车费、一位 eBay 的买家付给卖家费用购买商品或者一家使用 Upwork 平台的公司为了完成一个项目付酬劳招聘一位自由职业者。给诸如此类的现金业务提供便利的各个平台可以通过收取交易费，将它们所创造的价值进行盈利化，而这笔交易费的收费方式既可以从交易价格中进行抽成，也可以为每一笔交易定一个固定费用。第二种收费方式对于管理者来说要更简单一些，尤其是在交易规模没有太大变动且交易频繁发生的情况下。

在不减弱网络效应的前提下，收取交易费是将平台所创造的价值进行盈利化的一种有效方式。因为买家和卖家只有在交易确实进行的情况下才需要交纳费用，而在加入到平台并成为网络中的一员这方面上他们并不会受到阻碍。当然，如果交易费用收取得过多，也会阻碍交易进行。平台经理人也许需要对各种层次的费用收取都要试行一下，从而在不将用户赶跑的前提下对其所创造的价值进行合理的收费。

还有一项更加困难而且旷日持久的挑战，就是对所有通过平台促进交互进行追踪。那些发现彼此都是平台用户的买家和卖家会很自然地想要在线下进行交互，以避免交纳交易费用。

在那些将服务供给商与服务消费者联系在一起的平台中，这一问题尤其严重。随着自由职业者经济的崛起，以及线上共享经济的流行，从爱彼迎和优步平台企业，再到跑腿兔（Taskrabbit）和 Upwork 平台企业，都纷纷涌现促进交互服务。然而，它们中的大多数都面临着追踪平台线上交互的挑战。在大多数情况下，只有当供应商（在这里指的是服务供给商）和消费者（这里指的是服务购买者）在服务条款上达成一致时，交互才能发生，通常这需要双方进行直接交互。此外，金钱的实际交易是在服务被提供之后才发生的，这也需要双方进行直接交互。由于平台为交易双方提供一个线下交易的机会，这些直接性的交互弱化了平台获取这一服务价值的能力。躲避交纳交易费的后果就是，消费者可以在获得服务时减少费用，而服务供给商则能够得到更多的总服务费。唯一的输家是平台公司自己。

像Fiverr网站、高朋团购（Groupon）和爱彼迎等平台是通过暂时阻隔平台用户之间的联系来解决这一问题的。这些平台在不让顾客与供应商进行直接联系的前提下，给顾客提供一切所需的信息来帮助他们做出交互决定。高朋团购是将其提供的服务进行高度规范化，而爱彼迎和Fiverr网站这样规范性不那么强的平台，则是通过提供评价机制以及其他社会言论评价指标来显示一家服务供给商的可信度，使交易双方的直接交互变得不那么必要。

但有时这些策略还是不够的，尤其是对于那些为专业性服务创建市场的平台，因为在服务提供之前与服务的过程中，双方经常需要进行讨论、交换意见以及商讨工作流程的管理。因此，平台想要对供应商与消费者之间的所有交流进行控制是不可能的，而且平台在双方进行交互之前就向消费者收取费用也是行不通的。

在这种情况下，平台就必须扩展其交互促进者的角色，进行更多的价值创造活动。例如，Upwork平台提供工具来远程监控服务供给商。这能够让购买专业服务的消费者自行监视项目进程，然后根据真实递交的成品进行付款。

Clarity是一家将寻求建议的人与专家联系在一起的平台，它通过一种类似的机制来控制双方之间的交互。在过去，专家匹配平台将双方联系在一起，收取引导性销售费用，并允许在线下进行交易。Clarity平台提供附加呼叫管理服务，以及开发票功能，用来掌握平台的交互。为了惠及供应商，Clarity平台提供了综合性的付款和开发票服务，使建议提供者能够在小规模的、一次性的交易中获得收益。而为了惠及消费者，呼叫管理软件提供了一种每分钟计费的方式，以此让他们选择过滤掉无意义的电话。所以，交易双方都获得了足够的、能让他们继续留在 Clarity 平台上的附加值，同时还将他们在线下交互的动机减到了最低。

正如这些例子所说明的，那些既能捕获交互数量，又可以使其盈利的服务供给平台必须开发出能够给交易双方都带来益处的工具和服务，以此减少双方间的摩擦、减轻风险，从而促进交互。

但是，类似这些附加利益也许还是不足以让所有的服务供给平台都能够茁壮成长。像给消费者提供通下水管道或房屋粉刷等相对简单服务的本地服务平台依然还面临着交互所有权所带来的挑战。这类交互要比涉及职业自由工作者的交互的风险要低一些：交易双方亲自见面，而且所要完成的工作也比较简单，服务质量的变数也不大，而且由于这种工作本身就是在线下进行的，消费者能够在不依靠软件工具的情况下监视服务提供者的工作。这些本地服务平台也许需要向"增强型接入"的盈利模式发展，对此我们会在本章的后面部分进行讲述。

盈利化方式二：收取准入费

在某些情况下，平台也可以通过向那些想获取已加入平台的用户群的生产商收取费用，这样做并不是因为要与生产商交互，而是另外的原因。

追波网作为面向设计人员的高质量平台迅速在设计圈占领头筹，艺术家、插图画家、商标设计者、平面设计师、排版设计师等设计人员通过展示他们的作品获取曝光率，提升信誉，并与同行交流获得有价值的反馈。追波网平台的用户对篮球用语进行改编，把新刊登的图片称为"投射"，将图集称为"篮筐"，将某人最喜欢的图片进行转贴称作"篮板球"。这种独特的行话有利于营造一种具有高参与度的用户社区，其中还包括了许多今日最佳设计者。

追波网平台的经理人十分迫切地想要保护这一专业化社区的长远价值。基于这一点，他们并没有向会员收取平台准入费，因为这样做会削弱网络效应。他们还选择不接纳那些为社区提供增强型接入的赞助图片（例如，在未经允许的情况下就在用户的主页上出现），因为这会降低网站在用户心中的威望以及感知价值。（在本章后面的部分中，我们会更加详细地讨论增强型接入的情况。）所以，为了使网站盈利化，追波网平台就向第三方收取准入费。在这种情况下，那些想要招聘设计师的公司如果在这一网站的求职板块上刊登招聘信息，就需要交纳一定的费用。

这种形式的盈利模式所创造的是对交易双方都有利的交互。设计师都愿意将他们最好的作品发布在追波网平台上，因为这也许会给他们带来新的工作机会。而各大公司则能够与一流的设计师取得联系，并且这些设计师的作品集都已经被这一创新平台所收藏、管理。

我们可以用"广告宣传"这样简单明了的词去描述追波网平台的盈利模式。但是要注意到，与大多数广告宣传不一样的是，追波网平台上极其针对性的信息能够为社区创造价值、增强核心交互，还能够加强网络效应，而不是徒增喧嚣去消耗价值。

以类似的方式，领英允许招聘者向这一平台的会员展示工作机会，并且能够让各个公司根据平台会员的简历和其专业技能进行比较和筛选。领英作为一家招聘平台，鼓励用户经常更新他们的个人简历，因此能够使平台积极、健康地发展。

正如我们在本章中所探讨过的，只有在加强网络效应的情况下（而不是削弱这些效应），一种盈利模式才能够实现可持续发展。只有在新增内容对其用户带来更高价值的情况下，比如说追波网上的招聘信息，向第三方收取社区准入费才有效。

盈利化方式三：收取增强型接入费用

有时，为现金业务提供便利服务的平台也许无法对这笔业务拥有所有权，因此就无法从这笔业务中获取收益。而这类平台则可以反过来向供应商收取消费者增强型接入费用。这是指平台能够提供工具，让一位供应商即便在众多同行的激烈竞争中也可以在双边平台上脱颖而出，从而吸引顾客的关注。通过提供目标更准确的信息、更具吸引力的展示，或者是与有价值用户的交互来向供应商收取费用，因此平台将增强型接入作为一种盈利技巧。

增强型接入这一盈利体系，从总体上讲并不会损害网络效应，因为所有的供应商和消费者都被允许在一种公开的、非增强型接入的基础上加入平台。但是对有些供应商来说，增强型接入带来的附加值非常大，他们愿意为这种额外的价值掏钱——这就允许平台企业将这一价值中的一部分作为盈利收为己有。

例如，几十年来传统的分类广告模式都是通过付费来放置商业消息，并以此来支撑本地报纸业务的。如今，网络平台也使用了类似的模式，如果供应商要求要将其信息放在更加显眼的位置，就需要交纳一定的费用。类似的例子还有，商务评论网站 Yelp 能够通过收取费用让付费餐厅在搜索结果中占据优先位置，从而使其曝光度和知名度都得以增强。餐厅愿意为这项服务进行付费，因为这能够让它们更容易脱颖而出，并吸引那些最具潜在价值的消费者的注意。

谷歌搜索引擎也走过类似的发展之路。每一家网站发布商都可以通过搜索引擎最优化的方式将自己放在更加显眼的位置。而这种搜索引擎最优化的方式指的是一种自我管理的网站设计和编码进程，这一进程是不会给谷歌提供盈利的。但是，一些出版商选择通过"谷歌关键字广告"购买优质的信息刊登位置。采取类似方式的，还有微博平台 Tumlr，它于 2013 年被雅虎公司收购。该平台允许用户通过付费方式将自己的博客推送给更大范围的观众群体。同样，推特也将那些赞助过的内容推送到其版块头条。

另一种将增强型接入进行盈利化的方式，是通过向用户收取门槛降低费用，否则这些门槛是会存在于普通用户之间的。例如，交友网站通常在不透露身份信息的前提下允许男性用户去查看女性用户的简历。但那些交纳了订阅费用的用户就能够获取进一步的信息，这样他们就可以直接与那些他们感兴趣的用户进行交流了。

将用户增强型接入进行盈利化时需要倍加小心。如果方式不正确，就会增加平台的噪声，减小针对顾客的内容相关性，正如在第 2 章中所描述过的，从而产生消极网络效应。

一个重要的原则就是要确保消费者能够轻易地区别两种刊登内容：一种就是作为付费专栏中被放在头条或加以强调的内容；另一种则是那些原本搜索排名或知名度就比较高的内容。Yelp 上的优先列表以及与谷歌涉及广告的搜索结果相联系的广告看上去与正常的搜索结果有所不同，从而能够创造出一种透明度，来增强用户的信任度。在谷歌之前出现的大部分搜索引擎都没能遵循这一原则，最终导致用户产生困惑和恼怒情绪，从而损害了他们自己平台的价值。所谓的原生广告技巧，即网络上的付费内容被设计为与那些未付费内容相似的形式，给平台带来的风险在于看起来具有欺骗性并离间用户。

平台经理人还必须在将增强型接入盈利化时小心谨慎，不让用户产生一种被拒之门外的印象。Facebook 作为世界上最大的社交网络平台，为那些想要与现有的和潜在的消费者建立友好关系的品牌商创造了巨大的价值。然而，2014 ～ 2015 年，Facebook 平台却由于擅自改变内容管理以限制一些品牌在平台上的推广范围，但额外多付费的品牌可以接触到更大的观众群体，此举受到了广泛的指责。这可以理解为 Facebook 减少了用户可以获取的服务，从而促使平台获取盈利。但 Facebook

平台的超大规模以及其强大的网络效应使它有资本对这些埋怨不屑一顾，至少到目前为止是这样的。但几乎没有其他平台能够像它这样幸免于难。

最后一点，平台经理人必须确保：他们的常规内容管理原则严格运用于那些为增强型接入服务付费的供应商所提供的内容上。Facebook平台的价值在于其动态消息的相关性，而大量的、缺少这类相关性的付费博文最终会迫使消费者离开这一平台。

盈利化方式四：收取增强型内容管理服务费用

当我们在考虑网络效应时，我们通常会认为网络效应越强就越好。但是，正如我们在第2章和第3章中所提到过的，积极的网络效应的动因不单单只是数量而已，质量也是很重要的动因。当一个平台上的内容数量太过于庞大时，消费者会发现要找到他们想要的高质量内容越来越困难，因此这一平台对于他们的价值就会减少。当发生这种情况时，消费者可能会愿意选择付费获取那些有质量担保的内容，换句话说，他们可能会愿意付费获取增强型的内容管理服务。

我们在这本书的其他地方曾提及Sittercity这一平台，这一平台主要是向父母收取平台准入费。为了保证保姆的质量和选择，该平台有一套严格的内容管理机制，对加入到这一平台上的保姆会进行层层筛选，从而向那些关心自己孩子安危的父母提供重要的额外价值。这一额外价值能够让Sittercity平台向父母收取订阅费用，而不是像服务供应商一样去收取交易费用。

桑基特·保罗·邱达利作为Skillshare教育平台的一名顾问，帮助该平台实现了从一种只收取交易费的模式向另一种模式转变，即通过提供增强型价值收取订阅费用这种模式。Skillshare平台允许学员对每一门其选择的课程进行分别付费。但一旦平台经理人所管理的高质量课程达到相当多数量时，那么这一平台就开始允许学员通过每月交纳订阅费获取多门课程的学习权限。而授课者则可以根据那些选择上他们课的学员所交纳的订阅费用的数额，从中收取"提成"作为工资。越来越多的选择这一模式的学员能够从每一门课程中获取更多的价值，而平台也能获取循环的收益。

应该向谁收取费用

一个典型的平台可以向扮演不同角色的不同类型的用户提供支持服务。考虑到用户之间的差异，例如经济状况、动机、目标、激励因素以及他们从平台中获取的不同的价值量和价值形式，关于向谁收取费用而不向谁收取费用这样的问题是很复杂的。这尤其是因为你所做的每一个关于某一个用户类别的决定，都会以难以察觉的形式影响其他类别的用户。

然而，鼓励积极性交互从而为所有平台参与者创造价值的总体目标，再加上对历史上成功平台企业案例的观摩，使我们可以扩展一些有用的启发，让我们知道何时特定的定价选择是合适的，何时是不合适的。

- **向所有用户收费**。正如我们所提到过的，平台企业很少采取像管道企业那样向所有用户收取费用的方式。在大多数情况下，向所有用户收取费用会降低用户的参与积极性，因此会削弱或破坏网络效应。但是，在有些情况下，向所有用户收费能够加强网络效应。例如，在现实世界中，诸如乡村俱乐部（Country Club）这样声名在外的会员组织都是面向所有用户收费的。高昂的会费（同时还有现任会员的推荐的审查程序）能够作为一种管理策略以确保会员的质量。一些网上平台也采用了这一模式——例如向纽约千万富翁提供服务的

Carbon NYC 平台也采用了这一模式。但是，在许多社交与商业背景下，"愿意付费"与"质量"是大相径庭的两个概念，所以对于这种定价体系一定要有选择地谨慎使用。

- **向一方进行收费而向另一方提供优惠**。一些平台能够向一种类别的用户会员（我们称之 A 类会员）进行收费，但允许另一组用户会员（B 类会员）免费加入，或者甚至向 B 类会员提供优惠。这种模式只有在 A 类会员高度重视能够与 B 类会员进行交流的情况下才能生效，但是双方并不是感同身受的。正如我们所提到的，现实世界中的酒吧等场所早已采用这种策略，即在"女士之夜"向女性朋友提供免费或者打折的酒水服务。许多在线交友网站也采取了类似的策略，通过提供优惠吸引女性会员加入平台，借此再去吸引那些男性会员并让他们交纳全额的会员费用。

- **向大多数会员收取全额费用而向明星会员提供优惠**。某些平台选择向那些明星用户提供优惠以吸引他们加入平台——而这些超级用户的存在能够吸引大量的其他用户。在线下企业中，一些商场向诸如塔吉特百货这样的大型零售商提供诱人的租赁条约，因为有了这类零售商坐镇，就能确保客流量，这样其他的商家就会愿意为此多付额外费用。类似地，像 Skillshare 平台和 Indiegogo 这样的众筹创意平台都不遗余力地想要将那些名人教师和选战活动发起人收归到自己门下，因为这些人的名人效应能够吸引其他的供应商，以及大量感兴趣的消费者加入他们的平台。微软在创立 Xbox 游戏平台时也学到了这一教训。微软一开始的盈利策略是先向开发商（供应商）一次性付清费用，然后再不断向用户收取费用。但是艺电这家巨星级别的游戏开发商拒绝接受这种条约工作，并威胁微软，他们可以为索尼开发游戏。尽管具体细节没有公布于众，但微软最终还是做出了让步并同意了艺电开出的特殊条约。

- **向一些用户收取全额费用的同时对价格敏感的用户提供优惠**。那种对于价格极其敏感的用户类别一旦要缴费，就可能弃平台而去，从而削弱网络效应。所以，向那些对价格敏感的用户提供优惠的同时向其他用户收取全额费用从总体上看是讲得通的。现实世界的经验表明：很难去判断一个平台市场上哪一方可能对价格更加敏感。20世纪90年代期间，美国丹佛房地产市场供过于求，使得许多业主都急切地将其名下的物业出租出去。房地产代理商则向业主收取中介费，而租户则不需要付任何费用。与之相反的是，在同一时期，波士顿的房地产资源紧缺，想要租房的人急于找到地方居住，于是房地产代理商向那些想要租房的人收取费用，而允许那些业主免费刊登他们的物业广告。

正如你们所看到的，决定向谁收取费用的确是一项需要拿捏平衡的精活。将平台盈利化的需求与收取费用会不可避免地产生摩擦，这之间的利弊一定要仔细权衡。精确地判断这一体系在哪种程度下能够负担得起一些摩擦，以及在不阻碍网络效应增长的前提下平台能够承受多大的摩擦，这一点儿也不容易。

有时候，一项并不完善的盈利策略能够通过其独创性产生效果。阿里巴巴集团这个被称为中国版eBay和亚马逊合体的电子商务平台公司，在其发展的早期其实没有能力向用户收取交易费，因为这一平台的初始软件无法追踪在线交易流程。因此，阿里巴巴被迫收取会员费，其实他们是不想这样做的，因为这会阻碍人们加入这一平台。但是通过向那些说服他人加入这一平台的销售人员提供数量不菲的佣金，阿里巴巴成功地克服了这一难题。当关于一些阿里巴巴公司的销售代理人能够赚到多达 100 多万人民币（相当于十几万美元）佣金的消息传开之后，即便会员费会带来一定的阻碍，但想要加入这一平台的人依然趋之若鹜。到了今天，阿里巴巴平台已停止收取交易费用了，并成功地通过广告业务对平台实现了盈利化——就像亚马逊和 eBay 提供交易便利化服务的公司，而盈利模式开始与谷歌一样通过售卖广告来赚钱。

从免费到收费：设计方案是如何影响盈利化转变的

正如本章中提到的许多例子所表明的（而且在现实世界中也有足够类似的例子说明），创立并发展网络效应的必要性，通常会导致平台创建者在创业初期都会选择免费提供他们的服务。给用户创造价值的同时又不求回报，通常是吸引消费者并鼓励他们加入平台的一种最佳方式。这就像"用户第一，盈利随后"这句口号所说的一样。或者是我们从中国制造业企业海尔集团（Haier Group）平台策略总监口中所听到的那句"你绝不能先去抓钱"一样，都是换汤不换药的理念。换句话说，只有在创造了价值单元并经过供应商和消费者之间的相互交换后，且所获得的结果令双方都满意的情况下，平台企业自身才能够试图从这一价值中获取一份利润。

许多很有发展前景的平台之所以失败，是由于它们忽视了这一原则并且在条件还不成熟的情况下迫不及待地想将它们所提供的服务盈利化。社交网站聚友就是失败的一例，其前网络营销副总裁肖恩·帕西瓦尔（Sean Percival）回忆了该平台被鲁伯特·默多克（Rupert Murdoch）的新闻集团收购后所经历的可怕的财政压力。帕西瓦尔说道："'压垮骆驼的最后一根稻草'是默多克在一次平台收入电话会议上向股票分析人员承诺当年十亿美元的盈利，而当时的真实盈利数字只是其中的 1/10。于是，聚友平台的经理人就开始东拼西凑与任何愿意向他们提供赞助的项目或服务签约，也不管这些项目或服务是毫无意义还是会造成困扰。这是最终导致用户放弃聚友平台转而投靠Facebook平台的其中一个原因。"

正如我们已经探讨过的，许多种方式在后期都能够转化成一种盈利模式，让平台企业从其所创造的价值中分一杯羹。但是，这一转化通常是困难重重的。下面这些平台设计原则能够帮助平台成功地实现向盈利化的转变。就像Meetup平台的海佛曼所说的"从免费到收费"的转变。

- **尽可能地避免对曾经免费的服务收费。** 如果被告知他们需要为那些他们曾经能够免费获取的商品或服务付费，用户自然而然地就会产生抵触情绪。正如我们在Meetup平台的案例中看到的一样，而且也不是所有的平台企业都能够像Meetup平台一样成功地完成这样的转变。一些像Z活动这样的平台不是难以为继，就是被迫戏剧性地改变它们的服务本质。

- **此外，对于用户已经习惯获取的价值，要避免减少这些价值的获取量。** 正如我们提到过的，Facebook平台曾一度免费向用户提供大量的价值，但当它决定向付费供应商提供优质内容时，平台就需要减少其原先所免费提供的价值数量。这就引起了供应商和消费者的不满。Facebook平台巨大的网络效应，让它能够幸免于这次方向调整所带来的负面影响，但对于许多网络效应比不上它的平台来说，这会是致命的错误。

- **当从免费转向收费时，要创造新的、额外的价值，证明收费的合理性。** 当然，你必须保证如果你要从提高的品质上收费，你就得控制品质并保证品质。批评人士就批评优步以支付核查驾驶员背景，以及其他安全措施上的开支为由，收取安全出行费用，同时又明显地在这些步骤上敷衍了事。

- **在平台设计之初，就要考虑其潜在的盈利策略。** 从平台上线时，其设计就要能够驾驭各种具有可能性的盈利方式。这直接影响该平台是如何开放的或者封闭的。例如，如果一个平台的经理人希望通过收取交易费来盈利，他们就需要确保平台的设计方案能够使他们掌握平台交易的控制权。如果平台经理人想要通过收取用户群获取权限费用，那么这个平台就必须设计成既能够控制用户获取内容的传输管道，还能够控制有关用户的数据流。

正如本章所展示的，盈利化是一项复杂的挑战，也是能够决定一个平台最终生存能力的重要因素。要想创建一个成功的平台，忽视有关盈利化的问题或者直到网络效应发酵后才去考虑这些问题，后果不堪设想。相反地，平台经理人应该在创建平台的第一天起就要考虑潜在的盈利策略，并且使其设计方案尽可能拥有诸多盈利化选择，也尽可能地使平台保持开放性。

本章小结

- 一家管理良好的平台能够从以下四个方面创造附加值：提供价值创造、提供市场、提供工具以及内容管理。盈利化指的是从创造出的附加值中获取一部分收益。
- 将一个平台进行盈利化的技巧包括收取交易费、收取用户增强型接入费用、向第三方供应商收取社区准入费以及收取增强型内容管理的订阅费。

- 盈利化最关键的选择就是决定该向谁收费,因为五花八门的平台用户所扮演的角色具有差异性,这意味着向这些用户收费会产生迥异的网络效应。

- 考虑到盈利化挑战的复杂性,平台经理人在做有关平台设计的每一个决定时要将可能的盈利策略考虑进去。

第 7 章

开放性：
界定平台用户和合作伙伴
能做什么、不能做什么

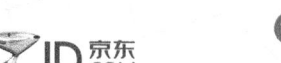

维基百科是开源网络百科全书,是平台世界的一个奇迹。它在几年之内就成长为世界上最流行的参考网站,令传统的信息传播工具黯然失色。作为一种实用、面向全球、信息全面、通常是可靠性极强的数据来源,数以百万计的人都开始依赖维基百科。

当然,维基百科也有不可靠的时候。在这种情况下,离奇的结果可能会是十分惊人的。

维基百科的很多用户都能够说出自己"最喜欢"的该站点显示错误信息的故事。也许最著名的还要数名为"梅雷迪思·克尔彻(Meredith Kercher)谋杀案"的条目。案件的两名嫌犯的名字可能更为人熟知,美国学生阿曼达·诺克斯(Amanda Knox)和她的意大利男友拉斐尔·索莱西托(Raffaele Sollecito)。该案件庭审极其复杂,一审有罪,二审推翻一审有罪判决,三审又被判有罪,由于维基百科采取对任何感兴趣群体都大尺度开放其编辑权限的政治,该条目现在已被编辑超过 8000 次,参与编辑人数达 1000 多人,编辑者几乎全是自 2007 年谋杀案发生以来深信诺克斯和索莱西托有罪的人。这些自发的编辑者持续不断地修订信息,剔除有可能证明莫克斯和索来西托无罪的信息,力求证明他们有罪。

该条目的争论变得非常激烈,以至于维基百科创始人吉米·威尔士(Jimmy Wales)也参与进来。威尔士对此事进行了研究并发表了一份声明:"我刚刚从上到下通读了整篇文章,那些来自可靠信息管道的对庭审严肃的批评被排斥在外,或是被以非常消极的方式呈现。"此后不久,他写道:"我担心,因为我提出了这个问题,连我也会被攻击为一个阴谋论者。"也许最令人不安的是,一些在克尔彻页面深表同情的编辑竟在其他网站不遗余力地贡献着"仇恨"阿曼达·诺克斯的言论,因此击碎了任何对内容存有客观性的幻想。[1]

维基百科面临的问题在于,在保持高品质的同时最大限度地提高其对希望为百科网站的内容做出贡献的所有用户的访问权,这也体现出了管理开放平台模式固有的挑战。然而，显而易见的解决模式是，停止该模式并对用户参与进行严格控制。但这种做法有一个巨大的缺点，增大用户积极参与和利用平台的"阻力"将不可避免地减少用户参与度，甚至可能会完全摧毁平台的价值创造潜力。

开放到什么程度？封闭到什么程度？在钢丝上行走

在2009年针对平台开放性的一次先期讨论中，本书的两位作者——杰奥夫雷 G. 帕克和马歇尔 W. 范·埃尔斯泰恩，与托马斯·艾森曼（Thomas Eisenmann）合作，就提出了开放的基本定义：

> 如果满足这两个条件，平台可以被称为"开放"的：①在参与其开发、商业化或使用中没有任何限制；②任何限制都是合理和非歧视性的。例如，要求参与者遵循技术标准，或要求参与者支付许可费。也就是说，限制对于所有潜在的平台参与者都是统一的。[2]

"封闭"不是简单地绝对禁止外部人员参与。它也可能是设立烦琐的参与规则，令潜在用户望而却步；或收取高额的费用（或"租金"），使潜在参与者的利润空间难以为继。[3] "开放"和"封闭"之间的选择不是黑与白之间的选择，而是在这两个极端之间如"光谱"系列的选择。

拿捏适当的开放程度，无疑是一个平台公司必须做出的最复杂及最关键的决定之一。[4] 此外，这个决定会影响到平台的使用、开发者的参与、平台的盈利和法规。这是一个史蒂夫·乔布斯在整个职业生涯都在面对的挑战。20世纪80年代，乔布斯在这个问题上做出了错误的选择，即把苹果 Macintosh 作为一个封闭的系统。而苹果的竞争对手微软，尽管系统不如苹果优雅美观，却将操作系统对外部开发者开放，并授权给计算机制造商。这使得微软获得了海量的创新，也因此在个人电脑市场份额占有量上远超过苹果。自 21 世纪以来，乔布斯在"开放"和"封闭"之间找到了恰当的平衡：他开放了 iPhone 的操作系统，使 iTunes 可以在 Windows 系统上兼容，从诺基亚和黑莓这样的竞争对手手中抢到了智能手机市场的巨大份额。[5]

乔布斯喜欢把开放／封闭的两难困境重新定义为"分散"和"整合"间的选择，从而巧妙地使封闭和控制性强的系统在此争议中占优势。他并不完全是错的：系统越开放，也就越分化。一个开放的系统也使创造者更难获得盈利，其知识产权也更难得到控制。但是，"开放"更加有利于创新。

开放与封闭之间的平衡是很难把握的。选择错误的开放程度后果会很严重，社交网络聚友的兴起和衰落就是一个很好的例子。

虽然这段历史有时会被忘记，但是在 2004 年 Facebook 创立前，聚友曾经是主流社交网络，并将此地位一直保持到 2008 年。早期的聚友具备了很多为当今社会网络用户所熟悉的功能。聚友的内部员工为其创建了种类繁多的功能。例如，即时消息、分类广告、视频播放、卡拉 OK 室和使用便捷的在线菜单购买的"自助服务广告"等。

不过，由于工程资源有限，这些功能往往有漏洞，导致用户体验不佳。[6]此外，考虑欠妥的拒外部开发人员于门外的决定使得解决问题几乎成为不可能。聚友创始人之一克里斯·德沃尔夫（Chris Dewolfe），对公司在 2011 年有缺陷的思维方式进行了回顾："我们试图给平台创建世界上所有的功能，并认为，'好吧，既然我们可以做到，那为什么要对外开放，让第三方参与呢？'其实，我们应该挑选 5 ～ 10 个关键功能作为开发的重点，让别人去创新其他功能。"

Facebook 没有犯同样的错误。和聚友一样，它最初也不对外部的创新者开放。但是，2006 年，它面向互联网用户开放了。这帮助 Facebook 开始缓慢地提升自己的竞争力，与聚友竞争。这种趋势反映在图 7-1 中，图中显示了两个平台在 2006 年和 2007 年年初每天的互联网用户百分比,在这一阶段聚友仍然是用户量最大的平台。

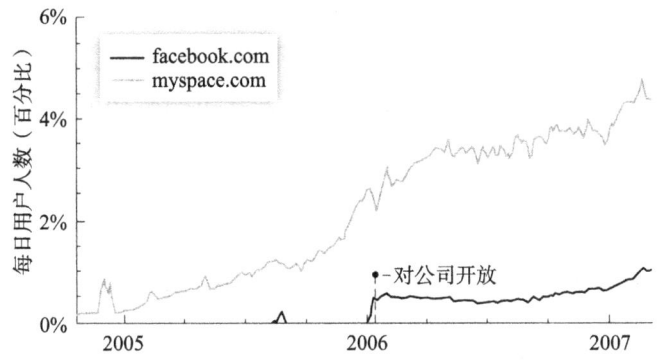

图 7-1　2006～2007 年聚友与 Facebook 的市场占有率

资料来源:2015,Alexa Internet(www.alexa.com)。

当 Facebook 在 2007 年 5 月推出 "Facebook 平台" 来帮助开发人员创建应用程序后,局面发生了巨大的转变。一个合伙人愿意参与扩展其功能的生态系统就此扎根。[7] 到 2007 年 11 月,平台上有了 7000 个外部开发的应用程序。[8] 认识到这一大批新的应用程序提高了其竞争对手吸引力,聚友做出了反击,在 2008 年 2 月对外部开发者开放。但是如图 7-2 所示,此时风向已经发生了转变。Facebook 已经在 2008 年 4 月超过了聚友。现在,Facebook 已经在社交网络空间拥有不容置疑的霸权。

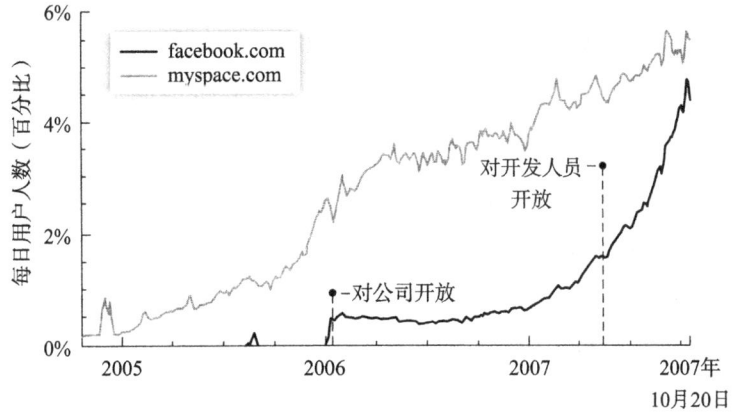

图 7-2　2007 年 5 月当 Facebook 对外部开发者开放后,迅速超越了聚友

资料来源:2015,Alexa Internet(www.alexa.com)。

如果聚友早点开放，接受更广泛的外部开发者的贡献，特别是让那些拥有世界一流技术的人员来开发聚友渴望的一些特殊功能，如分类广告、有效的垃圾邮件筛选及交流工具，聚友或许有更强大的产品提供给用户。也许今天聚友和Facebook将仍然在几乎同等的地位相互竞争。

一眼看去，聚友出现了和维基百科完全相反的问题：多人合作使维基百科太过开放，聚友则太过封闭。某种程度上的确如此，但事实远比这更复杂。在某些关键层面上，聚友实际上是太开放了。

例如，聚友的自助服务广告功能过于开放，给大量的不适当的内容提供了管道，包括所有年龄阶段的用户都可能获取色情内容。对诸如此类内容的管控缺失让聚友在大量的用户面前失去了吸引力，甚至引发了州检察长的调查。聚友与外部的应用程序开发员磨合缓慢，平台内容管控的失败，共同加速了平台的崩溃。

一个平台过于封闭的同时，又过于开放似乎不可能，但是聚友成功地做到了。

平台生态系统和开放的多种形式

我们如何理解平台管理者必须做出的"开放"决定呢？第3章讨论的平台的三大关键要素有助于我们进行理解。正如我们在第3章中解释的一样，从根本上来说，平台是促进生产者与有价值的消费者进行互动的基础设施。这两种基本类型的参与者使用平台相互联系并进行交换。首先，进行信息的交换；然后，如果需要，货物或服务以某种形式的货币进行交换。这些参与者在平台上一起进行核心互动，为平台创造价值。随着时间的推移，其他类型的互动也会发生，从而增加平台的实用性并吸引其他参与者。

鉴于这种基本的设计，显而易见，一个充满活力和健康的平台依赖于平台以外的合作伙伴所创造的价值。如果平台过于封闭，外部合作伙伴则不能或不会创造出实现互利交流所需的价值。[9]

想一下谷歌的 YouTube。由于系统是高度开放的，它已经成为商业和业余视频的集散地，从搞笑到实用，从政治内容到灵感启发，为用户提供涉猎广泛的内容。如果没有众多用户所提供的内容，YouTube 就会依赖于一个或几个企业来源的视频材料。随着时间推移，它将可能演变成一种类似于 Hulu 的分配系统，而不是真正的平台。

然而，正如我们前面提到的，如在维基百科和聚友的例子中说明的，开放不是简单的非黑即白。关于开放程度和开放类型的种种决策是至关重要的，也是具有挑战性的。

平台设计师和经理需要应付的开放性决策有三种，分别是：

- 关于管理者和赞助商参与的决策
- 关于开发者参与的决策
- 关于用户参与的决策

每种类型的决策都有其独特的后果和影响。让我们分别考虑这三种决策。

管理者和赞助商的参与

任何平台的结构和运作的背后都有两个实体：管理平台并直接与用户接触的公司、赞助平台并保留对技术的法律控制的公司。在许多情况下，这两个实体是同一个。像 Facebook、优步、eBay、爱彼迎、阿里巴巴和许多其他平台都是身兼管理者和赞助商的双重身份。在这种情况下，控制平台，包括关于"开放"的决定都完全取决于管理/赞助公司。

但是，在其他情况下，平台管理者和平台赞助商并不是同一家公司。一般而言，平台管理者负责组织和控制生产者/消费者的互动，而平台赞助商控制平台的整体构架和知识产权（如软件代码控制其操作）及其他权利的分配。当管理者和赞助商是独立的时，管理者与客户／制作人和可能对平台有贡献的外部开发人员关系最为紧密。这将使管理者在平台的日常运作中具有相当的影响力。但是，在一般情况下，赞助商对平台有更大的法律控制和经济控制。因此，在长期战略上，赞助商拥有更大的权力。

在某些情况下，平台管理者和平台赞助商既可以是单个的公司，也可以是公司集团，对控制和开放性的问题有更进一步的影响。[10]

图7-3说明了用于管理和赞助平台的四种模式。在某些情况下，单个公司管理和赞助平台，我们称之为**专有**（proprietary）模式。例如，硬件、软件、Macintosh操作系统和手机的iOS底层技术标准均由苹果公司控制。

		平台管理	
		单一公司	多家公司
平台赞助	单一公司	专有模式 例如： Macintosh PlayStation Monster.com 联邦快递 Visa（2007年以后）	授权模式 例如： 微软 Windows 谷歌 Android Palm OS 美国运通 MBNA 卡 Scientific Atlanta 机顶盒 高通无线传输标准
	多家公司	合资模式 例如： 凯业必达 Orbitz Visa（2007年以前）	共享模式 例如： 安卓开放源代码项目 Linux DVD UPC 条形码 RFID 库存识别标准

图7-3 平台管理与赞助的四种模式，改编自托马斯·艾森曼、杰奥夫雷 G. 帕克和马歇尔 W. 范·埃尔斯泰恩联合发表的《开放平台》(*Opening Platform: How, When and Why*)

第二类的案例是一家集团企业管理平台，一个公司赞助平台。这是授权（licensing）模式。例如，谷歌赞助"标准"的安卓操作系统，但它鼓励多个硬件公司供应能够让消费者与平台连接的设备。这些设备的制造商，包括三星、索尼、LG、摩托罗拉、华为和亚马逊，由谷歌授权其对生产者和消费者之间的接口进行管理。

第三类案例是一家单一的公司管理平台，而多个公司对平台进行赞助，这种模式称为**合资**（Joint Venture）模式。于 2001 年成立的 Orbitz 旅游预订平台就是由多家主流航空公司赞助的合资企业，目的是为了与 Travelocity 创业公司展开竞争。同样，凯业必达（CareerBuilder）招聘网于 1995 年由三家报业集团合资创建（原名为 NetStart），该平台提供求职招聘广告。

第四类案例是多个企业对平台进行管理而另外多家企业赞助，这种模式称为**共享**（shared）模式。例如，Linux 操作系统有多家赞助商和多家开源管理者，像 Mac 和 iOS 系统一样，连接应用程序开发人员、其他生产者和数以百万计的消费者。Linux 的企业赞助商包括 IBM、英特尔、惠普、富士通、NEC、Oracle、三星和很多其他公司，而管理公司包括几十个设备制造商：TiVo、Roomba、Ubuntu、高通和许多其他公司。

有时，特定平台可能因为业务需求和市场结构演变而从一种模式迁移到另一种模式。例如，Visa 信用卡运营系统是一个允许商家和消费者进行支付交易的平台。采取专有模式的平台始建于 1958 年，当时被命名为 BankAmericard，由美国银行赞助并管理。20 世纪 70 年代，它更名为 Visa，转型为一家合资企业，由多家银行赞助但同时保持独立管理运行。2007 年，Visa 成为一个独立的企业实体，又恢复到专有的模式。现在 Visa 是一家自赞助的机构，没有外部赞助商。

我们可以看出，前面提到的管理者和赞助商参与的这四种模式实际上也就是"开放"的不同模式。专有模式提供了最大的控制并有利于最封闭的运行系统，苹果公司的 Mac 操作系统的管理就是一个例子。授权模式和合资模式实际上是开放一个端口的同时封闭其他端口，而像Linux这样的共享模式通常会使平台对各种各样的赞助商和各种各样的管理者开放。

谁是赢家？谁是输家？ 这四种模式中哪种最有利于平台赞助商？哪种最适合平台管理者？哪种模式产生的可预测、可控的利润流最大？对于这些问题，如果有确定的、适合所有情况的答案就好了，但是，正如在商业中经常出现的其他情况一样，这些问题的答案也是，"看具体情况"。

让苹果大获成功的专有模式似乎是每家平台公司的梦想。毕竟，它允许平台夺取整个市场，并获取它生成的所有利润。实现这个梦想比较符合逻辑的做法是开发新的技术标准并保持对其的单独控制权。这并不是不可能，但在现实世界中，它并不总会产生持久的经济回报。

一个经典的案例就是20世纪70年代到80年代的VCR战争，在索尼公司赞助的Betamax标准录影带和由JVC赞助的VHS标准的两家平台之间的较量。和今天的大多数平台不同，这两个前互联网时代的平台没有创造使生产者和消费者进行互动的在线管道。不过，它们也有资格被称为平台，因为它们建立了允许多个生产者（主要是电影和电视制作公司）向消费者销售产品的技术系统。因此，它们面临的很多战略挑战和现在基于互联网的平台必须面对的挑战是相同的。

从技术质量的角度看，Betamax平台略好一些，因为它可以提供更清晰的图像和更长的记录时间。但战争的结果取决于竞争对手选择的赞助/管理战略。

索尼选择专有平台模式，保留对Betamax标准的控制，按理说，就是从长远来看，高的质量会在市场上胜出。但事实不是这样的。JVC遵循授权模式，授权许多厂家生产的VHS录像机和播放器。由于制造量增加，产品价格降低了，从而使VHS设备对消费者更具吸引力。随着更多的设备制造商支持 VHS 标准，更多的消费者拥有 VHS 产品，相较于 Betamax 而言，电影制作公司和其他内容提供商发行了更多 VHS 格式的产品。基于此的反馈循环设置给 VHS 带来了更大的、呈现稳步上升趋势的优势。到 20 世纪 80 年代中期，使用 VHS 标准的生产厂家开始主宰 VCR 竞争市场。讽刺的是，JVC 本身只从这次胜利中享有微薄的利润，它对原始版本 VHS 标准的发展并没有带来大量或持久的收入。

几年后，索尼卷入了一场新型战斗，得到了不同的结果——虽然这个结果在很久以后被证明是令这个日本巨头不甚满意的。2000 年年中，当录像带让位给数字视频光盘（DVD）时，索尼的蓝光高清视频标准与东芝开创的 HD DVD 标准展开了较量。索尼决定追寻它曾经为 Betamax 所选择的专有模式。在这场战争中，因得益于 PlayStation 3 游戏机的成功引入，索尼取得了胜利。该款游戏机采用蓝光视频，让数以百万计的消费者可以立即使用它。

不幸的是，索尼的这场胜利并不持久。今天，蓝光取得胜利后的几年，消费者从 DVD 到流式视频的迁徙活动正顺利进行，使蓝光的优势越来越无足轻重。索尼的教训是什么？如果你像索尼一样选择在标准战斗中寻找对某个市场的专有控制，你最好打赢这场战斗，并且要赢得够快，在又一个新技术取代你谋求主宰的技术之前取得胜利。

起源于数字时代之前的另一个平台 Visa 的故事说明了不同的管理和赞助模式要面临一些其他挑战。在其被多家大银行财团赞助的几年间，Visa 作为一家领先的信用卡公司取得了巨大的成功。但随着时间的推移，这种管理模式被证明相对烦琐。当一个平台被多家公司赞助，并因此同时被多家公司所拥有，关键的决策就必须取得目标和偏好不尽相同的多家公司的许可，而这恰恰是一个本质上效率低下的管理系统。这就是为什么 Visa 的拥有人会最终同意让 Visa 成为一个独立的实体业务，赋予 Visa 在竞争中快速反应的能力。

多赞助商共同决策的固有尴尬可以对优雅、简洁和轻松地使用技术造成影响。在个人电脑的漫长历史上，苹果专有模式和微软的所谓 Wintel 标准之间的战争清楚地说明了这一事实，相对于由拥有各自设计方法的多家公司组成的集团，由单一公司统一控制审美和技术可以创造出更具吸引力和直观的工具及服务。苹果也远比 Wintel universe 中任何一家公司赢利更多、价值更高——尽管事实上苹果在电脑销售市场所占的份额从来没有追上 PC。

同样，相比较于采用控制较小的谷歌安卓标准的智能手机，苹果公司的 iPhone 通常被认为更加优雅、更加方便使用。随着安卓的开放源代码平台（AOSP）允许任何感兴趣的公司对标准进行实验与改变，现在的情况就更是如此了。AOSP 就是被用在亚马逊的 Kindle Fire 和中国小米手机中的平台。

这并不意味着苹果公司专有 iPhone 战略一定比谷歌相对开放的战略更"好"。事实上，情况是很复杂的。尽管苹果公司的 iPhone 比竞争对手的安卓手机更优雅，但是到 2014 年，多个手机厂商共同开放创新为安卓赢得了约 80% 的智能手机市场，而苹果则仅占有 15%。[12]

谷歌由此大获全胜吗？并没有。AOSP 操作系统并不会自动将网上的用户活动引向谷歌的在线服务。这就意味着，尽管谷歌是安卓系统的发源地，但它没有从 AOSP 设备中获得收入或数据流。作为应对方式，谷歌已经着手扭转局面，封闭了安卓系统并努力重申自己对系统的控制权。[13]（我们将在本章后面再来谈这个故事。）

最终，赞助 / 管理模式的选择还要看正在开发的平台本身和设计它的目的。无线射频识别技术（RFID）被用来创建智能标记，这些标记可以添加到数以百万计的产品上以用于库存控制。这一技术行之有效，RFID 系统是零售商可以访问的并与他们分发的货物进行互动的库存管理平台。

RFID 平台由为数众多的零售商财团赞助，标记本身正被很多在价格和设计上进行竞争的公司所生产。赞助和管理的共享模式意味着 RFID 技术本身不会为任何人创造巨额利润，每个标记仅卖几美分。但是这非常适合赞助商，因为他们一直以来的目标就是要使这项技术尽可能简单、易用、价格低廉。

开发者参与

如你所见，设计和构建一个平台一般从核心交互开始。但随着时间的推移，很多平台通过扩展来添加其他种类的交互，从而为用户创造新的价值并吸引新类型的参与者。这些新的交互经由那些多少可以接触到开放平台及其基础设施的开发者所创作。我们把这三种开发人员称为核心开发人员、扩展开发者和数据整合者。

核心开发人员（core developers）创建核心的平台功能，为平台参与者提供价值。这些开发人员通常受雇于平台管理公司本身。他们的主要工作是将平台送到用户手中，并利用工具和规则使互动简单易行，创造出让双方都满意的价值。

核心开发人员负责基本的平台功能。

爱彼迎提供基础结构，允许房客和房主利用系统资源进行互动，包括允许客人发现有吸引力的房源的搜索功能和数据服务功能，以及保障交易成功的付款机制。此外，爱彼迎管理幕后功能，为房客和房主降低交易成本。例如，该平台默认为双方提供保险合同，保障客人在意外事故或遭受犯罪时的权益，在出现客人的行为不当时保护房主的权益。（虽然，正如我们将在第 11 章中讨论的那样，这个保险是有其不足之处的。）它还验证参与者的身份，以便使其声誉系统成为评估用户行为的有效措施。设计、微调、维护和持续改进这样的系统是爱彼迎的核心开发人员的工作范畴。

扩展开发者（extension developers）为平台添加功能和价值，并增强其功能。这些开发者通常为外部人士，不受雇于该平台的管理公司，他们从自己创造的价值中提取一部分并从中受益。比较为人熟知的扩展开发者是通过 iTunes 商店出售自己设计的应用程序的个人或公司——游戏、信息和生产力工具、活动增强应用程序等。平台经理必须做出重要的决定——而且经常需要随着市场的发展重新考虑的决定——是该平台对扩展开发者开放的程度。

一定数量的扩展开发者增强了爱彼迎平台的价值。例如，爱彼迎自己的研究显示，拥有专业标准照片的房源被查看的频率是质量低照片的房源的两倍。作为应对的手段，扩展开发人员在"爱彼迎摄影服务"标准下提供专业支持，创建吸引人的照片以帮助爱彼迎房主取得更大的成功。

扩展开发程序 Pillow（曾被称为 Airenvy）在平台上为房主提供简化财产清单、客人入住、清洗和日用织品送货的工具。其他开发程序，包括 Urban Bellhop 和 Guesthop，为客人提供诸如餐饮预订和保姆服务类的旅行安排。

在这些外部公司的协助下，爱彼迎房东可以为房客提供一系列的服务，堪比全方位服务的酒店所提供的服务。

为了便于此平台功能的扩展，爱彼迎必须将业务面向这些扩展开发者开放。但拿捏其开放程度对爱彼迎来说是一项挑战。如果平台过于封闭，假如对于扩展开发人员来说太过烦琐会导致很难在平台上兜售他们的产品，它将会失去为平台用户提供宝贵的额外服务的机会，也许还会在过程中疏远平台参与者。但如果平台过于开放，假如扩展开发者太容易出现在网站上，那么质量低劣的服务提供商可能就会加入平台，影响其他开发人员以及爱彼迎本身的声誉。此外，过度开放可能会引来太多相同类型的服务供应商，从而减少每个供应商所赚取的利润，减少扩展开发人员为爱彼迎用户提供个性化服务的兴趣。

选择通过高度的开放鼓励扩展开发者的平台，通常会设置应用程序编程接口。这是平台管理者可以用来管理系统开放访问的控制点。应用程序编程接口（API）是用于开发应用软件的一套标准化的例行程序、协议和工具，它使外部程序员可以轻松地编写代码，并实现与平台基础设施的无缝连接。

目前，虽然爱彼迎已开发了一个 API，但是它并没有面向所有希望与平台实现连接的开发人员开放，这体现了平台管理者在开发人员参与这个问题上的中庸态度。

一些公司对扩展开发者立起难以进入的壁垒，一方面是为了保护平台内容的质量；另一方面也是努力保持自己对平台创造的收入流的控制。我们已经看到这种策略造成聚友后院起火。今天，广受欢迎的咖啡机制造商 Keurig 可能将会遭遇相似的命运，Keurig 在此讨论中可看作一个致力于酿造热饮料的平台。我们将会在第 8 章中详述 Keurig 的故事。

英国的综合性日报《卫报》(*Guardian*) 已经走在相反的道路上。《卫报》网站有很多国际读者，它面对用户始终是开放的，用户可以免费阅读《卫报》职员撰写和编辑的内容。但是，此前《卫报》网站是不对扩展开发者开放的。认识到《卫报》海量信息和理念的价值，以及将报纸网站变成一个开放平台的潜在惠利，公司的管理者用了整月的时间对这种转变的影响进行了讨论和分析。在研究了可能出现的风险和回报后，《卫报》管理者决定开放网站，以"请进来"的方式从外部引进更多的数据和应用程序，并同时用"走出去"的方式，授权合作伙伴在其他数字平台上使用《卫报》的内容和服务。

为了达成"走出去"的开放目标，《卫报》创建了一组 API，使对外提供《卫报》内容变得非常简单。这些接口包括三个不同的访问级别。

最低的访问层,被称为无钥匙启动系统(Keyless),允许任何人在无须申请权限、无须分享可能产生的收入的情况下,使用《卫报》标题、元数据和信息体系结构(即构建《卫报》数据并使它更易于访问、分析和使用的软件与设计元素)。第二访问层,经批准的(Approved),允许已注册的开发人员在特定时间和一定的使用权限下转载《卫报》的整篇文章。报纸与开发人员之间共享广告收入。第三个也是最高的访问层,定制(Bespoke),是一个自定义支持包,享有付费后无限制地使用《卫报》内容的权限。

在《卫报》的新型开放平台上产生的第一批产品包括:一个内容API,提供上百万篇文章的访问权限;一个政治API,提供候选人的信息和选举结果;一个数据存储,可用于访问数据集和影像资料,从每个国家有关死刑的法律和执行数据,到科幻剧《神秘博士》(Doctor Who)主角的所有时间旅行的彩色图像;利于应用开发的应用程序框架,目的在于使为系统开发应用程序变得简单。平台开放的第一年已经有2000多个扩展开发人员签订了协议。

API对扩展开发人员的吸引力和因此可以创造的价值是巨大的。比较一下两个主要的零售商经历的财务业绩:传统巨头沃尔玛和在线平台亚马逊。亚马逊有大概33个开放API和300多个API"混搭"(即跨越两个或更多的API组合工具)用于电子商务、云计算、通信、搜索引擎优化和付款。相比之下,沃尔玛只有一个电子商务工具API。[14] 从一定程度上讲,因为这个差别,2015年6月亚马逊的股票市值首次超过沃尔玛,反映出华尔街对亚马逊未来发展前景的乐观看法。[15]

其他平台企业也已经收获API带来的类似的好处。通过API的云计算和计算机服务平台销售产生了50%的收入,而对于旅游平台Expedia,这个数据达到了90%。[16]

为平台上的互动增值的第三类开发人员是数据整合者(data

aggregators）。数据整合者通过从多个数据源添加数据提升平台的匹配功能。在平台管理者的授权下，他们吸收有关平台用户以及他们进行交互活动的数据，再有目的地把这些资料转卖给其他公司，比如用于广告投放。提供数据的平台通常会分享盈利的一部分。

如果数据整合者提供了精心设计的服务，这种服务可以将拥有潜在价值的产品和服务供应商与客户匹配起来。例如，如果Facebook的某个用户发布了计划到法国度假的信息，数据整合者就可能会把这个数据出售给一家广告公司，而这家广告公司可能会生成关于巴黎酒店、导游、打折机票以及其他这个用户可能会感兴趣的信息。

现在多种行业都在进行数据整合，包括数字化平台和非数字化企业。运转顺利的时候，数据整合可以为消费者提供无缝甚至令人愉快的结果："他们怎么会知道我一直在寻找这种蓝色的厨卫地砖！"但是，当运行不当的时候，通常是过于频繁的时候，会让用户产生被打搅的感觉，有时甚至让人感到紧张。

纽约时报的查尔斯·达西（Charles Duhigg）讲述的故事，虽然有可能是杜撰的但广为流传，故事描述了一位十几岁女孩的父亲生气地大步走进一家塔吉特商店责问为什么他的女儿一直收到婴儿产品的优惠券。"你们是不是想要鼓励她赶紧怀孕？"商店经理表示道歉，但是几天后当他请这家人来讨论这件事的时候，这位父亲很尴尬，并表示歉意。"我和我的女儿谈了，"他说，"她8月生产。"

塔吉特是怎么比女孩的家人更早"知道"女孩怀孕的呢？达西描述了塔吉特用来预测未来的需求和分析采购活动的客户行为指标体系。因此，当一个（假设的）女性消费者到当地的塔吉特商店购买可可脂乳液、尿布袋大小的手提包、锌和镁补充剂和明亮的蓝色地毯时，塔吉特的算法计算出她怀孕了的概率为83%。算法就会提示为这位顾客提供婴儿服装优惠券。[17]

也许由于比较明显的原因，平台企业很少讨论给这样的数据整合系统授予访问权限。要知道，消费者如果清楚地知道他们的个人行为被监控的程度，他们很可能会感到不安。由于数据整合是平台公司的一个巨大且不断增长的收入来源，恰当地对它进行管理也随之带来了巨大的伦理、法律和商业挑战。我们将在第 8 章和第 11 章就平台治理和监管进行更细节化的深入讨论。

哪些开放？哪些拥有

正如我们看到的，对平台用户有价值的创新可以有许多来源。有些是由核心开发人员创建的，因此由平台公司本身所拥有和控制。其他则通过扩展开发人员创建，因此被外界企业所拥有和控制。这就提出了一个问题：什么时候外部开发者的权力会威胁到平台本身？当发生这种情况时，平台管理者如何回应？

这些问题的答案取决于由特定扩展应用程序创造的具体价值。如果你是一个平台管理者，你不会想让外面的公司控制自己平台拥有的主要用户价值。发生这种情况时，你需要取得创造这样价值的应用程序的控制权，常用的方法是购买应用程序或创建这一应用的公司。另外，当一个扩展应用程序给平台增加适量的附加价值时，允许外部开发人员保留对应用的控制权是完全安全的，而且通常是非常有效率的。

例如，思考一下苹果公司对于其手机操作系统的所有权和控制权的决定。苹果一直很小心，对预装在 iPhone 里的绝大多数程序拥有所有权，如音乐播放、摄影和录音的应用程序。它收购了 SRI 国际公司，开发了 iPhone 的虚拟个人助理 Siri 的公司。[18] 所有这些都是对 iPhone 极具增值功能、对市场有显著影响的功能，所以苹果强烈希望能够拥有和控制它们。

相比之下，YouTube 很满足于拥有视频分发和播放技术，而让将视频片段上传到平台上的数以百万计的个人和组织拥有视频的控制权。或许有人认为像韩国流行歌曲《江南 Style》这样的全球流行视频为 YouTube 消费者带来了重要的价值。但是这种价值是短暂的（本年度最受喜爱的视频很快就会被明年的某个视频取代），只能代表 YouTube 的视频内容的总价值极小的一部分。在这种情况下，平台所有者并不需要拥有或控制个别的价值元素。

在权衡某个扩展应用程序是否造成经济威胁时，平台管理者应当考虑两个原则。

首先，如果一个特定的应用程序在自己的权益下有潜力成为一个强大的平台，承载该应用程序的平台管理者应当想办法拥有这个程序，或用平台本身拥有控制权的应用程序将其替代。

2012 年，谷歌地图已成为测绘服务和手机用户的位置数据的首要供应商。它是苹果 iPhone 手机非常受欢迎的功能。然而，随着更多的消费者活动转移到移动设备并与位置数据日益融合，苹果意识到谷歌地图正在成为对其移动平台长期盈利的重大威胁。谷歌可能会把谷歌地图变成一个独立的平台，向商家提供有价值的客户连接和地理数据，夺走苹果在这方面潜在的收入来源。

苹果决定创建自己的导航类应用程序与谷歌地图竞争，这个战略决定有一定的意义。尽管最初糟糕的服务让苹果非常尴尬，新的应用程序将苗圃误判为机场，将城市误判为医院，建议的开车路线需要从水上经过（你的车最好能浮在水面上），甚至让粗心的旅行者绕道 70 公里在澳大利亚的沙漠寻找想去的城镇。iPhone 用户爆发出强烈抗议，媒体全天讽刺苹果的失策，首席执行官蒂姆·库克（Tim Cook）不得不公开致歉。[19] 苹果坦然接受媒体批评并计划将其导航服务的质量迅速提高到可接受的水平，这也确实实现了。iPhone 平台在地图导航技术方面不再依赖谷歌，苹果自己拥有作为重要的价值来源的导航应用程序的控制权。

其次，如果特定功能由大量的扩展开发者改造并被平台用户普遍接受，那么该平台的管理者就应该获取该功能并通过开放的 API 供给外界。像视频和音频的播放、图片编辑、文本剪切和粘贴这样的普遍很有用的功能通常都是由扩展开发者发明的。认识到其广泛的适用性，平台管理者已经开始对这些功能进行规范并将其纳入所有开发人员都可以使用的 API。这样做可以加速创新并实现为每个平台用户提供更好的服务。

用户参与

平台管理者需要控制的第三种开放形式是用户参与，特别是对**生产者开放**（producer openness），即自由地将内容添加到平台的权力。请记住，许多平台都是为了促进角色转换而设计的，即允许消费者成为生产者，反之亦然，所以平台上的某一位价值消费者对于其他用户而言可能同时也是价值创造者。YouTube 的用户可以查看其他人的视频、上传自己的视频；爱彼迎的房客可以成为房东；Etsy 客户可以在网站上出售他们自己的工艺作品。

平台面向这些用户开放的目的是促进创造并提供尽可能多的高品质内容。当然，这一以发掘高质内容为目的的规定就是大多数平台拒绝完全开放平台，而对用户参与进行管理的原因。

维基百科刚上线时力求达到完全开放。质量的维护完全托付给平台用户，他们会自己承担监测网站的内容、修复错误和挑战偏见的责任。

这是一个乌托邦式的愿景，假定所有维基百科用户都有良好的意图；或者，不太理想主义地说，它假设不同动机和态度相互冲突的用户会最终可以找到平衡、碰撞出集体智慧，用资本主义的理论来说就是市场背后"看不见的手"会在无数拥有各自利益的参与者的互动中帮助每个人实现利益最大化。

然而，现实告诉我们，像自由市场一样（价格由买家和卖家达成一致后自行决定），民主可以很混乱，尤其是涉及强烈的情感和党派之争的时候。这里就要再次提到我们在本章开始叙述的故事，梅雷迪思·克尔彻之死的维基百科文章被"仇恨"阿曼达·诺克斯的人"劫持"，他们力求确保阿曼达·诺克斯有罪，并做好了消除任何异议的准备。

克尔彻之死并不是维基百科卷入争议的唯一实例，这样的实例还有很多。在平台上的一篇题为"维基百科：有争议的问题列表"的文章中列出了超过800个"不断地被循环编辑"，"或者是导致编辑大战或遭受文章制裁"的主题。在"政治经济学""历史""科学、生物学与健康""哲学"和"媒体与文化"的分类标题下，文章从"无政府主义""否认大屠杀""占领华尔街""阿波罗月球登陆骗局指控"到"野兔奎师那"（krishna）"捏脊""海洋世界"和"迪斯科"，无所不包。

通过巧妙的精选限制开放。当某些用户决心操纵平台内容实现自己的目的时，维基百科如何保证平台质量？这并不容易。平台管理者努力把社群标准和社会压力作为主要依靠。该平台通过"维基百科：五个支柱"这样的文章公布规定，这解释说明了平台的"基本原则"之一：

> 维基百科是从中立的角度写的：我们谋求记载和说明主流观点的文章，在尊重的基础上保持公正。我们避免某种主张，对信息和问题进行描述而不是辩论。在某些领域可能只是一个公认的观点，而在其他领域，我们可能会描述多个观点，准确并基于具体背景，而不是将这些观点作为"真理"或"最佳看法"。我们力求保证所有文章都精确、可以考证，取材自可靠且权威的来源，尤其是有争议的话题或者是当事人仍在世。文章不应包括编辑人员的个人经历、解释或意见。

不过，有的时候紧紧依靠社区压力是不够的。当特定文章的质量一再因为偏见或不真实的内容退化时，保护维基百科的公正健全的其他方法和工具就开始发挥作用了。这其中就包括 VandalProof，专为维基百科编写的标注工具，用于将有不良编辑纪录的用户所编辑的文章标注出来；还有其他的标注工具，可以显示出存在问题的文章以便其他的编辑可以审查，并在有必要的时候对文章进行改进；还有很多的拦截和保护系统，供那些在维基百科社区得到认可并赢得特权的用户使用。

这套复杂并很大程度上自我组织的连锁系统，是确保维基百科内容质量的一种策展形式。这样至关重要的内容保护程序必须进行仔细调整，才能确保生产开放的程度和形式都是恰当的。

策展通常以对平台访问关键点进行**筛选**（screening）和**反馈**（feedback）的形式出现。筛选决定让谁进来，而反馈则鼓励已被授权进入的用户规范自己的行为。用户以往在平台上和平台外建立的声誉通常是筛选的关键因素：在社区内获得正向评价的用户比声誉糟糕的用户更有可能通过筛选过程，获得有利的反馈。

策展可以通过"守门人"进行，也就是会亲自筛选用户、编辑内容，并为提升质量而提供反馈的版主。媒体平台，如博客和在线杂志，经常使用这种系统，但使用由平台公司训练和聘用的版主既费时又昂贵。尽管设计和实施起来都具有挑战性，但是一个更好的系统还要依靠用户自己来进行平台管理和筛选，这一般是借助能够快速收集反馈、综合反馈并将反馈应用到策展决定的软件工具。

正如我们所看到的，维基百科采用的方式就是通过软件工具进行用户驱动的筛选。与维基百科的做法类似，Facebook 依靠用户来标注令人反感的内容，比如仇恨言论、骚扰、具有攻击性的图形图像和暴力威胁。像优步和爱彼迎这样的服务平台将用户评价结合到它们的软件工具内，这样就使消费者和生产者可以在知情的情况下选择与之互动的人。

没有一个策展系统是万无一失的。当策展工具在偏向"开放"的一方的时候，具有攻击性甚至危险的内容就可能会成为漏网之鱼进入平台。当工具过于严格的时候，有价值的用户可能会因此气馁，恰当的内容可能会被屏蔽掉，就像意图消除色情信息的社交网络算法同时也把像乳腺癌相关主题教育资料屏蔽一样。平台管理者需要投入大量的时间和资源，包括监测要用到的眼睛和大脑的知情判断，对平台的开放和封闭之间的界限是否设置得当进行持续的检测。

相似的平台可以通过不同程度的开放展开竞争

在类似领域运作的平台可以选择不同程度、不同种类的开放来区分彼此。不同的开放制度将吸引不同种类和数量的参与者，生成独特的生态系统的文化，并最终可能产生不同的商业模式。

正如我们先前所看到的，在20世纪80年代至90年代做出非常不同的开放性决定的两个平台是苹果公司的Mac操作系统/硬件组合和微软的Windows操作系统。虽然一些评论者说Windows是一个封闭的系统，但是相比苹果而言，它已经要开放多了。苹果公司决定向扩展应用的开发者收取高达1万美元的开发工具包（SDK）使用费用，从而确保了小数量、有选择的外围软件开发者。相比之下，微软基本上把SDK免费给开发人员使用，也因此吸引了更多的开发者。

与此同时，IBM失去了对硬件标准的控制，一定程度上是因为管制行动，结果造成任何制造商都可以进入PC市场，从而迅速压低了成本。

大量的开发人员与廉价的硬件对消费者非常具有吸引力，Wintel平台占据市场主导地位近20年，而封闭的苹果系统享有的份额则稳步减少。从这个例子来看，似乎开放路径比封闭路径要更为成功。

正如我们已经看到的，最近的例子是谷歌和苹果对各自的移动平台做出了不同的开放决定。谷歌允许开发开放源代码版本的安卓系统，并将其免费提供给任何制造商，而苹果则赞助专有的iOS操作系统，严密地控制硬件，以保证自己是唯一的设备供应商并因此成为系统的唯一管理者。

最开始，这可能看起来像是重复微软/苹果 PC 操作系统之争。然而，虽然苹果比谷歌更封闭，例如，保留在重要设备制造功能的控制权，而不是开放给其他公司——但是，它比在上一技术时代的时候更加开放了。把平台开放到刚好能够鼓励开发人员的程度，现在苹果为开发人员提供强大的开发工具包以协助他们，并允许他们通过 iTunes 商店接触用户群。因此，苹果上出现了大量的应用程序。

与此同时，谷歌更加需要开放，因为它是在苹果之后进入市场的。因此，安卓开放源代码项目（Android Open-Source Project，AOSP）快速发展，超出了谷歌的控制范围，促使谷歌通过各种机制限制对其平台的访问。因为底层操作系统是免费提供给所有人的，谷歌不能轻易地关闭 AOSP，但是通过对关键功能的控制是可以实现相同目标的。记者罗恩·阿马德奥（Ron Amadeo）对谷歌如何一边关闭如搜索、音乐、日历、键盘和摄像头这类功能，一边努力鼓励手机厂商加入其所谓开放手机联盟，以求发展和维持移动设备软件和硬件标准的开放进行了描述。阿马德奥对谷歌面向扩展开发人员关闭 AOSP 造成的影响进行了评价：

> 如果您使用任何谷歌 API，然后尝试在 Kindle 或由任何其他非谷歌版 AOSP 上运行您的应用程序：惊喜来了！您的应用程序坏了。谷歌安卓占有安卓市场相当高的百分比，开发商只有关心让自己的应用程序易于操作，运行顺畅，可以服务更多用户。谷歌 API 可以达到上述所有效果，但是副作用是您的应用程序现在只能在有谷歌企业应用套件许可的设备上使用。[20]

通过申请授权访问 AOSP 官方应用程序商店 Google Play，即使底层的技术是开源的，公司也能够对平台访问进行控制。通过这种方式，谷歌可以管理潜在的竞争，并为用户和开发人员提供一个更有秩序的技术环境。

这样的例子说明影响开放性决定的因素很复杂，也说明平台的赞助者和管理者需要不断地调整平衡以确保平台的活力，确保平台对不断增长的用户群有价值。

随着时间逐步开放：好处与风险

正如我们看到的，随着时间逐步开放可以帮助平台扩大并达到更强的网络效应。很少有像安卓系统这样的情况，它们可以选择随着时间的推移变得更加封闭。

是选择变得更加开放还是更加封闭大多取决于平台的最初结构是专有平台还是共享平台。专有平台由一家公司赞助、管理和全权控制，所以很自然地它只能变得更加开放。与之相反，一个完全开放、共享的平台（例如 Linux）只能变得更封闭。

正如我们在第 5 章提到的，关于平台启动的这一章，一个新的平台经常会选择在内部执行所有程序，仅仅是因为有没有商业伙伴愿意做出必要的投资。在这些情况下，雇员必须同时提供内容和策展。随着时间的推移，当平台发展起来并吸引外部开发人员时，开放模式可能会发生改变，也就意味着策展过程也需要进化发展。

一个前瞻性的平台管理团队必须设计出不断地评价平台的开放水平的方式方法。比较可取的是平台在不同时间进行开放决定时均使用一致的战略框架。最终，随着逐渐成熟的平台而将过程外放，从员工手中转到外部合作伙伴手中，它可能需要开发自动策展的算法，或把策展交给整个用户群。YouTube 现在很大程度上依靠其庞大的用户群为平台评价内容，提供反馈，标记不应出现在平台上的内容。

随着平台的开放政策进化发展，找到平衡是平台永远要面对的挑战。如果平台过于封闭，假如它用不合理以及任意收费的形式收取过高的租金，那么它的合作伙伴可能会拒绝对平台进行投资。另一方面，扩展开发者开始过于激进地介入平台和用户之间，平台也会遇到麻烦。如果某个开发者成功地取代了其他竞争对手，那么平台管理者要小心了，一定要确保这个开发者不是在寻求机会取代平台本身。

像这样在平台用户群控制方面的挑战有很多例子。总部设在德国的跨国巨头 SAP，主要业务是为大型企业生产用于管理其内部运作、客户关系和其他进程的软件。这家经营大型业务流程平台的跨国公司与总部设在美国的公司 ADP 联手，向它的用户提供工资单处理服务，以便可以利用 ADP 在云计算能力方面的高级访问特权。然而，ADP 自己就拥有大量的客户关系，可以作为平台宿主将客户链接到大量的数据、计算、存储合作伙伴。因此，这种伙伴关系给 ADP 创造了取代 SAP，成为客户关系的主要管理者的机会。这个例子就是一个平台管理者（SAP）面临被扩展开发人员（ADP）夺走客户的危险的例子。

平台的独特力量和价值在于它能够促进平台的外部用户彼此之间建立联系。但是，确定到底谁可以访问平台以及他们如何参与是极为复杂的问题，同时也与不断变化的战略息息相关。这就是开放的问题需要受到每个平台管理者高度重视的原因，而且不仅仅是在最初的设计过程中，还需要贯穿平台的整个生命周期。

本章小结

- 平台管理者需要面对的开放决策有三种：管理者/赞助人参与的决策、开发人员参与的决策、用户参与的决策。

- 平台的管理和赞助有三种控制形式：由某一家公司控制，由不同的公司控制、由公司集团控制。四种可能的组合形式会造成不同模式的开放与控制，各种模式都具有各自的优势和缺陷。

- 开放 / 封闭二分法不是简单的非黑即白、非此即彼。这之间有灰色地带，开放 / 封闭光谱上的每个点都有各自的优势和缺陷。有时候，相似的平台可以通过选择不同的开放政策展开竞争。

- 随着平台日益成熟，它也会越发开放。这就要求平台不断地重新评估和调整策展过程，以保证高品质的平台内容和服务价值。

第 8 章

治理：
提升价值和促进增长的策略

在 2015 年一季度，绿山咖啡（Keurig Green Mountain coffee）的总裁布莱恩·凯利（Brian P. Kelleg）出面做了一些解释。该公司刚刚推出了克里格 2.0（Keurig2.0）新一代的咖啡机，克里格咖啡机曾经被吹捧为食品饮料行业未来的王者。而目前的王者，也就是克里格 1.0 咖啡机已经走入了越来越多的家庭、办公室和酒店。凭借售价不菲的 K-Cup 咖啡，绿山咖啡已经从一家区域性的咖啡机厂商成长为一家市值超过 180 亿美元的公司。

然而，随着克里格 2.0 咖啡机的推出，克里格咖啡机的销量并没有进一步上升，反而下降了 12%。

问题要追溯到 2012 年，克里格咖啡机的关键专利：K-Cup 咖啡产品设计专利过期。竞争对手抓住这个时机，开始销售克里格咖啡机兼容的 K-Cup 咖啡，而且更为廉价。竞争对手就像（平台）外部的开发人员，为克里格咖啡机用户提供新的价值。当然，也正因为竞争对手的存在，原先的 K-Cup 咖啡领域遭遇激烈的竞争，绿山咖啡的市场份额也逐渐被蚕食。

为了给竞争对手强烈反击，绿山咖啡在克里格 2.0 咖啡机上增加了扫描识别功能，阻止使用其他不具有特殊专有标签的 K-Cup 咖啡。这时候消费者愤怒了。许多人在购物网站上指责克里格咖啡机。人们在 YouTube 观看克里格系统如何被破解的视频，破解之后的克里格咖啡机可以接受来自非克里格官方授权的 K-Cup 咖啡。消费者对于绿山咖啡这种"可笑的大公司所展现的贪婪"而感到痛惜，同时也哀叹亚马逊的评级系统无法给克里格的新一代产品以零星的评级。[1]

为了从克里格咖啡机这一平台获取更多的利润，绿山咖啡激怒了消费群体，并且丧失了更多的利润。咖啡行业的王者推翻了良好治理的三个基本原则：

- 持续为你服务的消费者创造价值。
- 不要用你的势利去改变目前对你有利的规则。
- 不要攫取超出自己应得的那份财富。

治理是一组关于谁来参与生态系统、如何进行价值分配，以及如何解决冲突的规则集。[2] 要想理解一个良好的社群治理模式就要理解如何去指挥策划一个生态系统的整套规则。[3]

绿山咖啡的失败在于没有进行很好的生态治理。克里格咖啡机其实就是一个简单的产品平台，服务于咖啡爱好者这个单一社群市场。如果克里格咖啡机能提供其他增值服务、兼容可供认证的其他 K-Cup 咖啡以及客户认可的其他高质量的服务，绿山咖啡可以打造一个饮料行业的生态系统，反而会更加成功。相反，绿山咖啡却选择剔除那些顾客认为的有价值的供应商以此重获控制权，而这些供应商的 K-Cup 种类繁多，允许顾客自由选择。克里格单方面破坏了所在生态系统的均衡态势，将自身利益单方面凌驾于其他竞争对手之上。因此，克里格咖啡机的用户成了输家，但是很快绿山咖啡也成了输家。

治理缘何重要：平台治理如同国家治理

良好治理的目标是创造财富，并且将财富公平地分配给所有为平台创造价值的人。正如我们在第 2 章中看到的一样，新技术驱动的社群，即所谓的平台企业，正在公司外部创造巨大的新的财富，这些外部的利益必须设计和管理得当。因为相对于在公司内部，这些价值创造网络的增长速度在公司外部增长得更为迅速，因此，合理的统治生态系统比只顾自己的治理策略更重要。

如果治理规则很难适用于像克里格咖啡机这样的单边平台，那么当平台多元化之后更难适用。毕竟，多边平台涉及众多的利益，并且很难达成一致。这使平台管理者很难保证所有参与方都能为彼此创造价值，而且各参与方产生冲突的可能性会很大，因此治理规则必须能够尽可能公正和有效地解决问题。

这很难达到一个完美的平衡，甚至商业巨头和天才都无法很好地解决。例如，Facebook 因其隐私保护政策而疏远了用户。[4] 领英通过关闭其 API 接口访问权限而惹怒了众多的开发者。[5] 推特允许用户相互骚扰的同时却剥夺了其生态系统中其他人员开发的技术而据为己有。推特 CEO 迪克·科斯特罗说道："我们不擅长处理这些滥用问题。"[6]

目前最大的平台商业所面临的治理问题的复杂性与国家的治理非常类似。Facebook 的用户数超过 15 亿，"管理"的"人口数"超过中国人口规模。谷歌占据美国搜索业务 64% 的份额，这一份额在欧洲则为 90%，而在中国，阿里巴巴每年处理超过 10 000 亿人民币（合 1620 亿美元）的在线交易，商业货运量占中国总货运量的 70%。[7] 这种规模的平台经济规模超过了其他很多国家经济规模的总和。难怪联合广场创投（Union Square Ventures）的合伙人布莱德·波恩曼（Brad Burnham）针对 Facebook 的虚拟货币表示："在线游戏应用的虚拟货币是个短命的系统。"[8] 同理，我们可能会问：相对于选择申请多边软件标准（正如我们在第 7 章中所看到的），在选择申请单边软件标准时，苹果公司会倾向于哪种对外政策？推特是遵循基于"国有"服务投资下的集权式发展，还是依赖于多元投资主体下的分散式发展的产业政策？

不管你喜欢与否，以上提到的这些公司已经成为关系数百万生命的非官方和非选举产生的监管机构了。为此，很多平台需要从城市和州省的治理经验中学习，因为政府治理有着历经千百年演变的成熟治理原则。类似于今天的平台商业，城市和州政府也一直在创造财富和公平分配上伤脑筋。越来越多的证据表明，在一个国家创造财富的能力中，治理能力是一项关键的重要因素，其重要程度超过其他价值非常明显的资产要素，比如自然资源、通航水道和良好的农业条件。

我们来看看一个现代化的国家——新加坡。1959年，当李光耀出任总理时，整个国家几乎没有任何天然资源，国防和淡水都要依赖马来亚联邦——马来西亚（1963建国）的前身。此外，该国腐败猖獗，人均国内生产总值低于430.9美元。[9]国内马来人和华人之间的种族冲突、穆斯林与佛教徒之间的宗教冲突，以及资本主义和社会主义之间的政治冲突掣肘整个国家的发展。

李光耀通过改变其国家治理系统，从而给新加坡经济重新注入了活力。他曾在伦敦政治经济学院求学，获得剑桥大学菲茨威廉学院的法学学士学位，李光耀把英国法律制度引入新加坡。接下来，他惩治了国家的腐败现象。为了预防贪污腐败现象，李光耀提升了公务员的工资，使之向私营企业看齐。新公务员任职时，必须穿白色的衣服以示廉洁。新加坡严格执行反腐制度：李光耀的坚定支持者、新加坡政府的环境部长在面临受贿罪指控的时候最终选择了自杀。[10]多元文化的议会促使越来越开放和公正的政府赋予各种宗教和民族团体更多的话语权。新加坡与新西兰、斯堪的纳维亚半岛上的北欧国家等成为世界上最廉洁的国家。某种程度上，政府廉洁是非常重要的，据统计，为一己私利而滥用公共权力的腐败指数每下降1%，相应的国民生产总值会增长1.7%。[11]

虽然李光耀的政见经常被西方国家所批评，但在这种良好的政府治理环境下，其经济发展的结果令人刮目相看。2015年，新加坡人均GDP为55 182美元，高于美国的人均GDP。从1965～2015年这50年间，新加坡的年平均增长率为6.69%，几乎比马来西亚（1965年，新加坡从马来西亚分离独立）的年均增长率高2个百分点。[12]

良好的政府治理对于财富创造的重要性还可以从类似的例子中看出，我们可以拿东德和朝鲜与西德和韩国相比，比较一下其国内生产总值和创新的增长率情况。[13] 很明显，这与良好的政府治理息息相关。

市场失灵及其原因

良好的治理对于国家和平台商业来说都是非常重要的，因为在绝对自由市场经济环境下，人和组织的互动如果没有规则、限制或保障措施的话，不会产生公正和令人满意的结果。

我们可以从 eBay 上找到一个例子，eBay 上的一些参与者知识更为丰富，市场嗅觉更为灵敏，甚至讨价还价的能力都要高人一筹。在大多数情况下，eBay 平台上的交易基本上都是公平的，即便在某些情况下会出现所谓的"胜利者"和"失败者"。交易被操纵甚至欺骗的情况也会时有发生。例如，eBay 的一些会员注意到一些没有经验的卖家很容易弄错物品的标签，比如拼写"Louis Vuitton"漏掉一个字母"t"，或者把"Abercrombie"和"Fitch"拼写为"Abercrombee"和"Fich"。某些中间商就开始利用这些错误从中牟利。中间商会在拍卖网站上积极寻找一些标签错误的物品，而这些物品往往容易被忽视掉，他们会以一个非常低的价格拍下，然后再标以正确的品牌标识进行转售。

一个著名的例子是一瓶古董啤酒的主人决定将已经保存 50 年的啤酒放到 eBay 上销售。不幸的是，啤酒的主人并不知道自己传家宝的真正价值。该啤酒酿造于 19 世纪 50 年代的一届啤酒酿造大赛上，这届啤酒酿造大赛的主旨是为到北极去寻找从大西洋到太平洋的西北航道的船员提供"维持生命的麦芽酒"。（当时，人们认为麦芽可以预防坏血病，人们对此深信不疑，尽管现在看起来是非常荒谬的。[14]）结果，远征失败了，但有一小部分麦芽酒与原酿被保存了下来，截至刚才提到的那瓶啤酒通过 eBay 进行销售时，已知存世的只有两瓶啤酒，这两瓶啤酒也被收藏家和历史爱好者所热切追捧。

由于卖家对此一无所知，且做事极为粗心，这瓶珍贵的啤酒在 eBay

上的标题是"用蜡密封的 Allsop 北极啤酒",并标以 299 美元的低价开盘竞标。而正确的拼写应该是"Allsopp",就少了一个字母"p",但足以迷惑本该会感兴趣的那些认真而严肃的收藏家。一个对错误标记敏感的捡漏者发现了卖家的这一失误,并且成为唯一的中标者。他以 304 美元的价格买下,并在成交三日后将其重新挂到了 eBay 上,结果众多收藏家获知消息后,这瓶珍贵的啤酒最终以超过 78 100 美元的价格卖出。[15]

刚才讲到的故事就是**市场失灵**(market failure)的典型案例——一个"好"的"交互"(市场公平而互利)没发生,但"坏"的交互出现了,在交互没有达成的情况下也是如此。如果你在 eBay 上没有找到想买的物品,那么一个好的交互就无法开展。但如果你的确在 eBay 上发现了你想买的物品,但是上当受骗被欺负,那么就产生了一次不好的交互。总的来说,市场失灵的主要原因有四种:**信息不对称**(information asymmetry)、**外部效应**(externalities)、**垄断**(monopoly power)和**风险**(risk)。

当一方比另一方了解更多的事实并以此谋利时,信息不对称的问题就产生了。举个假冒伪劣商品的例子,当卖家知道该商品是假的,但不通知买方,这就是利用信息不对称进行牟利。假货的例子举不胜举,比如音效质量糟糕的 Skullcandy 耳机、有断线的古驰(Gucci)手包、无法蓄电的金霸王电池、并非防摔碎的 OtterBox 手机套、不起作用的伟哥等。据估计,全球假冒伪劣商品的交易额超过 3500 亿美元,超过了毒品交易(估计为 3210 亿美元)的规模。[16]

当溢出成本或盈利累积到没有参与交互的人员时,**外部效应**(externalities)就发生了。想象一下,你的一个朋友把你的私人联系信息提供给游戏公司从而换取了几个虚拟的积分。这就是一个负面的交互,因为它侵犯了你的隐私权,所以它是一个**负外部效应**(negative externality)的例子。

正外部效应(positive externality)的概念相对来说有点模棱两可。

试想当网飞公司通过分析他人看电影的品位来匹配你的行为数据，并使用该数据来为你提供更准确的影视推荐时，这就是一个正外部效应，因为它为你提供了利益，而这些利益是基于交互的、没有直接参与的。正外部性的受益者一般不会抱怨——但从商业模式设计的角度思考，正外部效应还是有问题的，因为这些所显现出来的价值没有完全被平台所捕捉。在理想情况下，根据经济理论，每一份创造的价值在某种程度上都会被计量，而且应当全部归属于创造它的主体。

与正外部性密切相关的一个概念是**公共商品**（public good），它所创造出来的价值也没有被政客充分地捕获。通常情况下，个人几乎不会生产公共商品，除非政府设计了一些管理机制对个人进行表彰和奖励。

在一个生态系统中，当一个供应商对某种公众所求的产品拥有足够大的供应权，并利用此权利提高价格或捞取其他好处时，**垄断势力**（monopoly power）就产生了。2009～2010年是游戏制造商Zynga广受追捧的时候，Zynga在Facebook上过于强势，最终与Facebook在一些问题上产生冲突，比如用户信息共享、游戏收入的分成以及Zynga在社交网络上的广告费用。eBay网也经历过与所谓的强势卖家之间的类似问题。

风险（risk）是事物在本质上会产生不可预测的，可能会导致往坏的方向发展的，有可能会使好的交互变成坏的交互的一种可能性。不仅仅是在商业平台上，在所有的市场上，风险都是长期存在的。一个精心设计的市场通常会设计良好的规则和系统来降低风险，从而鼓励市场参与者产生更多的交易和互动。

治理工具：法律、规范、体系结构和市场

有关公司治理的文献巨多，特别是在金融领域中。然而，平台治理涉及许多传统金融理论容易忽略的设计原则。有关公司治理被引用最多

的是一篇调查文献,这篇文献的主要观点是"金融领域在进行资金借贷时只关心投资回报率"。[17] 本书的重点在于所有权和控制权分离下所产生的信息不对称问题——所有权和控制权的分离虽然是治理原则设计最为关键的因素,但远远不够。[18] 在用户所形成的社群和公司之间实现信息的对称同样重要,而且两者之间的利益必须捋顺。

此外,平台治理规则必须特别关注外部效应的问题。这是网络经济中常见的,当我们在审视网络效应时,已经发现网络对用户产生的溢出效应正是平台价值的真正来源。领悟到这种转变,公司的治理就必须从关注重点股东的价值转变为关注更广泛意义上的股东价值。

市场设计大师、诺贝尔奖得主、经济学家埃尔文·罗斯(Alvin Roth)提出了一个模型,运用四大广义杠杆来揭示市场失灵问题。[19] 根据罗斯的模型,一个设计良好的市场需要通过透明度、质量或者保险等来增强市场的**安全性**(safety),从而保证在市场上产生良好的互动。市场还要有人员**密集**(thickness),使多边市场的众多参与者都能便捷地找到交互对象;市场还要尽可能降低**拥挤**(congestion),在大量的市场参与者涌入或者质量不保之时,这些拥挤会妨碍信息搜索。市场要尽量减少**令人反感的活动**(repugnant activity),这就很好地解释了平台设计者禁止在iTunes上出现色情内容,禁止在阿里巴巴平台交易人体器官,以及禁止在Upwork网站上使用童工。依据罗斯理论,当市场管理者能够很好地使用这些杠杆来解决市场失灵问题时,就会产生良好的治理效果。

广义的平台治理从宪法学家劳伦斯·莱斯格(Lawrence Lessig)创建的国家治理模型中借鉴了许多,从而丰富了平台治理的视角。在莱斯格的模型中,控制系统包括四个主要工具:**法律、规范、体系结构与市场**。[20]

有个熟悉的例子可以用来解释这四种工具。假设一个地区的领导人意图减少吸烟的有害影响,可以通过以下手段:法律手段,可以通过制定一系列法律来禁止向未成年人出售香烟或禁止在公共场所吸烟；出台规范，通过文化影响形成非正式的行为规范，可以用社会压力或者广告来诋毁吸烟行为，并且让公众认为吸烟行为"并不酷"；体系结构设计，主要是进行设备的研发设计来减少吸烟带来的影响，例如，用来净化空气的空气净化器，或者可替代香烟的无烟设备等；使用市场机制，对烟草产品征税或者补贴"戒烟"项目。从历史上看，包括平台管理者在内的任何想要控制社会行为的人们，都使用了所有这四种工具。

平台管理者可以使用这四种工具作为治理系统来管理平台，我们来一一探讨这四种工具的应用方式。

法律（laws）。当然，法律是在国家层面进行制定和强制执行的。从传统意义上来说，法律适用于任何平台商业及其参与者。有时，有些法律执行起来非常棘手，比如风险管理的传统方式就是通过法律制裁市场规则的破坏者。然而，执行法律制裁时需要确定谁需要对出现的问题负责，谁应该承担责任，而在某些情况下确定这些问题并不是简单而直接的。

当涉及平台商业时，这也远不是一个纯粹的理论问题。我们之前已经提到过一些平台遭遇到的严重法律问题，比如在爱彼迎平台出租的房屋用于色情交易和狂欢晚会；通过克雷格网站上进行个人服务而遭遇谋杀。[21] 判例法制度一般不会让平台提供者对平台用户的罪行承担责任，即便平台所有者可以合理地规范和控制用户的行为。因此，就国家和地方的法律而言，个人平台参与者通常要承担这种不利因素带来的风险。（第11章会讨论监管的话题。）

应用莱斯格模型，"法律"这一工具在平台商业治理的过程中将我们引入一个全新的领域。平台中的"法律"是指一些明确的规则，例如由律师起草的服务条款，或者平台设计师拟定的利益相关者行为规则。这些法律能够在用户层面和生态系统层面之间进行调整。例如在用户层面,苹果公司的规则允许用户在多达六个设备或家庭成员之间共享数字内容,此规定既防止无限分享,又鼓励用户购买苹果的服务,同时制定了一个合理的分享机制。[22] 在生态系统层面,苹果规定所有应用程序开发者提交源代码用以审查,且苹果公司不承担源代码保密义务,这使苹果公司可以广泛推广最佳程序的运作方式。[23]

平台规则应当而且通常都是透明的。作为编程问答领域中最为成功的在线社区平台,Stack Overflow 提供了清晰的积分规则、权利以及积分所赋予的特权。1 点积分就拥有提问和回答问题的权利。15 点积分就可以对别人的内容进行投票。到了 125 点积分的时候,就有了可以否定其他人内容的权利,行使这项权利会消耗 1 点积分。到了 200 点时,会增加更多特权,比如可以用自己的特权屏蔽某些广告。Stack Overflow 这套系统拥有明确而透明的规则,通过鼓励其成员在平台上分享最佳见解,从而解决了一些公共商品的问题。[24]

"法律"的透明度原则可能会有例外且助长不良行为。约会交友网站有过惨痛的教训。当一些"跟踪者"被发现行为不端时,交友网站会应用一些规则迅速强制其下线,这些"跟踪者"很快会知晓如何避免触发这些规则。相反,如果平台给出的反馈延迟一段时间,这些"跟踪者"就难以知晓自己是如何被抓包的,从而无法开展违反规则的行为。

同样,在一个用户可以生成内容的网站上,当"喷子"的账户被删除后,"喷子"通常会以一个新的身份再次进行账户注册。智能平台的管理员会生成一些无聊讨厌的帖子,这些帖子只有"喷子"看得见。由于无法煽动社群情绪,最终,"喷子"只好撤退。

基本原则:使用法律来规范良好的行为时,反馈要及时、开放。使用法律来约束不良行为时,反馈要缓慢而不透明。

规范(norms)。任何一个平台(当然也包括商业平台)的最大资产之一就是拥有一个忠心耿耿的社群。社群不是偶然建立的。充满活力的社群是由专业的平台管理人员通过制定规范、建立文化、给予期待值等方式培养起来的，这样才会产生持续的价值来源。

iStockphoto 是目前世界上图片众包领域中最大的平台之一，其创始人布鲁斯·利文斯通（Bruce Livingstone）起初是通过直接邮寄 CD-ROM 的方式销售剪辑图片。随着业务的下滑，布鲁斯及他的合伙人极不情愿地看着自己的努力付之东流。所以，他们开始通过在线的方式免费展示图片资源。[25] 几个月内，这个平台被成千上万的人所知晓，人们不单会下载图片，也会分享自己所拥有的图片。为了解决布鲁斯所一直关心的图片质量问题，iStockphoto 会清除掉一些垃圾、色情和侵权的图片资源，而且要确保每一张图片都要经过 iStockphoto 审查员的审查。当然这也是一个艰苦和代价高昂的过程。布鲁斯每天都要工作 16 个小时。[26]

布鲁斯意识到依靠个人手工一件一件地进行审查远不能应对大量的图片资源，进而转向依靠群体进行筛选。他设计了一套系统，使上传内容质量高的人有机会成为审查员和社群的组织者。处理特殊类别图片的社群出现了。例如，图片可以链接到地理位置"纽约"或"食物"类。布鲁斯自己也在其平台上孜孜不倦地对图片进行表扬、提供反馈意见并建立自己的社群。Bitter（苦）是布鲁斯的网名，他定期在平台上发布一些有关平台页面的评论意见，从而促进各成员的工作，比如他说道："Delirium 又贴好消息了，Izusek 又上传好吃的食品系列。"[27]

正是依靠这些不懈的努力，布鲁斯建立了一整套能够对 iStockphoto 社群进行有效治理的强有力的规范。这些规范包括反馈、高质量的内容、开放式参与，以及达到权威水平所要经历的过程。应用这些规范之后，社群产生了大量可圈可点的图片，这都是非常经典和有价值的公共物品。

正如 iStockphoto 平台的案例所表明的，规范并不是凭空产生的。规范反映出行为，这就意味着规范可以通过对**行为设计**（behavior design）准则的明智选用而构建起来。

在广告和游戏开发领域工作的尼尔·艾亚尔（Nir Eyal），将行为设计描述为**触发**（trigger）、**行动**（action）、**奖励**（reward）和**投资**（investment）等组成的循环序列。[28]

触发是基于平台的信号、信息或者诸如电子邮件、网络连接、新闻条目或者应用程序的通知。触发器促使平台成员采取行动来进行响应。成员的行动会有相应的奖励，通常会是一些可变的或者没有预料到的奖励，因为存在诸如老虎机和彩票这一类利于各成员习惯养成的可变的奖励机制。最后，该平台要求成员投入时间、数据、社会资本或者资金。这些投资加深了参与者做出的承诺，强化了平台管理者乐于见到的行为模式。

下面这个例子是展示整个过程的。芭芭拉是 Facebook 的会员。一天，一张有趣的图片出现在芭芭拉的动态消息里面——可能是一张毛里岛美丽的阳光海滩的图片，这是芭芭拉最喜欢的度假胜地。这就是触发器。相应的行动应该设计得尽可能的简单，这张照片促使芭芭拉采取进一步的行动。在这种情况下，芭芭拉下一步就是要点击这张图片，接下来会转到 Pinterest 网站这一照片分享平台，这个平台对于芭芭拉来说是全新的。芭芭拉获得了回报：大量的各种诱人的图片呈现给她，以满足她的好奇心。（想象一下吧，一个题为"南太平洋最美的十个未知海滩"的图片集。）最后，Pinterest 网站会要求芭芭拉做一个小的投资。她可能会被要求邀请朋友、选择偏好、建立虚拟资产、学习 Pinterest 网站的特点等。[29] 所有的行动都会从一个新的触发器开始，周期循环。

就 Pinterest 网站的案例来说，这种行为设计系统培育了良好的规范，从而产生大量有价值的公共物品。当然，行为设计并不总是有利于参与者。它也可以被用来作为一种销售和操纵的工具，这就是为什么用户自己应该了解治理机制是如何运转的。

原则上，让系统治理下的参与者参与到系统的治理中来是可取的。第一位获得诺贝尔经济学奖的女性埃莉诺·奥斯特罗姆（Elinor

Ostrom），注意到那些成功地创造和管理公共物品的社区都要遵循几条规律：明确哪些人该享受社区福利，哪些人不该享受社区福利，并需要对此划清界限。那些受社区资源分配影响的人群就会辨别出他们可以影响决策过程的渠道。监督社区成员行为的人向社区负责。那些违反社区规则的人要受到不同程度的惩罚。社区成员都有权利使用低成本来解决系统争端。随着社区资源不断地增长，治理应当内嵌到其结构中，简单的问题由当地的用户群体进行解决；随着复杂性的增加，共有的社区问题则由更为重要和正式的组织进行管理。[30] 成功的平台社区中出现的规范一般都遵循奥斯特罗姆模型。

eBay 前高级副总裁杰夫·乔丹（Jeff Jordan），讲述了公司遇到的一个问题，即公司试图在传统的拍卖方式上添加一个固定价格出售的模式。[31] 两类市场参与主体对此反应完全不同。买家倾向于固定价格，但向 eBay 支付交易费率的卖家则担心固定价格模式会有效"杀死"拍卖模式下价格不断飙升产生的"金鹅"。

乔丹用来解决争端的过程与奥斯特罗姆的观点不谋而合。eBay 使用焦点小组和一个"声音"程序来反映用户的观点并测量他们情感的强度。乔丹的团队开始与卖家和买家进行详细的沟通来提醒双方规则的变化。他们对小范围的群体进行了测试，如果事态最终往不利的方向发展，测试团队会把事态扭转回来。最终，eBay 的领导层站在买家一边，他们认为卖家最终会留守在这个平台，因为他们坚信"消费者在哪，商人就会在哪。"[32] 结果，这项决策获得了成功。今天，以"立即付款购买"的固定价格定价的商品交易量占到 eBay 830 亿美元商品交易总量的 70%。

体系结构（architecture）。在平台经济的范畴中，体系结构基本上是指编程代码。一款精心设计的软件系统能够进行自我提升：他们鼓励并且奖励好的行为模式，从而会产生更多类似的好的行为。

诸如 P2P 贷款业务的网上银行平台，正使用软件算法来取代传统的、劳动密集型的、人工成本支出昂贵的借贷业务人员。网上银行平台使用信用评分这类常规数据，以及一些非传统数据来计算借款人偿还贷款的可能性。例如，商铺点评网 Yelp 的餐馆等级数据、借款人电子邮件的稳定性、是否与领英进行账号关联，甚至包括在申请贷款之前与贷款评估工具的交互数据。[33] 网上银行的平台架构能够更好地预测贷款人的行为，降低了参与风险，吸引了越来越多的贷款人开始通过网上银行进行贷款。与此同时，低的间接成本使平台可以提供更低的贷款利率，从而吸引更多的借款人。随着参与人数的增长，数据流量也进一步提升，周而复始，形成良性循环。

难怪像英国的 Zopa 公司这种 P2P 借贷平台获得了显著的成功。当 Zopa 公司很自豪地宣布自己已经提供了超过 10 亿美元的贷款时，本书的作者之一桑基特·保罗·丘达利在向 Zopa 公司的领导进行祝贺的同时，也礼貌地问道："贷款违约率难道不应该是衡量成功更重要的标志吗？"Zopa 公司进行了回应，宣称其贷款违约率已经从三年前的 0.6% 下降到了 0.2%。[34] 这是精心设计的平台体系结构的效果。

体系结构也用于防止和纠正市场失灵。回想一下 eBay 上利用卖家的拼写错误获利的中间商。尽管人们会为倒霉的卖家错过了最好的交易机会而鸣不平，但中间商也通过所谓的"套利"行为提供了市场流动性（归功于埃尔文·罗斯的模型里的人员"密集"）。如果没有人为拼写错误的拍卖物品出价，那么互动也就不会发生，套利者可以被视为提供了有价值的服务。然而，套利机会的存在也突显了市场效率的低下。eBay 如今已经使用了自动化的系统提供拼写辅助服务，所以卖家也有充足的信心能够获取应得的利益。在这种情况下，为了维护生态系统的整体利益，平台方会剥夺一些特殊利益相关者的利益，比如套利者。

纽约证券交易所的高速交易则提供了另一个例子。像高盛这样的公司使用超级计算机来计算一个市场的订单溢出到另一个市场的时间，接下来它们会乘虚而入，低买高卖，赚取差价。这种方法让那些有超级计算能力的市场参与者获得了很多不公平的优势。[35] 这种非对称的市场力量会驱逐那些以为自己受骗的市场参与者。为了解决这个问题，竞争交易系统（例如另类交易系统 IEX）用自己的超级计算机来精确地计算投标的顺序，从而使高盛的优势荡然无存。[36] 体系结构可以平衡市场竞争，使市场对所有人都是充分竞争和公平的。

2008 年，一种最具创新的体系结构控制形式出现了，一位自称中本聪（Satoshi Nakamoto）的编码天才在讨论信息加密的邮件组发表了一篇有关比特币，以及由所谓的数据区块链对此进行管理的论文。尽管比特币被认为是世界上第一种非铸造的数字货币，且不能由政府、银行或个人进行控制，但是数据区块链具有真正的创新性。比特币使得完全分布式的、完全可信的交互成为可能，而不需要任何第三方资金托管或者任何形式的担保。

数据区块链是一个分布式的公共记录账本，能够在一个区块上存储数据，同时又与其他的区块相连接。[37] 数据可以是任何东西：一项发明的证明日期、一辆汽车的产权标识或者是数字货币。任何人都可以验证你存储在区块链中的数据，因为数据有你公开的签名，但只有你有私钥，有权限查看和转移相关内容。就像是你的家庭地址，区块链就是公开的和可验证的，但只有获得许可的人才拥有钥匙。[38]

区块链协议使得分布或治理成为可能。通常情况下，当你在签订合同时，你必须信任对方以履行条款，或者依赖像国家这种权威中心，或者依赖类似 eBay 这样的托管服务机构来执行协议。公开的区块链拥有权赋予人们签署智能协议的权利，一旦合同条款触发将自动重新分配所有权。任何一方都不能退出，因为代码运行在一个分布式的公共机制中，而不受任何人的控制。区块链简单机械地执行。这些智能、自主的协议甚至可以为人们的工作产出付费——实际上，这是机器在雇用人类，而不是人类雇用机器了。

举个例子，想象一下一个婚礼摄像师和一对正在筹划他们婚礼的夫妇签订了一个智能协议。以区块链方式存储的合同可以对协议内容进行明确说明，即当编辑完成的照片文件以电子的方式提交给新婚夫妇时，以分期方式支付给摄影师的最后一部分费用会及时自动支付。这种带有自动数字触发的协议激励摄影师及时提供照片，同时也减轻了摄影师所关心的，即客户到时不支付费用的风险。

中本聪的发明诞生了一类新的平台，这类平台拥有开放的体系结构和治理模式，但没有中央集权。新的平台不需要"守门人"，这将给那类现有的依靠昂贵守门人的平台带来极大的压力。将来，那些仅因为转账就收取2%～4%交易费的金融服务机构将很难为自己辩解。

此外，尽管大多数平台能够解决特定参与者所拥有的市场权利问题，但中本聪的平台解决了平台自身的垄断问题。即便真实身份仍然是迷的中本聪也无法重写开源代码规则来偏袒一方而忽略另一方。

市场（markets）。市场可以通过机制设计和各种各样的激励来管理约束行为，不单是依靠货币刺激，还有三种人类原始动机，可以概括为快乐、名誉和财富。事实上，在很多平台上，货币的重要性远不如其他无形的、主观形式的价值激励，这类价值可以被称为"社会货币"。

社会货币背后的理念是要想获得就要付出。比如你"付出"了一张非常有趣的照片，你就会"获得"别人去分享这张照片。社会货币用来衡量关系的经济价值，包括收藏和分享。[39] 社会货币包括诸如一个人在 eBay 上建立的良好声誉、在 Reddit 发布的好的帖子，或者在 Stack Overflow 给出的好的答案。它还包括用户在推特上吸引的粉丝数量和在领英上获得的技能赞同数量。

iStockphoto 逐步进化成基于社会货币的市场机制来管理、交换照片。每下载一张照片需要花费下载者 1 个积分，同时原始上传者就会获得 1 个积分。[40] 每一个积分也可以以 25 美分的价格购买，当积分累积价值达到 100 美元的时候，摄影师可以收到积分累积兑换成的现金。该系统给专业摄影师和非专业摄影师创造了一个公平的社会交易平台。该机制在鼓励"供给"的同时，也增强了市场人员的"密集性"，从而催生了微利图片产业。

社会货币有一个显著的、被低估的特性。我们甚至可以用它们来回答布拉德·伯恩汉姆（Brad Burnham）提出的有关平台的"货币政策"这一有趣的问题。

企业管理平台公司 SAP 使用像 iStockphoto 或者 Stack Overflow 使用的社会货币来鼓励开发者回答其他人提出的问题。当一个开发公司的员工回答一个问题时会获得一定的积分，该积分会被记入该公司的账户；当公司的帐户积分达到一个指定的水平时，SAP 会为该公司选择的一个慈善基金慷慨解囊。该系统已经为 SAP 公司在技术支持方面节省了 6 亿～8 亿美元的支出，并且产生了许多新的产品和服务理念，平均响应时间也从 SAP 公司所承诺的 1 个工作日降低到了 30 分钟。[41] SAP 估计这些知识溢出为每一位典型的企业软件合作伙伴带来了约 50 万美元的回报。[42]

更有趣的是，SAP 使用了"社会货币供应"来刺激开发人员，与美国联邦储备局使用增加货币供应的方式来刺激美国经济的发展异曲同工。当 SAP 引入了一个新的客户关系管理（CRM）产品时，任何与 CRM 相关的答案、代码或者白皮书，SAP 都提供了双倍的积分激励。在采取"货币扩张"政策的两个月，开发者以极快的速度向现有软件添加新的功能。[43] 社会货币供应量的流量增加能够刺激整个经济产出的增长。事实上，SAP 正是采用了扩张性的"货币政策"来刺激增长——并且奏效了。

除了促进经济增长之外，良好的市场机制也可以激励知识产权的创造和分享，并且能降低平台上各利益相关者的参与风险。

美妙而适用的理念就是公共物品。这就提出了一个问题：平台企业最优的知识产权政策是什么？如果开发者在平台上产生了新的有价值的理念，那么所有者是谁，是开发者还是平台方？可以想像一下双方在这个问题上的争论点。所有权归属于开发者的话会激励开发者创造更多的理念。所有权归于平台方的话，将有利于标准化和共享化，并且能够丰富整个生态系统。而涉及专利和其他形式的知识产权保护的国家法律执行起来显得笨拙和昂贵。因此，一个更加简洁的基于平台的解决方案是必需的。

SAP 通过两种做法已经解决了这个问题。首先，它出版未来 18～24 个月路线图来指示将来会为它的企业客户提供什么新的产品和服务。这不仅告诉 SAP 的外部开发者，SAP 会为自己的创新提供何种数字不动产，而且还给这些外部开发者两年的时间来应对竞争。为期两年的窗口期可以作为一个隐喻专利期。[44] 其次，SAP 制定了一项政策，就是与开发者进行经济上的合作，或者以公平的价格进行买断。这就确保了开发者的工作都能得到合理的补偿，降低了合作伙伴的风险，并鼓励外部投资者投资 SAP 平台。

如何降低平台的风险是个长期的问题。历史表明，一般平台所有者都会寻找方法来回避为平台参与者所面临的风险承担责任，尤其是在平台建立的早期阶段。例如，20 世纪 60 年代，信用卡公司作为商户和持卡人的双边平台，拒绝为持卡人提供欺诈保险。信用卡公司认为保险会促进欺诈行为的发生，因为消费者对信用卡会变得更加粗心大意，而银行也会面临更多的风险，从而不愿意扩大信贷，最终会伤害低收入的消费者。

在各大银行的强烈反对下，《公平信用报告法案》（1970）和随后的修正案要求消费者购买欺诈保险，欺诈性使用信用卡的消费者承担费用的限额为 50 美元。然而信用卡公司预测的灾难后果并没有发生。由于摆脱了对欺诈性使用信用卡的恐惧，消费者的信用卡使用量剧增，从而抵消了欺诈行为的增长量。欺诈保险带来的商业利益非常巨大，为了鼓励人们开通和使用信用卡，在信用卡丢失或者被盗的情况下，只要消费者在 24 小时内挂失，许多银行如今已经放弃了收取 50 美元的费用。[45]

近年来，新的平台企业都犯了与 20 世纪 60 年代的信用卡公司所犯的同样的错误。最初，爱彼迎拒绝赔偿房主来应对客人的不良行为，优步拒绝为乘客提供保险来应对不良驾驶行为的司机。[46] 而最终，这两家公司都意识到，这种"拒绝"都阻碍了各自平台的发展。如今，正如我们所注意到的一样，爱彼迎推出了最高金额可达 100 万美元的房东责任险，优步与保险公司合作，为司机提供保险。[47]

平台方不应试图最大限度地减少自己的风险，而应该使用诸如风险分担和保险等市场机制以减少参与者的风险，从而最大限度地提高整体价值。好的治理意味着要维护生态系统中的每一位合作伙伴的利益。

平台智能自我治理原则

国王和征服者喜欢制定规则，他们不喜欢遵守规则。然而，当智能治理规则应用于平台公司以及平台合作伙伴和参与者时，效果显而易见。

平台智能自我治理的第一大原则是**内部透明化**（internal transparency）。在平台中的公司，像在所有的实体组织中一样，部门都有一种"孤立化"的倾向，拥有独特的视角、语言、系统、流程以及工具，这些在外人看来是难以理解的，即便在同一家公司的另外一个部门看来也是如此。这会导致解决跨越两个或者多个部门的复杂的、大规模的问题时非常困难，因为不同的工作团队缺乏共同语言或者工具集。这也会使包括平台用户和开发者在内的外在人员很难与平台的管理团队共同开展有效的工作。

为了避免这种机能失调，平台管理者应该努力给跨平台的所有业务部门一个明确而透明的观点。这种透明度能够促进一致性，帮助他人开发和使用关键的资源，并促进规模增长。

在所谓的 Yegge Rant 上，史提夫·耶奇（Steve Yegge）对亚马逊的 CEO 杰夫·贝佐斯（Jeff Bezos）下达的任务进行了总结，捕捉到了这一原则的精髓。贝佐斯坚持认为亚马逊的所有团队成员必须学会使用"服务接口"与其他成员进行沟通，服务接口这一数据通信工具要设计得清晰、易懂，不仅对组织中的所有成员，对于外部的用户和合作伙伴来说都是有用的。"服务接口"的理念是对待与业务有关的任何人都要像对待那些需要合法和重要信息的客户一样，当然也包括组织中其他部门的同事，你都有责任去满足"客户"的需求。以下是 Yegge Rant 上提出的七条规则：

1. 从此以后，所有的团队将通过服务接口公开数据和功能。

2. 团队必须通过接口相互沟通。

3. 不允许任何其他形式的进程间通信：不允许直接连接，不能直接读取其他团队的存储数据，没有共享存储模式，没有任何后门。唯一允许的通信是通过网络上的服务接口调用。

4. 使用什么技术并不重要。http、Corba、Pubsub、自定义协议等都可以。这对于贝佐斯来说无关紧要。

5. 所有的服务接口无一例外地都要被从基层起就设计成面向外部开发者的。也就是说，团队必须计划和设计能够兼容外部开发人员的接口。没有例外。

6. 任何不按这些要求行事的人都会被解雇。

7. 谢谢你：祝你度过美好的一天！

透明度原则的应用是亚马逊网络服务平台（AWS），即其巨型云服务公司成功的基础。亚马逊的技术副总裁安德鲁·贾西（Andrew Jassy）曾观察到亚马逊不同的部门都在开发 WEB 服务进行存储、搜索和数据通信。[48] 贾西敦促这些不同的项目组合成一个明确的、灵活的、综合可理解的协议集，这样做可以让公司所有的人都能获取并利用亚马逊庞大的数据资源。

更重要的是，贾西认识到解决这个问题可以使亚马逊拥有更丰富的外部应用程序。他认为，如果亚马逊内的多个业务单元解决了这个问题，那么这个可靠的数据管理服务对于外部有类似需求的公司来说可能是有用的。AWS 应运而生，这是第一个面向具有海量数据的公司提供信息存储管理和专业服务的云服务平台。正是贾西的独特眼光，AWS 独占鳌头，霸居比其后 12 个云服务的总和还要多的市场份额。[49]

相比之下，那些自裹手脚无法纵观全局的公司很可能无法建立更大规模的平台。

索尼公司提供了一个令人深思的例子。自 20 世纪 70 年代以来，索尼随身听主宰着便携式音乐的市场。2007 年，当苹果推出 iPhone 的时候，索尼在电子设备世界中的霸主地位似乎仍不可动摇。索尼拥有流行于世的 MP3 播放器，有先锋级的电子阅读器，能制造出世界上最好的相机。在那一年的秋天，索尼推出了下一代便携式游戏机 PlayStation Portable（PSP），这是世界上最好的游戏设备。索尼甚至控股时代华纳的影视制作公司，提供独一无二的作品内容。然而，尽管有这些优势，但索尼从来没有想过要开发出一个平台。相反，索尼公司专注于各自独立的产品线，并专注于个人系统。

索尼孤立的企业愿景让其无法创建一个统一标准的平台生态系统。几年之内，苹果公司 iPhone 手机及其应用程序依靠其快速生长的平台已经席卷了该领域。在 2008 年次贷经济危机过后的两年中，索尼的股价仍然低于其之前的 1/3，而苹果公司的股价已经飙升至历史最高水平。

平台自治的第二大原则是**参与度**（participation）。在内部决策过程中，平台管理者给予外部合作伙伴和利益相关者的话语权应当等同于内部利益相关者，这是至关重要的。否则，平台管理者做出的决定将不可避免地倾向于平台本身，最终将会疏远外部合作伙伴，并导致合作伙伴放弃平台。

在《平台领导力》（*Platform Leadership*）一书中，安娜贝勒·加维尔（Annabelle Gawer）和迈克尔·库苏马诺（Michael A. Cusumano）提供了一个非常生动的例子，给予伙伴话语权是最伟大的平台治理。由英特尔推动的生态系统建立在通用串行总线（USB）的基础上，USB 是方便电脑与外接设备进行数据传输的第一标准，外接设备包括键盘、存储器、显示器、摄像机、网络连接器等。然而，外围设备都在英特尔的核心芯片业务之外。[50] 这意味着英特尔面临着一个特别棘手的鸡生蛋还是蛋生鸡的问题，该问题我们在第 5 章讨论过。没有人愿意生产还无人使用的计算机的外围设备，同样也没有人愿意购买一台没有外围设备可以使用的计算机。潜在的硬件合作伙伴不愿意与英特尔公司合作，因为作为标准的所有者，英特尔公司有权利在未来改变标准，使竞争对手的产品与其不兼容，从合作伙伴身上获取到所有的长期价值。

英特尔将 USB 的研发委托给英特尔的架构实验室部门（IAL）来破解鸡或蛋的难题。作为一个新的业务部门，IAL 不隶属于任何内部的产品线。只有具有独立性，IAL 才能作为生态系统合作伙伴和内部业务单元之间的中间人角色，来协调两者之间的利益。IAL 通过提倡和制定促进生态系统健康发展的政策来赢得合作伙伴的信任，即便牺牲了内部业务单元的一些利益。在一年的时间里，IAL 团队走访了超过 50 家公司，邀请这些公司协助定义标准和设计许可证。通过 IAL，英特尔公司还承诺绝不侵害合作伙伴的市场。英特尔公司利用声誉和合同对自身未来的行为进行了规范和限制。（见下方小栏目中 IAL 的自我治理的原则。）

这些努力得到了回报。康柏、DEC、IBM、英特尔、微软、NEC、北电七家公司组成的联合体联合为 USB 背书，这一标准成功应用了许多年。

这使我们回到了在本章早期介绍的深层设计原则：公正和公平的治理可以创造财富。我们看到这一原则在新加坡经济迅速发展这个例子上的应用，也在 IAL 和 USB 标准的案例上看到这一原则的应用。

遵循英特尔架构实验室推出 USB 标准的自我治理规则

1. 在关键的决策中给客户话语权。在处理冲突问题的时候，使用"中国墙"隔离出一个独立的业务单元。

2. 建立信任合作关系，开放的标准必须保持开放状态。

3. 公平地对待所有人的知识产权。

4. 建立并传送一个清晰的路线图，持之以恒。承诺的所有行为必须讲信用。

5. 保留进入具有重要战略意义的市场的权利，并进行公告。不要让人大跌眼镜，不要对新闻的发布厚此薄彼。

6. 在大投资的情况下，进行风险分担的同时用自己的资金下赌注。

7. 不要承诺不会改变平台。承诺要提前通知，在平台与合作伙伴之间，有福同享，有难同当。

8. 为资产规模不同的合作伙伴提供不同的服务是可以的。只要确保每个人都知道这些资格条件。

> 9.促进合作伙伴的财务长期健康,特别是小型合作伙伴的财务健康。
>
> 10.随着平台公司的成熟,更多的决策会青睐于从核心平台向外部拓展,从而对现有平台进行补充,将那些有可能吞食平台的新业务纳入麾下。[51]

公平通过两种方式推动财富的创造。[52]首先,如果你公平地对待别人,别人会更有可能分享他们的想法。有了更多的想法就能产生更多的机会去融入、匹配和改造,从而产生创新。

其次,马歇尔 W. 范·埃尔斯泰恩已证明公平治理使市场参与者配置资源更为明智和有效。[53]回想一下 USB 标准的例子,如果参与制定标准的七家公司都公平地获得相应的市场份额,那么每家公司都会愿意参与标准制定。相比之下,如果其中五家公司入伙来窃取其他两家公司的价值,而这两家公司知道这可能会发生,那么这两家公司可能永远不会加入联盟。如果存在这种可能性,USB 标准就很可能瓦解,造成多家标准竞争的局面,更为糟糕的是,可能会阻止任何标准的产生与发展。

这并不是说,公平总是能创造财富或者说没有公平就不会产生财富。绿山咖啡、苹果、Facebook 及其他公司都曾经怠慢它们的合作伙伴,但财富增长迅速。但从长远来看,生态系统的公平参与会比平台拥有者没有约束一人说了算的机制创造出更多的财富。许多平台管理者选择制定有利于自己而不是用户的治理原则。然而,尊重用户的平台能够获得更多的用户回报,最终双方都将获利。

治理将永远不会尽善尽美。无论在什么规则下,合作伙伴都会发现一些新的利己情形。信息不对称和外部效应是一直存在的。只要存在交互就会产生一些难题,难题导致干预,从而又产生新的难题。事实上,如果好的治理允许第三方进行创新，那么在创造了价值的同时，如何控制新的价值又成为新的争论焦点。

当这样的冲突出现时，治理决策应该有利于新价值的最大化，或者是有利于市场往好的方向发展，而不是原地不动。那些选择维护已有市场和价值的公司终会停滞不前，例如微软曾经的做法。因此，治理机制必须是能够自我修复和改进的。复杂的治理在"自我设计"这个层面上是效率最高的。鼓励平台成员为了更新规则，必要时可以进行自由合作和大胆实验。治理不应该是静态的。当有变化的迹象出现时，例如平台用户产生新行为、平台和用户间爆发不可预料的冲突或新竞争者侵犯平台利益的时候，相关的信息应迅速通过组织进行传播，鼓励创造性的对话，探讨治理系统应当如何应对。

无论你的平台处于什么样的商业和社会生态系统中，总是包括快速变化和缓慢移动的部分。智能治理系统应该灵活应对。[54]

本章小结

- 治理是必要的，因为绝对自由市场很容易失灵。
- 市场失灵一般是由信息不对称、外部效应、垄断性权力和风险造成的。良好的治理有助于防止和减轻市场失灵。
- 平台治理的基本工具包括法律、规范、体系结构和市场。为了鼓励平台参与者积极参与，产生良好的互动，抑制不良的互动，每个工具必须小心设计和应用。
- 自我治理也是有效平台管理的关键。良好的平台管理遵循透明度和参与度的原则，运行良好的平台会治理自身的行为活动。

第 9 章

衡量指标：
平台管理者如何衡量真正重要的事项

领导者需要不断关注一些关键指标来指导其行动。在人类活动的各个领域（包括从商业、政府到战争），数千年以来一直如此。例如，乔纳森·罗斯（Jonathan Roths）对于尤利乌斯·凯撒（Julius Caesar）的军队在高卢之战（公元前58—50年）中取胜的关键因素分析如下：

> 罗马军队携带了充足的物资走向战场，包括：衣物、盔甲、先进武器、箭矢、帐篷、移动防御工事、炊具、医药用品、书写工具……但是，古代军队所需物资中约90%的重量都来自于三样东西：食物、草料和木柴。军队的所有军事决策，从基本的战略方针到最小的战术行动均受到这三种物资供应的影响，而且这三种物资供应通常起到决定性作用。[1]

根据兵马数量，凯撒的军需官可以快速确定还可以行军的距离，以及在下次军需补给前军队还可以作战的时间，他们只需计算将士食物、兵马草料和取暖烹饪的木柴数量即可。这三个关键衡量指标直接决定了凯撒最基础战略的选择。

具有线性价值链（管道）的传统营利性公司的领导者同样在利用一套相对有限的标准衡量指标来取得成功。例如，生产汽车或洗衣机等商品的公司必须采购原材料或零部件，然后将其组装成成品，再通过各种销售和营销管道向终端客户销售。整个过程的细节可能非常复杂，但是只要收入超出补偿管道中所有参与者的总成本，并且利润足以防御风险和支付未来发展成本，就算一切顺利。虽然管道上的生产线工人和中层管理者需要专注执行设计、制造、生产、营销和交付等具体活动，但是高层管理者以及董事会和外部投资者可以通过关注几个重要的数字，快速判断该企业的相对运营状况。

管道企业的传统衡量指标对于大多数管理者来说并不陌生，其中包括现金流、库存周转率和营业收入。将这些指标相结合即可有效呈现一家企业业务的粗略状况，而其简洁明了的特性可以帮助公司领导者时刻掌握对于其获得长远成功而言很重要的一些因素，且不至于因其他细枝末节而分散精力。

从管道到平台：新的衡量挑战

遗憾的是，用于管理和运营管道企业的传统衡量指标在平台环境下快速土崩瓦解，而开发有效地衡量平台企业真正运营状况和发展前景的替代衡量指标却绝非易事。

下面我们来看一下 BranchOut 的案例。BranchOut 成立于 2010 年 7 月，是一个社交求职平台。它主要基于一款应用，让用户可以通过 Facebook 进行社交求职。不妨将 BranchOut 视为依托于庞大的 Facebook 网络的一种领英变体。在 BranchOut 平台上，大多数工作不是通过招聘广告或网络发帖子获得的，而是通过朋友介绍，很多人不由得赞叹这是一项杰出的创新。BranchOut 的创始人兼首席执行官里克·马里尼（Rick Marini）成功通过三轮融资吸引了 4900 万美元的投资。

该公司一跃成为社交求职领域的领导者，发展速度之快令人震惊。从 2012 年春季到夏季，BranchOut 用户数量从不足 100 万扩大到了 3300 万之多。不过，这个巨大的泡沫很快就发生了爆炸。在接下来不到四个月的时间里，其成员数量飞速降至不足两百万。到次年夏季，该公司尝试探索全新的企业战略，期望成为一个"工作聊天"平台，供一些同事团队用于保持联系。里克·马里尼向记者承认："目前，活跃的用户不是很多"，同时他也表示 BranchOut "没有失败，仍然在运营"。[2]

一些分析报告纷纷指出了导致 BranchOut 倒下的很多原因。一些人将之归咎于 Facebook 应用开发平台的变动，称其影响了 BranchOut 的通信系统。另一些人则指出，将求职功能与 Facebook 社交网络环境相结合的整个创意都是误入歧途。一名观察者指出："找工作压力很大，并且涉及很多事项。每当和朋友出去玩，我最不愿谈及的事情就是我找工作的问题。我想逃避这个问题。"[3]

这些可能是导致 BranchOut 失败的一些因素。但是，BranchOut 犯下的最严重的错误似乎是关注并衡量不正确的指标。在 2012 年中期决定命运的那几个月里，BranchOut 花费了大量投资资金促使"活跃"用户注册数量的快速激增，将重心指向了提高会员数量上。他们奖励用户邀请尽可能多的好友，这使得 Facebook 会员纷纷邀请其朋友圈里的每个人都加入 BranchOut。网络空间里充斥着数亿万份邀请，BranchOut 的注册量飞速增长。[4]

但是，单靠会员名单上的会员姓名和电子邮件地址并不足以保证平台能够取得成功。真正重要的是会员的活动，是平台用户体验到的令人满意的社交活动次数。如果 BranchOut 像其跟踪会员数量那样勤勉地跟踪会员活动量，就可能会意识到他们的数百万名会员并没有通过他们这项服务获得多大价值，这当然会导致会员数量急速下降。

BranchOut 的案例说明了关于平台领域的一个重要事实：正如平台改革了传统的价值链、竞争策略和管理方法，平台因此也要求采用新的内部衡量形式。

我们来短暂回顾一下管道管理者最常用的衡量指标：其中关键数字指标包括现金流、库存周转率和营业收入等，还有一些辅助衡量指标，例如毛利润、间接成本和投资回报率。这些指标工具，加上其各种变化形式，有助于衡量同一件事情：管道内价值流动的效率。成功的管道企业需要以最低的资源浪费率生产产品和服务，然后通过管理有方的营销、销售和分销系统将大量的此类产品与服务交付至客户，从而获得足以远超出成本的收入，并产生利润以回报投资者及支持后续发展。

管道衡量指标旨在衡量从管道的一端到另一端的这种价值流的效率。这些指标可以帮助管理者发现价值流中要求提高流程效率或改善系统的瓶颈、僵局和故障，从而促进整个管道产生更大、更快和更多的价值流。因此，当像库存周转率这样的统计数据意外地急转直下时，通常表明库存过多、产品过时或营销失败，而库存周转率过高则表明库存不足，进而会导致损失销售机会。谨慎监控这些衡量指标可以帮助管理者做出必要的调整，保持企业正常运转。

当我们将关注点转移到平台企业上时，这种（无可否认已经进行了简化的）分析就行不通了。正如我们所看到的，平台主要是通过网络效应的影响创造价值。平台管理者如果要寻求反映其企业真正运营状况的衡量指标，则需要关注积极的网络效应和推动网络效应的平台活动。

具体而言，平台衡量指标需要衡量交互成功率及其促进因素。平台的存在就是为了促进用户之间的积极交互，尤其是生产者和有价值的消费者之间的积极交互。平台创造的积极交互数量越大，就能吸引越多的用户加入平台，而且用户会越迫切地在平台上参与各种活动和交互。因此，最重要的衡量指标是量化平台培养可持续重复的理想交互。最终，可以发现核心衡量指标就是积极的网络效应和为参与其中的每个人（包括平台用户，以及平台赞助商和运营者）创造的巨大价值。

请注意这种核心衡量指标与管道核心衡量指标之间的差异。管道管理者关心的是从管道一端到另一端的价值流，而平台管理者关心的是通过其生态系统创造、分享和实现的价值，后者可能发生在平台上，也可能发生在其他地方。对于管道管理者，流程效率和系统改善可能很重要，但前提是这些流程和系统能够促进用户之间的成功交互。平台管理者必须持续关注的一大目标是为平台的所有用户创造价值，这样才能加强这个社区，改善其长期运营的状况和活力，并且促进积极网络效应的持续增加。

设计跟踪平台生命周期的衡量指标

在本章，我们将探讨在一个平台从初创到成熟的整个生命周期中，与平台企业制定和使用适当的衡量指标相关的一些主要问题。在初创阶段，必须制定简单的衡量指标来指导围绕平台设计和发布等一系列重要问题的相关决策。其中，这些重要问题包括设计核心交互；开发有效的工具来拉动用户，促进交互并将生产者与消费者匹配；创建高效的内容管理系统；就平台对于各种参与者的开放程度问题进行决策。

特别是，公司在初创阶段必须跟踪其最重要资产，即参与大量成功交互的活跃生产者和消费者的增长情况。这些用户及其参与的交互是产生积极网络效应，进而促进平台取得成功的关键。请注意，一些通常被认为在管道企业初期很重要的传统衡量指标，例如收入、现金流、利润等，对于评估初创阶段的平台企业基本上没有什么作用。

一旦平台达到了临界用户数量，并且用户正在从平台获得很大价值，则衡量指标的重点可以从客户保持率和活跃用户到付费客户转化率上。在此阶段，赚钱成为一个重要问题。正如在第 6 章解释过的，关于如何利用平台赚钱的决策很复杂。平台管理者需要设计出一些关注于赚钱这一核心问题的衡量指标，例如，哪些用户群从平台活动中获益最多？哪些用户群可能需要获得补贴，才能确保其继续参与？平台促进创造的价值中有多少是在平台上创造的，而不是在平台外创造的？通过提高内容管理等服务可以创造多大的附加值？平台外的哪些用户群可能会通过接触平台上的特定用户群发现价值？最重要的是，平台怎样才能合理地捕获和保留在平台上所创造价值中的一部分，同时不妨碍其网络效应的持续增长？在此增长阶段，合理设计的衡量指标有助于平台管理者找到此类问题的准确答案。

最后，随着平台的日益成熟，并且开发出了可以自行维持的业务模式，其所面临的留住用户和促进增长的挑战又将要求平台进行创新。这是保持和提高相对于竞争平台的企业价值定位的最佳方式。这时候衡量指标必须敏感地衡量用户的持续参与度及其在平台上继续发现创造价值的新方法的情况，必须能够长期衡量和跟踪记录生产者与消费者重复参与平台活动并随着时间推移提升其参与度的情况。

其他的竞争问题包括，类似平台能否抢夺该平台的全部用户，并降低该平台的竞争优势，以及该平台的参与者（例如扩展开发者）能否自己创建平台并最终将用户拉走。这些问题也要求制定相应的衡量指标，使平台管理者可以识别此类风险并及时做出响应。

第 1 阶段：初创阶段的衡量指标

作为初创公司，无论是按管道公司，还是平台公司来运营，通常资源都非常有限。由于资金、时间和人才都很宝贵，人们会发现自己身兼数职，而且对于有的领域，他们完全不熟悉。在这种环境中，决定向哪些类别的信息分配资源以进行收集和处理既重要又具有挑战性。

此外，在初创企业环境中适用的衡量指标的类别可能与传统成熟企业中应用的衡量指标截然不同。企业家德里克·西弗斯（Derek Sivers）是这样描述此问题：

> 用于一般管理的大多数工具都无法在初创企业蓬勃发展，并充满不确定性的贫瘠土壤中生根发芽。未来不可预测，客户面临越来越多的选择，变革的步伐日益加快。不过，大多数无论是尚在摸索阶段，还是初具企业雏形的初创企业，仍然通过使用标准预测指标、产品阶段任务和详细的业务计划进行管理。[5]

那么，在一家平台企业的初创阶段，哪些是最重要的衡量指标？平台管理者应该关注核心交互活动，及其为平台上的生产者和消费者创造的利益。要界定一个平台成功与否，以及明确如何进行改善，可以使用三项主要的衡量指标：流动性、匹配质量以及信任度。

在平台市场上，**流动性**（liquidity）是指一种状态，在这种状态下，有最低数量的生产者和消费者，而且成功交互的百分比很高。实现了流动性，交互失败的数量就会最小化，而且用户访问平台的需求通常会在合理的时间内得到满足。在平台的生命周期中，实现流动性是首要问题，而且也是最重要的阶段任务。因此，在平台的最初几个月内，最有价值的衡量指标应有助于确定什么时间能实现流动性。根据平台运行的精确程度及其用户群的性质，这个指标的衡量准则会有所差异。

衡量流动性的一种合理的方法是跟踪在特定时间段内导致交互的产品百分比。当然，对于"交互"和适当时间段的定义都因市场类别而异。在信息和娱乐平台上，交互可能是指消费者从标题一路点击进入完整故事；在销售平台上，交互可能是指购买产品；在求职社交平台上，交互可能是指提供建议，交换联系人信息，或回复讨论区的某个问题。任何这些交互都意味着用户参与度的提高，而且代表用户认可、使用和享受平台上提供的价值的时刻。

从负面看，必须注意和跟踪非流动情况的发生。这类情况是指无法出现所需的交互，例如，优步用户打开应用，却发现没有可用车辆。非流动情况会打消用户参与平台的积极性，因此必须尽可能减少这种情况。

请注意，用户对平台的忠诚度和积极使用才是衡量平台采用率的重要指标，而不是用户注册量。这也是我们对于流动性的定义既包括用户总量，又包括所发生的交互量的原因所在。如果新的报告和投资者定位注重获得巨大的平台会员总量，则会产生很大的误导性，而且可能预示着平台还远没有非常强大，而是正努力地将好奇围观者转化为活跃参与者和价值创造者。

此外，还应注意最有意义的衡量指标应该具有可比性，能够有效区分用户群或时间段。这是《精益分析》（*Lean Analytics*）的作者阿利斯蒂尔·克罗尔（Alistair Croll）和本杰明·尤科维奇（Benjamin Yoskovitz）提出的一条有用的建议。本身就具有比较性的衡量指标的一个最好示例是比例或比率，其计算方式为：用一个数字除以另一个数字。例如用活跃用户数量除以总用户数量计算得出的活跃用户比例，或用新活跃用户数量除以总活跃用户数量得出的活跃用户增长率。[6]

对于初创平台，第二类重要的衡量指标是**匹配质量**（matching quality）。此指标是指在用户搜索可以与之一起进行价值创造活动的其他用户时，平台向用户提供的搜索算法准确性和导航工具直观性。匹配质量对于实现价值，刺激长期增长，以及促进平台取得成功至关重要。可以通过卓越的**产品**（product）或**服务**（service）内容管理实现匹配质量。

顾名思义，匹配质量与平台上产品或服务的提供效率密切相关。用户参与平台时通常带有非常大的交互意图，他们希望尽快找到他们所要寻找的东西。匹配的精确度会使用户搜索成本下降，也就是说，他们只需投入更少的时间、精力和其他资源即可找到他们想要的匹配项。因此，如果平台能够快速、准确地将一个用户与另一个用户关联，这些用户就可能成为这个平台的活跃参与者和长期成员；如果匹配质量很差、缓慢、令人失望，用户数量就会快速下降，交互也将越来越少，因此平台必定夭折。

当然，有必要将"匹配质量"这个抽象概念转化为一个具有明确可操作性定义的具体量，从而成为一种有意义的衡量指标的基础。有一种方法可以衡量平台在成功地将生产者与消费者匹配方面的效率，那就是跟踪**销售转化率**（sales conversion rate），可以用导致交互的搜索所占比例表示。

很明显，这个比例越高，效率就越好，但是匹配质量的"差"与"好"之间的临界值在哪里？不会有适用于各种平台的统一答案。但是，特定平台的管理者可以通过将特定用户的交互比例与这些用户的长期（例如1～3个月的时间内）活动量相关联，得出一个有用的经验法则。例如，你可以通过这种计算确定，对于你的平台而言，40%的交互比例似乎代表一个重要的分界点：在平台上的第一个星期内交互比例高于40%的大多数用户在至少3个月内都会保持活跃，而交互比例低于40%的大多数用户后来都会停止参与平台上的活动。

计算出此类数字之后，无论是40%，还是更高或更低，即可将其用作一个行之有效的目标，作为平台运行状况的一个衡量指标。可以衡量每日交互百分比，观察其随时间发展的趋势，以及根据这个指标的变化制定、测试和评估对平台匹配系统的改进。

对于初创平台，第三类重要的衡量指标是**信任度**（trust）。信任度是指平台用户对于在平台上参与交互所存在的风险感觉适应的程度。可以通过对平台上的参与者执行卓越管理实现信任度。

当然，建立信任度是销售平台的核心，尤其是在交互存在一定程度风险的销售平台上，以及在线平台领域。在各类在线平台上，用户之间的首次联系以及很多交互都完全是在网络空间执行的，风险甚至更大。在运营状况良好的平台上，双边的参与者应都经过良好的筛选管理，从而使得用户对于在平台上参与交互所涉及的风险程度感到放心。正如之前提到过的，爱彼迎就是一个例子。它属于高风险类别，但是到目前为止它都很成功，因为它能够成功管理其参与者。它允许房东和租客相互评论，而且是各种平台当中评论率最高的平台之一。此外，它还采取了其他措施来建立信任度，包括让摄影师用照片证明房东列表上所含信息的准确度。相比之下，爱彼迎的竞争对手克雷格网站在信任度这一衡量指标方面的得分就比较低，而且出现了一些令人尴尬的丑闻，包括平台上一些明显很低俗的用户进行了肮脏乃至违法的活动。

初创平台的管理者可以将这三类重要的衡量指标——流动性、匹配质量和信任度相结合，获取关于平台交互成功率及其重要促进因素的准确信息。正如我们之前已经提到的，这种衡量是实现平台目的的核心所在，在决定其创造积极的网络效应的能力方面发挥着重要的作用。

对于特定平台而言，用于确定其衡量指标的具体方法需要经过精心设计，确保适合其所涉及的平台公司类型——平台的性质、用户类型、创造和交换价值的形式，以及所执行的交互种类等。

有一些专用衡量指标可能对特定平台企业很有价值。你可能会选择衡量每次交互的参与度、交互间隔时间，以及活跃用户百分比，这些都关注的是用户对于此生态系统的忠诚度。

此外，也可以选择衡量交互数量，例如 Fiverr 平台上提供的图表和设计。因为 Fiverr 有一个固定的单次交互价值，即在该网站上交易的每件"作品"都会定价为五美元，单凭交互数量即可充分、直接地衡量网站上当前的活动流。

其他平台需要制定更复杂的**交互衡量指标**（number of interaction）。例如，爱彼迎是跟踪预订的住宿天数，这个指标比单纯记录交互数量能更好地反映该平台创造的价值。自由职业交易平台 Upwork 则是通过计算特定自由职业者交付的工时来衡量交互，在这个生态系统中工时是衡量所创造的价值的一个重要指标。类似地，"Clarity"可以跟踪专家和咨询者之间的电话咨询所持续的时间。

如果平台的收入依赖于从任何交互中抽取一定份额的价值，例如根据交互百分比收取佣金，则可以选择衡量交互捕获量，这可以反映该平台上发生的交互的价值。例如，亚马逊商城就使用此衡量指标，跟踪平台处理的交互的总价值，以作为其活动量的一个重要指标。

关注内容创作的平台则需要采用不同的衡量指标。例如，有些这类平台就是衡量共同创造（用户消费的产品百分比）或消费者相关性（至少从潜在消费者收到一些最低程度的积极响应的产品百分比）。这些衡量指标关注交互质量，并且反映所管理的产品所使用的技能。

最后，其他平台则关注市场进入，即用户能够加入平台并相互搜索或沟通的效率，而无论是否发生完全交互。有些平台则衡量生产者参与度，即生产者参加平台的比例，以及该比例随时间的增长。约会和相亲网站通常关注的是注册的女性人数，因为这个衡量指标可以充分指示网站的其他用户预计可以获得的价值。"OpenTable"的方式则有点不一样，他们跟踪的是餐厅预订量。这些都不是导致客户为餐饮向餐厅付费的实际交互（平台无法获得现成的这种信息），但是却可以相对准确地表示其所创造的价值。

流动性、匹配质量和信任度这三个关键因素对于衡量几乎任何种类的新创平台始终都至关重要。但是，你会发现，特定平台的具体特点可能会决定需要使用其他更专业化的衡量工具。适用于平台初创阶段的衡量指标的多样性和范围，仅受平台的独创性及其蓬勃发展的生态系统中发生的活动的性质限制。

第2阶段：发展阶段的衡量指标

最能衡量生态系统中交互的数量和质量的指标随着平台生命周期的发展而变化，因此识别平台发展的转折点很重要。公司经常犯的一种错误是锁定某些衡量指标不放，而随着其企业的发展，这些指标已不再适用了。识别和审查与当前所做决策最相关的核心衡量指标在平台的每个发展点都很重要。

例如，当平台用户数量达到一个临界值时，就会出现新的问题。管理者仍然必须确保核心交互正在创造价值，而且进入平台的参与用户超过流出的用户，这样平台才能持续发展。但是，随着平台不断发展，平台必须监控用户群规模随时间推移而发生的变化。尤其是，平台管理者需要努力确保其市场双边的平衡。这种平衡可以通过计算**生产者与消费者之比**（producer-to-consumer ratio）进行监控，同时可以进行相应调整——仅考虑活跃平台用户，即至少以你认为合适的特定最低频率在平台上参与交互的那些用户。经验表明，这个比例在确定平台取得的交互成功率方面是一个关键因素。

以约会网站丘比特为例，其核心交互是撮合，即介绍男女用户相互认识。正如在第 2 章中所述，对于这种平台，重要的问题之一是管理直男（在这种情况下可以将他们视为"消费者"）对直女（在这种情况下，她们扮演"生产者"的角色）的接触。⊖

因此，丘比特跟踪的是直女与直男之比，当这一比例偏离最优比例时，平台管理者会努力进行调整。他们通过邀请用户在平台上就异性用户的吸引力进行评分，从而管理这类调整。[7] 然后，该网站会采用一个筛选条件，减少通过查看女性（尤其是那些被评为特别有吸引力的女性）的简历参与平台的男性。[8] 这样，丘比特平台就可以通过避免这种不平衡，防止部分女性用户疏远该平台，帮助保持积极的网络效应并且培养市场流动性。持续衡量和监控男女比例使这种维护成为可能。自由职业交易平台 Upwork 也以同样的方式关注保持自由工作者与招聘帖数量之间的比例，因为任一方的失衡都会导致参与者离开。

对于传统的双边式平台，一边是生产者，另一边是消费者，最好要找到计算每个用户类型的价值的方法。在《精益分析》一书中，企业家兼作者阿利斯蒂尔·克罗尔和本杰明·尤科维奇就双边式平台的衡量指标提供了一个有用的说明，我们在后面对其进行了改编。[9]

⊖ 我们承认这种表达有点令人不快，但是这反映了目前在美国社会很多男女约会活动的主要动态，包括事实上大多数在线约会网站都发现吸引男性比吸引女性更容易。因此，女性非常"供不应求"，就类似于人们对 eBay 等拍卖网站上竞相追逐的产品的需求一样。随着社会不断朝着男女越来越平等的趋势发展，我们希望这种情况也会随之改善，这样也有利于有效地管理约会平台。

在生产者一边，平台应监控包含生产者参与频率、所创建的产品和取得的成果的数据。平台还应该监控交互失败率，即用户发起了销售之类的交互，但由于某种原因而失败了的情况所占的百分比。这是很多平台管理者都会忽略的一个重要衡量指标。如果虽然留住了用户，但是成功交互率在一直下降，那么这就是一个严重的问题。

非常重要的一点是监控生产者欺诈的情况。例如，生产者未准确地描述产品，或未及时交付产品。当然，生产者欺诈是一种特别严重、令人痛苦，而且代价很高的**交互失败**（interaction failure）。可以通过分析反复与欺诈关联的用户和交互的特点创建预测模型，从而帮助平台预防后续欺诈。

结合所有这些形式的数据，就可以使用很多种企业中使用的传统**生命周期价值**（LTV）模型计算生产者的价值。这些模型可以捕捉重复的生产者提供经常性平台收入，而不产生额外获取成本（即平台在吸引这些生产者，并且与之交互期间产生的支出）的机制。由于重复的生产者尤其会给平台创造价值，因此管理有方的平台公司应努力创造活跃的重复生产者，就像杂志和手机服务运营商等基于订用者的服务需要努力将订用者周转率（或流失率）保持在尽可能低的水平一样。

在消费者这一边，发展中的平台应监控**消费频率**（frequency of producer participation）、**搜索量**（listings created），以及**销售转化率**（outcomes achieved）（即产生成功交互的点击所占百分比）。这种信息以及重复交互的概率提供了计算每个消费者的 LTV 所需的数据。在制定了生产者和消费者 LTV 衡量指标之后，平台可以执行试验，以期影响 LTV 的关键决定因素（例如流失率）。[10]

当今成功的平台企业大多设计了相应的计划，鼓励大多数价值较高的活跃用户保持忠诚度，并且限制价值较低的那些用户。如果像 Facebook 或领英之类的平台曾在用户降低其使用频率之后邀请用户返回平台，那么这些用户就是该平台的目标用户。同样，推特也推出了"网络热点内容"功能，为用户推荐一些可能特别感兴趣的内容，即使用户没有订阅相应作者的信息源。这同样是一个受衡量指标驱动的活动构建计划，旨在利用事实证明可以创造较高价值的活动围绕用户激发更多交互。[11]

从初创阶段开始，一直到发展阶段，有一个关键变量始终保持高度可用性，那就是交互转化率，即搜索或查询转化为交互的百分比。经过精心设计并且持续监控，关注销售转化率的衡量指标有助于平台管理者制定明智的战略，提高平台的持续增长率，就像爱彼迎在发现高质量的照片可以提高房屋出租率之后引入专业摄影服务一样。[12]

有趣的是，爱彼迎还发现其最佳房东来源就是曾经的房客。因此，他们现在正在努力将其平台上的消费者转化为生产者。在这种情况下，角色转化率，即人们从一种类型的用户转化为另一种类型的用户的比率，成为平台可以用于跟踪其用户群状况和保持整个网络上的平衡的一个重要衡量指标。

平台管理者还在根据其具体的目标和利益及其用户的独特特点不断设计新的衡量指标。海尔集团是一家总部位于青岛的快速发展的制造企业。该企业目前正在构建一个平台，希望将其客户与企业内外设计制造家电和电子设备等产品的设计与生产团队相互联系。海尔的首席执行官张瑞敏与笔者谈过其公司正在努力捕捉和使用的一种独特衡量指标，即消费者和生产者之间的距离。[13] 在这种情况下，"距离"是一种比喻，而非其字面含义，指将海尔产品的生产者与其用户联系起来的社交网络的直接交互频率、规模、覆盖范围和影响力。

为了衡量这个距离，海尔根据微信上的交互量设计了一个衡量指标。其目标是：最大程度地缩短海尔与其消费者之间的距离，从而提高产品与消费者需求之间的匹配度，提高公司的创新能力，降低营销推广成本，并提高营销推广效率。

首席执行官张瑞敏向我们表示，公司的广告预算大小可以反映出公司与其客户之间的距离。例如，咨询公司Interbrand在2013年发布的年度品牌价值报告中指出，谷歌的广告预算与可口可乐相比可谓非常少。原因非常可能是：谷歌通过其很多生产和社交应用密切融入用户的生活，从而可以不断获得用户反馈，而可口可乐却收不到这样的反馈。

依此类推，海尔的领导团队也设想缩短用户距离，并且改善其产品设计、客户服务和营销效率。因此，像用户距离这样一个抽象的衡量指标可能会对提高收入具有非常实际的重要影响。

第3阶段：成熟阶段的衡量指标

一旦一家平台企业经历了初创和初期发展阶段，就会面临新的挑战和问题。埃里克·莱斯（Eric Ries）是著名作家兼创业者，他倡导"精益创业"活动，强调对于成熟公司，必须将持续创新与衡量指标紧密结合。莱斯表示："在对产品进行改进时，唯一能确定其成功与否的就是其衡量指标。此外，在对产品实施改进时，应该按照某个基准来测试这种改进。"

阿姆瑞特·蒂瓦纳（Amrit Tiwana）是美国佐治亚大学的一位教授，他的看法与莱斯不谋而合。他认为适用于已经达到成熟阶段的信息技术平台的衡量指标应该符合三项要求，即：**推动创新**、**具有很高的信噪比**（high signal-to-noise ratio），以及**促进资源分配**（facilitate resource allocation）。[14]

首先，我们来重点讨论一下衡量指标在推动创新方面的作用。为了保持活力，平台必须能够适应用户的需求，并且在充满竞争和监管的环境中不断变革。平台可以通过一种方法确定需要执行的变革，即研究开发者所提供的扩展创新。这些创新可能代表核心平台缺失的功能，而且平台可以选择吸收这些功能。例如，在台式电脑时代，微软Windows

就吸收了很多曾由其他独立公司提供的应用程序，例如磁盘碎片整理、文件加密、媒体播放等。[15]

思科在路由器业务方面也遵循了相同的吸收战略，其运营一个所谓的思科应用扩展平台。思科 AXP（该平台的名称）是一种基于 Linux 的平台，第三方开发者可以通过此平台创建在思科路由器上运行的应用，提供思科客户认为有用的新功能（例如，增强的安全措施和定制的监控系统）。当我们询问思科首席技术官吉多·乔雷特（Guido Jouret），他们公司如何决定将哪些功能融入思科 AXP 时，他的回答颇具启发性：

> 问题的关键在于如何在该平台上为同一问题嵌入多种独立的解决方案。这样，这个平台就成为大家通用的平台。这是一个时机问题。如果立即这么做，你的生态系统就有可能切断这些解决方案的收入来源。如果某个提供商构建了一个特定的功能，你不要去绑定或吸收这个功能。但是，如果大家都（开发了同样的功能），竞争就会削减其利益，你就可以趁机吸纳它。[16]

为了实现这种战略，思科采用了一些衡量指标，力图发现在很多纵向行业（例如医疗保健或汽车行业）都已提供某一相同功能的情况。这可以表明其平台缺乏某些重要的功能，因而在下一轮的平台持续创新中需要纳入这些功能。

平台还可以选择在由第三方提供的功能成为用户获取的大部分总体价值时进行创新。正如在第 7 章中所述，这有助于解释为什么苹果公司在 2012 年推出了苹果地图，作为对谷歌地图大行其道的一种应对策略。

有些类型的平台在成熟阶段仍然需要制定一些其他衡量指标。其中包括像 Upwork 一样的劳动力交易平台，像汤森路透一样的数据平台，像 Skype 一样的联通平台，以及像通用电气工业互联网一样连接设备的平台。虽然这些平台类型完全不一样，需求各异，但是它们都面临一些相同的挑战：促进核心交互，衡量价值驱动因素，以及进行创新以保持平台为用户创造巨大价值的能力。

明智的衡量指标的设计要素

你为自己的平台设计的衡量指标仪表板可能非常复杂，从而可以实时、细致地观察各种活动。但是，在为平台企业设计衡量指标时，简洁是一大优点。过于复杂的衡量指标会降低管理效率，因为会形成干扰，不利于频繁进行分析，而且会偏离一些最重要的数据点。

oDesk（Upwork 的前身）一度采用很多衡量指标（衡量招聘帖数量、注册工作者数量、服务种类和很多其他指标），以至于有一名董事会成员抱怨道："你们衡量的指标太多，缺乏重点"。oDesk 的前首席执行官加里·斯沃特（Gary Swart）从这个错误中吸取了教训，指出了重点、高度明确的衡量指标的重要性，尤其是在初创平台的重要初期阶段。

作为企业领导者，你需要断定对于你公司而言最重要的衡量指标，并且应明白衡量指标越多，重点越不突出。千万别掉入事无巨细都要进行衡量的陷阱里。我的经验是，在初期阶段，最重要的是让客户喜欢和使用你的产品。你应整理出一两项确定这一点的最佳衡量指标。[17]

精益创业专家埃里克·莱斯也赞同在设计和采用衡量指标方面应有选择性。他特别提醒应警惕所谓的虚荣指标，例如总注册人数，这是一个相对没有什么意义的统计数据，通常这个指标即使在交互量持平，甚至实际上正在下降的情况下通常依然在上升。虚荣指标无法准确反映企业是否达到其所需要的临界用户量或流动性。

莱斯进而建议说："你应该确保衡量指标符合 3A 原则，即你的指标应该**切实可行**（actionable）、**易于获取**（accessible）而且**易于审核**

（auditable）。切实可行是指这些指标必须为战略和管理决策提供明确的指导，而且与企业取得成功明确相关。易于获取是指这些指标对于收集和使用相关信息的人而言易于理解。易于审核是指这些指标必须真实而且有意义，以真实、准确的数据为基础，定义精确，而且反映用户对于企业现状的看法。[18]

最后，也是最重要的指标：网络双边重复而且不断参与创造价值的积极交互的满意客户数量。绝不容忽视的一个实际问题是：人们对于这个生态系统是否满意，是否会继续积极地参与其中？无论最终如何为具体平台企业设计衡量指标系统，都应该有助于准确地衡量对这个关键问题的回答。

本章小结

- 由于平台的价值主要来自网络效应，因此平台最终应争取衡量交互成功率及其促进因素。交互成功可以吸引活跃用户，从而促进积极网络效应的不断发展。

- 在初创阶段，平台企业应该关注一些跟踪促进平台上核心交互的特性强度的指标，包括流动性、匹配质量和信任度。这些特性可以通过各种特定的方式衡量，具体取决于平台的性质。

- 在增长阶段，平台企业应该关注可能会影响其增长和增强价值创造的一些指标，例如用户群各个部分的相对规模、生产者和消费者的生命周期价值，以及销售转化率。

- 在成熟阶段，平台企业应关注通过识别可以为用户创造价值的新功能推动创新的一些衡量指标，以及可以识别竞争对手对平台构成的，需要应对的战略威胁的一些衡量指标。

第 **10** 章

战略：
平台如何改变竞争

在平台领域，竞争的性质正在发生转变。公司发现它们需要努力了解意料之外、通常违背常理的对手所构成的新竞争威胁。[1]教育图书出版商霍顿·米夫林出版公司（Houghton Mifflin Harcourt）感觉麦格劳·希尔公司（McGraw-Hill）对其构成的威胁远不及亚马逊那么大。美国全国广播公司（NBC）对于网飞的顾忌远胜于对美国广播公司（ABC）的顾忌。法律信息提供商Lexis感觉Westlaw对其构成的威胁并不及谷歌和在线法律服务提供商LegalZoom所构成的威胁。电器制造商惠而浦对于通用电气和西门子的顾虑低于对智能家居监测与控制设备制造商Nest的顾虑，后者正在快速发展为新兴物联网的一家重要企业。社交网络Facebook对于东山再起的聚友没有像对Instagram和WhatsApp那样担心，这也是Facebook之所以收购Instagram和WhatsApp的原因所在。

这些转变并不只是在于竞争对手的类型，而在于竞争之战的性质。其结果是出现了一系列颠覆性的巨变，使得企业生态频繁更替，几乎让人无法认清。我们不仅是在讨论平台企业的出现在传统市场中形成的剧烈颠覆（详见第4章以及本书其他部分中的介绍），而且也是在讨论平台领域内部、平台企业之间发生的激烈竞争之战，竞争结果通常会出乎意料，甚至令人震惊。[2]

或许可以说，2014年9月阿里巴巴集团250亿美元的首次公开发行（IPO）可能是当年最出人意料的企业案例之一。很多不太关注电子商务领域的西方人根本没有听说过这家公司。即使听说过这家公司的西方人，了解更多的也是其与正在挣扎中的雅虎的关联，因为雅虎拥有阿里巴巴的很多股份。美国媒体对于阿里巴巴的很多报道都有些含糊轻视，纷纷将该公司的飞速增长和庞大规模归结为受中国单纯庞大的市场和乡土观念以及政府保护主义的影响。

一个典型示例是2010年《纽约时报》（New York Times）的一篇报道。记者大卫·巴博萨（David Barboza）承认阿里巴巴是通过本土的在线销售"实现巨额利润的"几大快速发展的公司之一。但是,巴博萨在报道中写道,在未来"中国互联网市场可能会越来越像一个有利可图的封闭集市,这是专家意见。这些企业在国内取得了成功发展……在发展成全球品牌时可能会遇到麻烦"。巴博萨引用一位分析师的预测:"当中国公司走出中国国门时,它们会发现无法像在中国参与竞争时一样理解其竞争对手。"[3]

到2014年夏天,在阿里巴巴美国股票首次发行前几周,美国企业分析师开始改变论调。在《商业周刊》上,布拉德·斯通(Brad Stone)警告"阿里巴巴正在入侵",并解释这个中国巨头如何突然之间对美国在互联网方面的统治第一次构成重大威胁。斯通详述了阿里巴巴如何在中国打败eBay,成为全球企业的巨大中国货物来源,成功为耐克和苹果等全球公司打开中国消费市场,并且在亚马逊和eBay的祖国——美国快速构建挑战这些公司的基础设施。斯通总结道:"中国互联网企业已经准备好参与和赢得构建第一个真正全球化网络市场的竞争。"[4]

在大多数传统行业中,像这样一开始默默无闻的新兴企业几乎没有可能成为全球领导者。回顾商业历史,我们发现美国企业在钢铁和重型机械行业用了几十年的时间才战胜英国和德国曾经主宰这些行业的竞争对手。第二次世界大战之后,日本新兴企业用了30年的时间才从美国的行业领导者手中夺取了汽车制造和电子设备行业的领导地位。但是,如今阿里巴巴有可能在卷入平台战之后,在10年左右的时间里超越像eBay和亚马逊这样的公司,夺得市场领导权。

这种情况是如何发生的?

就像很多大企业案例一样,有很多因素促成了阿里巴巴的传奇,其中包括领导层的战略洞察力、中国中产阶级的爆发式增长,这为阿里巴巴提供了更多的发展空间,而不至于被美国竞争对手击溃。但是,阿里巴巴发展的速度之快主要是平台竞争的一些新现实情况促成的。[5]

爆炸式网络效应和强大的规模经济使得这家相对较新的公司得以在国际商务舞台上如此快速地扩张。Alibaba.com 是在同一企业品牌伞下运营的五大主要企业之一，使得全球的公司都可以向中国制造商采购货物、产品和零部件。一家加利福尼亚州的化妆品制造商感叹道，通过 Alibaba.com，"我触手可及数百家供应商"。相反，阿里巴巴的另一家子公司天猫则绕过中国传统的代理机制（这种机制会放缓准入的速度，增加各种手续和成本），将国外货物卖给数以百万计的中国消费者。一家美国鞋品零售商表示，阿里巴巴"压缩了零售的整个中间层级"。结果是实现了几乎没有任何阻碍的跨境交易，将数千家商户和数百万名客户联系了起来。在这个平台出现之前，这种现象几乎是不敢想象的。

此外，阿里巴巴还精明地利用了平台的另一项巨大的竞争优势，那就是将外部合作伙伴的资源和联系网无缝地融入该平台的活动与功能之中。例如，为了扩大其将美国货物供应给中国消费者的能力，阿里巴巴现在与位于美国的物流公司 ShopRunner（阿里巴巴持有该公司股份）建立了牢固的合作关系。ShopRunner 已与很多美国品牌，包括尼曼（Neiman Marcus）和玩具反斗城签约，使得阿里巴巴在两天内即可将美国产品运送给中国的客户。[6]

回顾 19 世纪到 20 世纪初期，西尔斯·罗巴克公司（Sears Roebuck）用了几十年的时间，在零售、仓储、产品测试、管理、打印、货运、服务和订单执行系统上耗费了巨大投资，才得以被美国商户接受。如今，像阿里巴巴这样的平台企业可以整合数十家已有实体的能力，并且快速成为全球最大商户这一头衔的竞争者。当然，阿里巴巴争夺这一桂冠的主要竞争对手还有其他平台公司，例如亚马逊和 eBay。这就是平台的兴起带来的全球竞争。

但是，为了充分理解平台的兴起正在如何改变竞争的性质，我们需要重新分析数十年来支配商业思维的传统竞争概念。对于其中有些概念，很多商业人士至今仍深信不疑。

20 世纪的战略：简史

30 年来，哈佛商学院的迈克尔·波特（Michael E. Porter）总结的竞争五力模型一直主宰着战略思维领域。[7] 作为波特的影响力的一个衡量指标，他的文章引用次数超过 25 万次，超过了任何获得诺贝尔奖的经济学家。

波特模型指出了影响特定企业战略定位的五大力量：市场上新参与者的威胁、替代产品或服务的威胁、客户的议价能力、供应商的议价能力，以及行业中竞争对抗的激烈程度。战略的目标是控制这五大力量，建立一个保护企业的坚固堡垒，从而使其坚不可摧。

因此，如果一家企业可以树立防止别人进入的屏障，就可以将竞争对手隔绝在外，而且拥有替代产品的市场参与者也无法袭击它的城堡。当一家公司可以控制供应商时，供应商之间的竞争就会削弱其议价能力，该公司从而可以将成本控制在较低水平。当一家公司通过使购买者保持相对较小的规模、无法统一起来而且没有足够的力量，从而控制购买者时，该公司就可以保持较高的价格水平。

在这种模式下，公司可以通过避免对它自身造成破坏的竞争，同时鼓励价值链上其他参与者之间的竞争，实现利益最大化。创造保护壁垒的行业结构的优势在于，使得公司可以细分市场、实现产品差异化、控制资源、避免价格战，以及保护其边际利润率。

几十年来，不同公司一直在研究这个竞争五力模型，并将其用于指导关于进退哪些市场，考虑哪些并购，追求哪种产品创新，以及采用何种供应链战略的决策。根据这个竞争五力模型的战略影响，公司分析并实施了像横向整合（公司控制某种产品或服务市场的大部分或全部）和纵向整合（公司控制从原材料到制造再到营销的整个价值链）之类的方法。在这种模型下，霍顿·米夫林出版公司通过控制最佳作者和内容以及通过版权，围绕其价值堡垒构建城壕，从而与麦格劳·希尔公司抗衡竞争。惠而浦与通用电气的竞争则是通过设计差异化的产品，压缩供应链成本，以及持续改善其制造效率，从而构造城壕，使通用电气难以夺取惠而浦的客户。

后来的思想者又对波特的方法补充了一些具有细微差别的新见解。1984年，麻省理工学院的伯格·沃纳菲尔特（Birger Wernerfelt）第一次详细介绍了他所谓的基于资源的公司观，这是一种根源于几位早期学者的研究的战略思维变化形式。[8]这种基于资源的公司观强调一个事实，即一种有效地阻止别人进入的方法就是控制不可或缺的独特资源。拥有这种资源的公司就不会面临缺乏这种资源而且无法通过任何方式生产这种资源的新进入者入侵。一个简单的示例是戴比尔斯（De Beers）。该公司控制了全球钻石同业联盟，从而可以在20世纪对整个钻石行业保持近乎垄断的状态。2000年，一些钻石生产商决定在戴比尔斯控制的体制之外营销他们的产品，导致同业联盟所占的市场份额从20世纪80年代的90%降低到2013年的约33%，至此戴比尔斯同业联盟瓦解。[9]但是，在此之前，戴比尔斯对于不可替换资源的控制一直使其保持可持续的优势，带来了持续百年的利润。

在21世纪，很多战略学者都对基于资源的公司观提出质疑，纷纷指出一些敏捷型公司正在采用新技术攻占通过控制稀缺资源建立起来的城壕。理查德·达凡尼（Richard D'Aveni）和莉塔·冈瑟·麦奎斯（Rita Gunther McGrath）分别在各自的著作中指出，在超竞争（Hypercompetition，达凡尼提出的术语）的年代，可持续优势已成为一种幻觉。技术进步使得一切产品的生命周期越来越短，包括从"微芯片到玉米片，从软件到软饮料，以及从包装商品到成套交付服务"。[10]互联网连接使得公司可以重新界定工业和地域界限，因此稳定、行动缓慢的寡头垄断会败给采用新工具和技术的敏捷型竞争对手。

麦奎斯描述了互联网时代如何以激进的方式创造了新的工具和技术打败已有公司。设想一下，在 1915 年，一家公司想要与美国联合太平洋铁路公司（Union Pacific Railroad）竞争，后者是在 1862 年凭借国会特许抢占市场先机的一家有着 50 多年历史的公司。潜在竞争者需要在火车头、轨道车辆、机务段、火车站、仓库和合法优先行驶权等方面进行必要投资，才能构建全国性的铁路网络。美国联合太平洋铁路公司在这些方面以及其他固定成本方面的巨额投资为其构建了一个宽阔的城壕，使得这个已有铁路企业基本上坚不可摧。[11]

相比之下，假设在 2015 年，某个公司想要与全球 500 强公司中的任何一家竞争。根据具体的行业，这类初创企业可以从全球的制造公司购买生产资源，从大量供应商购买云服务和计算服务，从各种中间公司购买营销和分销服务，以及从很多自由工作者在线网络购买专业服务，而这一切都几乎只有边际成本。在当今受技术支撑的超竞争环境下，拥有基础设施不再能提供防御优势。灵活性才能提供关键竞争优势，竞争是永存的，优势是短暂的。

其他分析师也对竞争的这种不断发展的性质提供了更多见解。作家史蒂夫·丹宁（Steve Denning）就特别指出了波特认为战略的目的是避免竞争的观点存在漏洞。丹宁反而支持管理学专家彼得·德鲁克（Peter Drucker）的格言，即企业的目标是"创造客户"。丹宁认为，在可持续优势可望不可及的世界中，公司与客户的关系是其唯一持续的价值来源。[12]

如果说最近十年发生的事件已经摧毁这种竞争五力模型可能有点夸张，但是这些事件表明竞争的性质已经变得比波特的模型可能暗示的情况更加复杂多变。

三维国际象棋：平台领域中竞争的新复杂性

接下来讨论平台领域。竞争五力模型、基于资源的公司观和超竞争模型中提出的很多见解依然有效，但是两大新的现实正在重组战略世界。

首先，公司了解如今平台的运作方式可以有意操纵网络效应以**重塑**（remake）市场，而不只是对市场做出被动响应。传统企业战略中隐含的一个假设是竞争是一场零和博弈，这在平台领域中绝对不适用。平台企业不是重新瓜分一块大小固定的蛋糕，而通常是将这个蛋糕做大（例如，亚马逊就是通过在传统图书行业中，创造自出版和按需出版等新模式，把蛋糕做大），或者创造开拓新市场和供应来源的替代蛋糕（就像爱彼迎和优步沿着传统酒店与出租车行业进行的拓展一样）。积极主动地管理网络效应可以改变市场规模，而不是将其视为固定不变。

其次，平台将彻底颠覆企业，把管理的影响从企业边界之内移到外部。因此，公司不再需要自己抓住每个新机会，而可以只抓住最好的机会，同时帮助生态系统合作伙伴抓住其他机会，让所有合作伙伴都分享他们共同创造的价值。[13]

这两种新的现实给企业竞争的复杂性又增添了一层动态变化。平台战略与传统战略的相似之处就像三维国际象棋之于传统国际象棋。[14] 在这个生态系统中，主导企业从平台对平台、平台对合作伙伴，以及合作伙伴对合作伙伴三个层面进行涉及竞争的动态制衡。

在第一个层面，一个平台与另一个平台相互竞争，就像索尼PlayStation、微软Xbox和任天堂Wii在电子游戏主机领域的竞争一样。战略优势不是基于特定产品或服务的吸引力，而是基于整个生态系统的实力。索尼掌机PSP（PlayStation Portable）是一款比iPhone更强大的游戏设备，因为后者缺乏专用的左右控键。在2007年夏季，苹果发布iPhone之后，随之索尼在当年秋季发布了PSP-2000，索尼的股票价格随即上涨了10%。但是，不久之后，iPhone生态系统大幅超越了PSP生态系统。正如我们已经提到的，苹果后来获得了比索尼大得多的经济回报，这主要得益于其生态系统的规模和价值。

在第二个层面，平台与其合作伙伴竞争，例如微软利用了诸如浏览器、多线程、流媒体和即时消息传送等合作伙伴创新并将其融入自己的操作系统，又例如亚马逊既作为面向独立商户的平台运营，又在同一平台上销售部分这些产品，与其商户竞争。这是一个微妙而且危险的举动。这可能会加强平台，但是会以削弱其合作伙伴为代价，短期的收益可能导致惨痛的长远影响。

在第三个层面，两个不相关的平台合作伙伴在平台生态系统中为争夺地位而竞争，例如两个游戏应用开发商努力争夺同一主机的消费者。[15]

让我们一起分析一下这些平台驱动的变化对于传统战略观念带来的一些具体影响。

正如我们所看到的，平台扩大了企业的界限。如今，管理影响的范围不断变化，使得竞争相对于战略家的重要性低于协作和共同创造，学者拜瑞·内勒巴夫（Barry J. Nalebuff）、亚当·布兰登勃格（Adam M. Brandenburger）和阿古斯·毛拉纳（Agus Maulana）称之为"竞合"。[16] 从保护公司内部的价值转变为在公司外部创造价值，这意味着关键因素不再是所有权，而是机会；同时，主要手段不再是命令，而是说服。

竞争五力模型取决于区分传统产品市场特点的明显界限。客户力量、供应商力量等五种力量中的每一种都是一个单独的实体，必须被单独管理。相比之下，在平台市场中，致胜战略会模糊市场参与者之间的界限，从而增加平台上有价值的交互。今天在线教育平台Skillshare上的一名学生可以成为明天的一位教师；某一天网络商店平台Etsy上的一位买家可能在下一天开始在Etsy上出售自己的手工艺品。平台竞争要求不能将购买者和供应商视为要加以控制的一个个威胁，而要将他们视为价值创造客户，赞同、庆祝和鼓励他们参与多种角色。

基于资源的公司观认为公司必须拥有或至少控制独特资源。在平台领域中，独特资源的性质已经从物资资产转变为进入消费者－生产者网络以及获取其所产生的交互的途径。实际上，公司最好不要拥有物质资源，因为避开拥有这些资产可以使其发展得更快。爱彼迎和优步的示例提示我们，平台公司可以获取的资源库能够以比平台公司本身快得多的速度发展。

平台如何竞争（1）：通过限制平台访问预防多归属

在传统企业中，波特的五种力量和控制独特资源的能力（受以技术驱动的超竞争影响而变化）在很大程度上决定了企业战略。在平台领域中，已经涌现出新的竞争因素。这些新的因素可以帮助确定谁参与平台生态系统，谁帮助创造的价值，谁控制这种价值以及最终控制市场的规模。这些新的因素已经成为一系列新竞争战略的重点。

接下来我们来逐一分析这些因素，首先从限制平台访问从而控制和捕捉平台上所创造更大份额价值的战略开始。

正如我们已经看到的，基于资源的企业价值观在应用于平台企业时必须进行修正。但是，基于资源的公司观对于独特资源的重视在平台领域中也有其对等项：平台重视对关键资产的独有获取权限。为此，它们会在某种程度上开发一些规则、惯例和协议，限制多归属。

当用户在不止一个平台上参与相似类型的交互时称为多归属。一名自由职业者在两个或多个服务营销平台上展示自己的认证信息，一位音乐爱好者在不止一个音乐网站上下载、存储和分享曲目，以及一个司机同时通过优步和来福车招揽乘客，都属于多归属现象。平台企业应努力控制多归属，否则会促使用户切换平台，即用户选择放弃某个平台，而改选其他平台。限制多归属是平台的一个主要竞争策略。

以下是一个关于在新的战略世界中如何限制多归属现象的示例。Adobe Flash Player 是一款浏览器应用，可以向用户传输互联网内容，包括音频/视频播放和实时游戏播放功能。应用开发者原本可以在苹果的 iPhone 操作系统上使用 Flash，但是苹果制作了与 Flash 不兼容的 iOS 并且坚持要求开发者使用苹果自己开发的类似工具，从而防止这种多归属现象。

开发者和用户都反映很沮丧，而且有些观察者称这种策略违反竞争规则，应该依据反垄断规制接受政府制裁。声讨变得越发激烈，以至于在 2010 年，苹果首席执行官史蒂夫·乔布斯不得不通过一封公开信为此政策进行辩护，这是首席执行官极少采取的一种措施。在这封"关于 Flash 的思考"的公开信中，乔布斯辩称 Flash 是一种封闭系统，在技术上逊色于其他系统，消耗的能源过多，而且在移动设备上所实现的性能很差。乔布斯表示继续抵制 Flash 进入 iPhone 可以保护苹果用户的体验质量。[17]

实际上，真正的原因更加深远而且更具战略性。Adobe 设计的 Flash 开发者工具允许从 Apple iOS 将内容和程序导入谷歌安卓系统以及其他更通用的网页。在 Flash 中开发的应用允许多归属，这降低了 iPhone 的独特性。Adobe 还发布了扩展项，允许进行应用内购买。由于 Flash 允许开发者在 iTunes 平台之外进行交互，因此 Flash 可能导致苹果失去 30% 的交互，同时失去对相关使用数据的控制权，而这些数据可以提供关于市场趋势的宝贵线索。

如果苹果支持 Flash，就会向用户授予获取网页上现有的很多 Flash 内容的权限，同时让开发者有更多的方法，通过在各种平台上的多归属实现投资盈利。[18] 而这会对苹果造成巨大损失。因此，它采用了许可规则和技术来防止交互流向平台外部。

另一个关于战略战争如何控制用户访问权限的示例是阿里巴巴的案例。

曾鸣是阿里巴巴的首席战略官。2014年，由作者主持的麻省理工学院平台战略峰会上，曾鸣解释了为什么拒绝强大的竞争对手访问阿里巴巴，有助于改变市场状态，并且在一定程度上促进了阿里巴巴的飞速增长。[19]

在阿里巴巴发展初期，公司就努力发掘吸引用户和产生巨大网络效应的方法。一直到公司出台了政策要求每位员工都找到并列出特定个人或商户出售的20 000件商品，公司在网络效应方面才出现了"大爆炸"。结果上架产品数量的增长激发了网络双边需求。阿里巴巴及其下属的网络交易平台——淘宝快速成为网购中发展最快的网站，吸引了所有中国消费者去采购几乎各种难以想象的产品。

在此次"大爆炸"之前，阿里巴巴一直在努力吸引流量，但公司领导层制定了一条违反常规的决定：他们设置了技术障碍，防止百度搜索他们的网站。百度是中国最大的互联网搜索引擎，相当于中国的谷歌。禁止通过百度来搜索阿里巴巴，从而阻止百度在阿里巴巴上搜索其用户所寻求的产品，这一举措削减了大量的潜在客户。在阿里巴巴迫切寻求购物者的时候这么做看起来似乎有点疯狂。

但是，阿里巴巴的领导者采取的是一个长远战略。他们不仅关注的是在其平台上发生的购物交互，而且关注通过销售广告实现平台盈利的机会。他们决定保留对自己逐渐在阿里巴巴上积累的潜在购物者社区的控制权，从而使得阿里巴巴可以独自销售面向那些购物者的广告。通过阻止百度搜索阿里巴巴的产品，不仅可以防止百度发布各个公司最终会想向日益增多的中国网购者发布的消费广告，而且可以确保这些广告都被转而发布在阿里巴巴的平台上。

这个战略凑效了。随着阿里巴巴用户群日益扩大，它逐渐取代百度成为中国最有价值的在线广告平台。就像eBay和亚马逊曾找到一种方法来抓住如今由谷歌掌握的针对性广告收入一样，其所产生的收入可以帮助解释为什么阿里巴巴在 2014 年赚取的利润超过了亚马逊有史以来赚取的所有利润。

平台如何竞争（2）：培养创新，然后抓住其价值

平台的开放性质为用户创造了无数个创造新价值的机会。平台管理者可以通过首先为合作伙伴提供顺畅的创新机会，然后抓住通过收购或复制产生的部分或全部价值，从而发展自身业务。正如我们在第 8 章中介绍的，SAP 通过定期发布其在未来 18～24 个月内计划向开发者开放的平台部分的规划，鼓励其业务服务平台上的合作伙伴进行创新。这样可以告诉开发者他们可以在哪些方面进行构建，在他们面临 SAP 的竞争之前，给他们最多两年的提前时间，并且防止开发者将时间和资源浪费在为 SAP 用户开发一项功能，最后却发现自己的工作被 SAP 的强势入侵逐渐破坏的现象出现。

从长远看，控制其生态系统中由用户和为用户创造的主要资源对于平台管理者自身是有利的。这可以产生我们所谓的基于资源的价值理论在平台领域中的变体：平台企业不需要拥有其生态系统中的所有独特资源，但是应该努力拥有价值最大的资源。这就是为什么阿里巴巴会拥有（而不让百度拥有）其平台上的搜索，Facebook 会拥有（而不让谷歌拥有）其自身平台上的搜索，以及微软会拥有（而不让某些外部软件开发者拥有）其自身平台上的文档（Word）、PPT（PowerPoint）和数据报表（Excel）。这些都是为平台的大多数用户创造价值的重要资源，所以平台所有者必须控制这些资源，这一点很重要。价值较低或规模较小的资源可以让给生态系统合作伙伴，而不会明显削弱平台自身的竞争地位。

这个原则解释了为什么平台管理者需要密切关注在平台上出现的新功能或应用。这些新功能和应用通常一开始出现的时候采用率较低，处于"长尾"曲线边远处，只有较少的平台参与者会将其用于共同创造

价值。大多数这样的新功能和应用会保持原状，只有少数能够实现超越，快速爬升到分布曲线的顶部。甚至有少数会显示出吸引其自身交互社区的迹象，这意味着它们自身就有可能成为平台。回想一下，社交游戏公司 Zynga 和照片分享服务公司 Instagram 与 Snapchat 一开始都只是 Facebook 平台上不起眼的应用。但是，它们的社交分享和网络效应使得它们可以快速增长。

这种类型的增长通常会引起战略性的激烈竞争。平台会争取通过收购，吸收这种创新合作伙伴的功能及其创造的价值。我们已经注意到，Facebook 在 2012 年以 10 亿美元的天价成功收购了 Instagram；到目前为止，Facebook 还未能收购 Snapchat，2013 年 Snapchat 的联合创始人伊万·斯皮格（Evan Spiegel）拒绝了 Facebook 的 30 亿美元的收购提案。

该平台还试图通过提升竞争对手来削弱初创企业，就像 Facebook 对 Zynga 所采取的措施一样。截至 2011 年，Facebook 上共有 3000 多种游戏，它们共同削弱了 Zynga 的单独议价能力。[20] 初创企业的应对措施可能是出售企业，通过多归属反击，或者扩展到其他业务领域。例如，Zynga 目前在腾讯 QQ 社交网络以及苹果和谷歌移动平台上展开多归属策略，同时还在提供其自己的云服务。

平台如何竞争（3）：利用数据的价值

关于互联网经济的一种陈词滥调是"数据就是新型石油"，就像大多数陈词滥调一样，这其中包含很多真理。对于平台企业，数据可以是巨大价值的来源，而且一些经营有方的公司正在通过各种方式来使用数据支撑其竞争地位。

平台企业可以通过两种方式，即从战术上和从战略上使用数据来提升其竞争表现。在战术上使用数据的一个示例是执行 A/B 测试，从而优化平台的特定工具或功能。如果亚马逊想要确定将"立即购买"按钮放在网页的右上角还是左下角才会产生更多销售额，就可以执行一项实验，随机交替该按钮的位置并统计其结果，可以按照各种客户特点制定交叉列表。这个战术上的数据分析非常有效，这也是为什么亚马逊现在将"立即购买"按钮放在网页右上角的原因所在。

战略上的数据分析范围更广泛。这种分析通过跟踪平台内外还有哪些别的人在创建、控制和吸收价值，并且研究其活动的性质，帮助优化生态系统。当 Facebook 使用会员活动相关数据观察 Zynga 执行意外活动或发现 Instagram 以创新方式转移流量时，就是在执行战略上的数据分析。

在一些著名的平台战略竞争中，有些公司会利用数据霸权击败竞争对手，赢得胜利。

根据大多数衡量指标，莫斯特（Monster）都应该在招聘平台中间赢得争夺霸权的战争。作为最早进入该市场的企业之一，它具有先发优势，而且它快速在彼此寻找对方的雇主和员工的双边市场上产生了强大的网络效应。但是，莫斯特收集的数据存在一种固有的局限性。因为莫斯特仅以活跃求职者为目标，所以并未收集关于用户更广阔的社交网络的信息。此外，在完成特定职位搜索交互之后，雇主和员工都会离开该平台，完全停止数据流动。

相比之下，领英则是以所有专业人士为目标的社交网络，而不仅仅以活跃求职者为目标。这样就会产生更高的持续交互，并且可以从已经获得满意工作，但是愿意考虑新的工作机会的用户那里收集收据，显著地扩大了用户群。领英还从相互交互的专业人士以及招聘人员之间的交互中收集信息，在同一平台上提供两个独立的反馈循环。之后，领英开始注重用户执行的内容创建和分享，从而为用户创造在平台上花费时间的更多理由。领英在市场数据的范围、深度和数量上的巨大优势为其在与莫斯特的竞争中提供了显著优势。

平台可以通过各种方式优化设计，以生成更好的用户数据。以双边式网络分析为指导，作者为 SAP 制定了一系列数据分析工具设计建议，以提高其生态系统利用率。

我们强调帮助客户在 SAP 生态系统合作伙伴中查找解决方案提供者的搜索工具的价值。通过改善数据促进更好的匹配，提高双边的满意度。我们还注意到，解决方案提供者可以通过识别失败的用户搜索，反映存在需要业务解决方案的潜在客户，从而找到客户。此外，我们还注意到平台需要能够帮助客户对照平台上其他类似公司衡量其自身能力的工具，以及能够帮助开发者对照平台上的其他开发者衡量其自身能力的工具。这类工具可以帮助 SAP 用户更有效地与该平台之外的竞争对手竞争。

我们为 SAP 提出的最后一个建议是寻找贯穿各个纵向行业的新业务服务功能，以及沿着长尾快速爬升（即在业务用户中日益受欢迎）的新功能。这些都代表新的价值来源，像 SAP 这样的平台可以吸收到自己的平台中，为尚未发现这些来源的生态系统合作伙伴带来好处。

因此，数据分析可以显著增强平台公司及其生态系统合作伙伴的能力，使平台更加成功，并显著提高其为用户创造价值的能力。分析可以引导在产品设计和在消费者与合作伙伴成功方面的投资，加强平台网络效应。这些新的数据工具共同创造了一个更强大的进入壁垒，即波特的竞争城壕的平台形式。如果竞争者没有数据，就无法创造价值，这意味着他们无法创造交互，进而会限制其获取数据的能力。

平台如何竞争（4）：重新定义合并和收购

传统合并和收购（并购）战略认为企业领导者应该追求的目标是增

加辅助产品或市场份额，或削减供应链成本。在五力竞争主宰的世界中，推动并购评估的关键问题是目标公司是否有保护巨额价值堡垒的城壕。

平台管理者需要调整这个战略。对于他们而言，关键问题是目标公司是否能为与其当前所服务的社区有明显重叠的用户群创造价值。

如果答案是肯定的，则可以得出一个初步结论：目标公司可能值得收购。但是，在做出收购决定之前，还需要扫清其他障碍。例如，目标公司的盈利能力及其从平台参与者那里获得持续的重复交互来源的能力。值得庆幸的是，平台企业在衡量潜在收购的价值方面处于一个异常有优势的地位。不像传统的管道公司，平台所有者可以延迟收购，直至充分观察了合作伙伴在平台上的交易。

这可以解决收购评估中信息不对称的传统挑战。收购者无须根据别人的审计财务数据制定收购决策，而可以根据对交易数据的第一手观察资料，甚至可以执行实际环境试验，测试各种战略情境。收购者可以通过管理平台，在签署收购协议之前对合作关系进行试验。

此外，只要平台企业可以在其生态系统中获取关键资源，平台企业就无须拥有所有关键资源。基于这一事实，相比于传统公司会感觉不得不执行并购交易，平台公司则可以执行更少的并购。在这个过程中，平台公司至少享有两大重要优势。

首先，索取合作伙伴在平台上创造的部分价值的风险远低于收购合作伙伴的风险。回想一下，2011 年，"乡村度假"（Farmville）和"血战黑手党"（Mafia Wars）曾是最火的游戏，使得游戏开发者 Zynga 的股票市值飞涨。很容易想得到，收购 Zynga 一定对 Facebook 的领导者产生了巨大诱惑，这样不仅可以获得 Zynga 游戏产品组合的全部价值，而且还可以阻止像聚友之类的竞争平台获得这个重要资源。

但是，Facebook拒绝了这种诱惑，这很明智。众所周知，游戏开发存在很多不可预知的因素，即使是最成功的游戏也会在几年之后销声匿迹，也无法保证会出现另一个更火的游戏可以引领风潮。Facebook没有收购Zynga并揽下创造新的火爆游戏的责任，而是让数百家游戏公司相互竞争，诞生出下一个火爆游戏，然后从这种飞速发展中分一杯羹。

其次，与合作伙伴保持一定距离，可以减少平台的技术复杂性。正如"垂直整合"一词所预示的，平台收购的任何新企业都必须与平台进行整合，从而会带来技术和战略挑战。与以通过清晰的界面执行所有业务活动的精益架构为基础构建的平台相比，利用数十种独立开发的技术构建的平台更容易瓦解，耗费的成本更多，而且提供的客户体验更糟糕。回想一下，我们在第3章中关于模块化设计的优势的讨论，在模块化系统中，当某个部分或某个合作伙伴失败时，可以相对轻松地进行调换。但是，如果在一个整合系统中某个部分或合作伙伴失败，则整个系统都会慢慢停止。

鉴于上述原因，平台企业管理者可以用比传统公司领导者更加深思熟虑的谨慎态度应对并购策略的挑战，而传统公司领导者经常被迫在别人行动之前，抢先收购下一家炙手可热的初创企业。

平台如何竞争（5）：平台包融

平台管理者需要不断审时度势，观察其他平台的活动，尤其是服务于相似或相同用户群的平台。我们称这些平台为类似平台。在类似平台上出现一种新功能时，这种新功能可能代表一个竞争威胁，因为你的平台用户可能发现该功能很有吸引力，从而开始多归属，甚至彻底放弃你的平台。

为了应对这种威胁，平台管理者可以选择直接提供类似的功能，或通过生态系统合作伙伴间接提供这种功能。这种战略在应用得极其成功的情况下，会导致所谓的平台包融现象。当一个平台有吸收类似平台的功能和用户群时，就会发生这种平台包融现象。

例如，回顾 20 世纪 90 年代，RealNetworks 发明了流式音频，并将其应用于该公司 1995 年开发的真实音频（Real Audio）产品中。该产品很快占据了 100% 的市场。但是，当微软决定占领这个市场之后，其已有的巨大平台规模为微软提供了几乎无法阻挡的优势。由于微软 Windows 操作系统占据了 90% 以上的市场份额，几乎每位对流媒体感兴趣的用户都已经安装了微软的操作系统。微软只需开发一个类似于真实音频的软件产品，然后将其作为 Windows 操作系统捆绑包的一部分发售即可。Windows 流式音频平台很快包融了真实音频创造的这个小得多的平台，尽管真实音频软件出现得更早，性能更优越。

在很多平台领域，这种包融战略非常常见。目前，苹果正在努力使用其 iPhone 平台包融移动支付系统和穿戴式技术的市场。同样，中国海尔集团也在扩展其家电平台，以期包融互联家电应用市场。

当然，机遇与威胁并存。如果平台 A 试图通过开发与平台 B 最有吸引力的功能竞争的功能，从而包融类似平台 B，平台 B 可以反过来以同样的攻击方式包融平台 A。在这种包融战争中，规模更大，初始用户数量更多，网络效应更强的用户通常会赢得胜利。但是，莫斯特与领英的竞争案例表明，为用户提供优越价值的平台也可以赢得竞争，哪怕其初始规模处于劣势地位。

与传统管道企业相比，平台企业能够更快速地采取行动，对竞争做出响应，并且主动发起竞争攻击。胜利通常属于能够持续为用户创造最大价值的那些平台。但是，在当今商业世界中，没有永久的胜利，也就是说平台企业必须始终保持警惕，至少要防止出现像传统企业那样骄傲自满的情况。

平台如何竞争（6）：增强平台设计

在传统商业领域，公司通过创造更高品质的产品和服务进行竞争。同样，平台也可以通过努力改善其提供的工具的质量，吸引用户，促进交互，并且将生产者与消费者匹配进行竞争（请参阅第 3 章介绍的平台设计的基本要素）。

我们已在第 5 章介绍了关于这种方式如何发挥作用的简单示例，其中我们解释了视频托管平台 Vimeo 如何设法与 YouTube 共存。尽管它们服务于同一市场，但是 Vimeo 提供更优质的托管服务、更高的带宽利用率、更有价值的评论反馈，而且禁止在播放视频前插播强制性广告，此外还提供吸引更高端视频制作者的功能，从而在 YouTube 具有更大观众基础的情况下脱颖而出。Vimeo 与 YouTube 的竞争态势类似于很多与主宰市场的对手共存的传统企业，它们都是通过发掘专门化细分市场和创造迎合高端受众的更高端产品占据一席之地。

在有些情况下，卓越的平台设计可以使平台明显超越先于其存在的竞争对手。爱彼迎一开始的用户数量远远低于比其存在时间更长的克雷格网站，后者也提供房屋和公寓短期租赁服务。但是，爱彼迎在辅助服务和匹配等关键平台功能方面做得更好。在克雷格网站上，想要租房的人必须查看一个杂乱的选项列表，上面的选项按照城市聚集在一起，并且是按照发布时间划分的。相比之下，在爱彼迎上，人们不仅可以根据上述分类标准搜索选项，还可以按照质量、房间数量、价格和地图定位进行搜索。此外，用户还可以直接通过爱彼迎达成交易，而克雷格网站用户必须在平台之外签订租赁协议。这使得爱彼迎使用起来更加方便，于是这个平台快速超越了该类曾经的平台领导者克雷格网站。

在优势可持续的时代：赢者通吃市场

在商业领域，没有永久的胜利，但是在偶尔的情况下，特定公司可以主宰某个行业十几年或更久。在这种情况下，我们可以说这家公司获得了持续优势。这种情况通常发生于赢者通吃市场中。在这种市场上，一些特定的力量相互结合，鼓励用户投向一个平台，而放弃其他平台。决定赢者通吃市场的特点的四个力量是：供应规模经济、强大的网络效应、高昂的多归属或切换成本，以及缺乏利基市场专业化。

正如在第 2 章解释过的，供应规模经济是在工业时代，在铁路、石油和天然气开采、矿业、药物开发，以及汽车和飞机制造等行业中，由大批量生产固定成本所推动的市场力量的来源。在上述行业中，生产量很重要，因为分摊成本的购买者更多，利润也随着规模扩大而上升。例如，如果英特尔要建设一家半导体制造工厂，可能需要耗资 10 亿美元，但是在工厂建成之后，制造数百万，乃至数十亿个芯片的增量成本就可以忽略不计。供应规模经济越强大，市场就越容易集中化。在美国，尽管反托拉斯法形成了竞争市场和监管压力，但是有些公司还是主宰了一些行业。在这些行业中，供应规模经济发挥着重大作用，例如在汽车行业中。

我们在第 2 章中也发现，网络效应是互联网时代的市场力量来源。由于积极的网络效应，公司创造的价值和获得的利润都会随着加入生态系统的用户增多而提高。[21] 这也是为什么具有网络效应的公司可以获得的价值是其他虽然有相当的收入，但却缺乏网络效应的公司的 10 倍。[22] 根据其当前的产品重点和业务模式，霍顿·米夫林出版公司、美国全国广播公司、Lexis 和惠而浦都没有强大的网络效应。亚马逊、网飞、LegalZoom 和 Nest 则拥有网络效应。因为积极的网络效应可以吸引更多用户参与更大型的平台，所以网络效应是可能强化市场的赢者通吃趋势的第二个力量。

第三个推动赢者通吃效应的力量是高昂的多归属和转换成本。正如在本章前面部分所讨论的，当用户参与不止一个平台时，就会发生多归属现象。当然，多归属使用户可以充分利用多个平台提供的优势，但是也总是会带来资金成本（例如多项订用费）或其他方面的成本（例如必须将数据上传至不止一个平台网站造成的不便）。

与多归属成本在一定程度上相似的是转换成本，即离开一个平台而转向另一个平台的相关成本。同样，这类成本可能是资本成本（例如，手机用户在合约期间，改换服务运营商应缴纳的违约金），或非资本成本（例如，将所有家庭照片从一个托管服务网站转移到另一个网站造成的不便）。

高昂的多归属成本和高昂的转换成本都会推动市场向更高度集中，由少数大型公司主宰的方向发展。例如，由于大多数人都无法承担同时配备安卓手机和苹果手机的成本，他们会倾向于在这两者之中选择一个，然后在至少几年内保持这个选择。相比之下，成本越低，人们就越容易同时参与两个或多个平台。由于大多数信用卡都只收取很低的年费，甚至根本不收取年费，很多人都在钱包中同时持有维萨、万事达和美国运通信用卡，可能同时还会持有百货商店卡，从而根据便利性和其他因素在各种情况下从这些卡中间做出相应选择。

在多归属和转换成本较低的市场中，后来进入市场的参与者更容易获得市场份额，导致市场更加开放和流动。例如，由于大多数社交网络都提供免费的基本服务，在两个平台上执行多归属基本上无须任何成本，这也是Facebook和领英能够成功地与其前辈聚友和莫斯特竞争的原因所在。相比之下，高昂的多归属成本是微软在进入苹果和谷歌背后的手机市场时如此困难重重的一个原因，尽管微软在收购手机制造商诺基亚之后，在桌面操作系统和市场份额上已经获得优势。

第四个，也是最后一个影响需求端规模的因素是用户对于利基市场专业化的追求。当特定用户群具有与众不同的需求或偏好时，他们可以支撑起一个单独的网络，从而削弱赢者通吃效应。20世纪90年代，Windows在桌面操作系统领域获得了强大的优势，因为它具有强大的网络效应，而且在该市场中多归属成本高昂，但苹果由于利基市场专业化幸存了下来，因为苹果在图形艺术家和音乐家群体中异常受欢迎。同样，领英也由于服务于商务专业人士的独特需求，因此能够对抗Facebook压倒式的网络效应，在社交网络中占据一席之地。

很少或没有利基市场专业化的市场特别容易产生赢者通吃效应。而且赢者通吃的力量越大，平台竞争就越剧烈。在拼车交通服务市场中，由于缺乏与众不同的用户需求，而且存在强大的网络效应，因此优步与来福车之间的竞争无比激烈。双方都通过提供推荐赏金和现金激励，无情地夺取对方的司机。其所宣称的有些策略甚至接近于不道德行为。例如，来福车曾指控优步通过向来福车预订5000单，然后取消订单，试图让来福车服务陷入瘫痪。优步否认了这个指控。但是，毫无疑问，两家公司都认为它们当中只有一个能在竞争中幸存，而且双方都决定采取一切手段，争取成为幸存下来的一方。[23]

我们已经发现，在平台领域中，竞争性质与传统管道企业领域大不相同。接下来，我们很自然会想到这些差异是否会影响企业法规，以及会有何影响。像垄断、公平交易、限价、反竞争行为和贸易管制等基本概念在应用于平台企业时是否需要重新考虑？旨在保护消费者、工作者、供应商、竞争者和整个社会的利益的现有规则在平台领域是否仍然有效和合理？在下一章我们将谈论这部分问题。

本章小结

- 平台竞争就像三维国际象棋，涉及三个层面的竞争：平台对平台、平台对合作伙伴，以及合作伙伴对合作伙伴。
- 在平台领域，合作和共同创造比竞争更重要。控制关系变得比控制资源更加重要。

- 平台用于相互竞争的各种方法包括通过限制平台访问预防多归属；促进创新，然后获取创新价值；利用信息的价值；培养合作伙伴关系，而不是追求合并和收购；平台包融；增强平台设计。

- 有些平台市场中存在赢者通吃市场。赢者通吃市场受四种主要因素驱动：供应规模经济、网络效应、多归属和转换成本，以及缺乏利基市场专业化。在赢者通吃市场中，竞争通常特别激烈。

第 11 章

政策：
应该（和不应该）如何监管平台

2014年秋季，纽约市的地铁上突然之间充斥着某家企业的广告，而很多城市居民才刚刚开始知道这家企业——爱彼迎。这些广告并不像普通广告一样，努力说服潜在客户尝试爱彼迎所提供的房屋租赁服务。广告宣传人士称呼他们的这种广告为企业形象广告，其旨在提升企业本身的声誉。每一张广告上都写有这样一条标语"爱彼迎对于纽约市很重要"。

但是，并非所有地铁乘客都认同这一观点。在几天之内，一些涂鸦者用马克笔对其中很多广告进行了"编辑"，以表达他们自己对于爱彼迎的看法。记者杰西卡·普雷斯勒（Jessica Pressler）在《纽约》（New York）杂志上刊登了其中一些经典评论。有一张海报上被观察者补充了这样一句评论："爱彼迎极不负责"。还有一张海报上留下了一句潦草的评论："你们楼里最蠢的人正在将你们前门的钥匙交给别人！"在有几张海报上，"对于纽约市"这一短语被替换成了另一条手写的结论："爱彼迎只对爱彼迎很重要。"

这场海报之战反映出，爱彼迎在纽约市及其正在扩张的全球其他城市中，已经引起更大的冲突。爱彼迎的企业形象广告活动只是该公司设计的昂贵游说和公关活动的一部分，其目的是反对监管者、业务竞争对手和被误导的媒体与大众成员所发起的攻击，该公司认为其攻击有失公允。他们争论的问题是：爱彼迎对于纽约市及其市民是一种福利，还是一种危及城市生活质量和经济良好状况的毒瘤？谁应该有权对此进行判断？

监管挑战：改革旧有规则以适应新的世界

平台世界的兴起导致出现了一个日益重要的社会挑战，即需要设计出平衡的内部治理系统和外部监管制度，以确保平台公平运营。[1] 随着爱彼迎、优步、Upwork、RelayRides等很多平台在经济和社会以及政治环境中发挥日益重要的作用，诸如参与者权利以及平台对其他部门和整个社会的影响等问题都变得越发突出。因此，平台空前的增长正在给公众意识的前沿带来自2008～2009年经济危机以来最严峻的监管问题。

随着关于这些问题的争论此起彼伏，很多观察者开始认识到，我们对于监管政策的很多"公认"看法都是错误的，至少在应用于当今快速发展的平台市场时是错误的。提倡创新和经济发展的社会目标（这种目标支持对于平台的监管采取放任政策）和预防危害、鼓励公平竞争，以及保持法治的社会目标之间出现了严重冲突。

政策制定者、法学学者和企业倡导者应该根据平台的兴起所带来的变化，重新审视关于监管的一些旧观点。在本章中，我们将探讨在未来几年内，随着平台继续转变经济格局，领导者必须处理的一些关键问题。我们将探讨的一些问题包括对税收政策、经济适用住房、公共安全、经济公平、数据隐私、劳动者权益等都会有潜在影响。

平台革命的阴暗面

我们已经注意到网络平台的爆炸式增长所带来的利益。但是，我们也必须承认平台的扩展并不会创造一个新经济天堂。就像每一次商业、社会或技术创新一样，平台的兴起也存在潜在的危害。[2]

关于平台的兴起的一些控诉反映出平台企业对传统行业造成了颠覆性影响。当然，利益和生活受到新商业模式危害的公司和工作者都会通过各种手段进行反击，包括收集各种不论是否有意义的证据，证明新商业模式正在造成经济、环境、社会或文化危害。对于平台企业的一些攻击显然也可以归为这一类别。不难理解，为什么出版商和连锁书店会憎恨亚马逊，为什么唱片公司会讨厌iTunes，为什么出租车公司会反感优步，以及为什么连锁酒店会厌恶爱彼迎。当然，如果对于平台的批判（包括对于限制平台的影响的呼吁）是来自这类利益相关者，就要带着怀疑的态度进行审视。

但是，这并不意味着由于平台企业的影响而导致的抱怨就没有合理之处。到纽约旅游的人如果利用了爱彼迎服务来获得经济实惠的住宿，就会成为其服务的爱好者；同样，利用爱彼迎出租空房，获得额外收入的房东也会如此。但是，他们的有些邻居会不满意。通俗小报上纷纷刊登了各种恐怖故事，宣称爱彼迎的民宿中存在各种放荡纵欲、招妓嫖娼行为（有报道一名妓女在民宿中被刀砍），以及成群不受管制的粗暴年轻人聚众酗酒的现象。曼哈顿一位忧心忡忡的房东肯·波西亚（Ken Podziba）感觉不得不安装监控摄像头，以证明某位租客将她的房间出租出去违反了禁止短期转租的州法律。最后，他成功地将房客驱逐了出去。波西亚嚷嚷着说："爱彼迎为了赚钱，让人们为所欲为，这太疯狂了。"[3]

正如我们已在第 8 章中提到，爱彼迎对于未参与租房协议的第三方造成的影响被经济学家称为外部效应。有一个重复发生的经济问题是，负面外部效应的成本并未由造成这些效应的人和公司承担，而转嫁到了被迫遭受这个问题困扰的"无辜受殃者"身上。外部效应问题是这类企业激起其邻居反对并且招致监管者干预的一个重要原因，而爱彼迎目前就在处理不少这种问题。

缺乏统一的保险责任范围是围绕爱彼迎的最严重的外部效应问题之一。2014 年 12 月，在遭受数年的投诉之后，爱彼迎宣布了一项新政策，为遭受不安分房客损害的美国房东提供 100 万美元的责任保险。问题是：这种保险属于所谓的附加险，只有在房东的个人房屋所有者保险用完之后，才能生效。在美国，几乎所有个人房屋所有者的保单都明确排除为在家中进行"商业活动"（包括房屋出租）提供保险。爱彼迎似乎希望在某种程度上将损失转嫁给那些并不勤勉地调查索赔，或被隐瞒自身作为爱彼迎房东身份的屋主欺骗的公司所管理的个人保险上。

当然，这种不完全保险让很多爱彼迎房东很担心。但是，财经新闻工作者罗恩·利伯（Ron Lieber）指出，这种保险也为数以千计未参与该平台的市民造成了外部效应。他写道："如果爱彼迎与人身保险公司成功分担了风险，那么公司就会提升大家的保险费以弥偿损失。"[4]

当然，正如我们已经提到的，企业向未参与平台的第三方提供的有些外部效应属于积极的经济效益。一些数据表明，在爱彼迎进入市场后，酒店价格略有下降，这有可能促进旅游业务的发展，并且最终惠及当地餐厅和其他吸引游客的场所。[5] 其他数据表明，酒驾死亡人数在优步进入市场后略有下降。[6] 但是，这些积极的外部效应通常难以记录和量化，而负面外部效应则通常很鲜明、准确无误，而且令人不快。爱彼迎将外部成本转嫁给未参与该平台的人或整个社会，是否公平？

这些问题远不止是理论上的。有些平台企业实际上已经由于负面外部效应而关停。猴子停车（MonkeyParking）应用就是一个示例。该应用系统于 2014 年 1 月在旧金山发布，鼓励司机在离开车位之前向其他系统用户发出提示，拍卖空位，然后与提供空位的司机分享其收益。很多观察者认为，这个系统的做法不公平，因为它鼓励将停车位这种公共财产私人化和盈利化，从而影响公共交通系统的开放性和可用性，而难以计数的个人和企业都依赖于公共交通系统。其对于私营停车场也存在负面影响，因为停车场所有者为服务于这种需求进行了投资。为了对投诉做出回应，2014 年 6 月，监管者介入关闭了该平台。[7]

猴子停车的案例并不是一个黑白分明的判决。它提出了如下问题：将公共资源私有化所造成的社会危害，是否比提供稀缺资源使用计划所带来的好处更重要？在什么情况下更重要及其重要程度如何？猴子停车这样的系统减少了司机在市中心街道上漫无目的地行驶、寻找车位、汽车空载、增加交通堵塞的情况，创造了环境利益，这可以作为该系统存在的一个合理理由。但是，如果我们允许猴子停车拍卖公共停车位以获取私利，那我们是否也要允许其他值得商榷的市场活动？是否应该允许平台用户占用公共停车场或夏天周末沙滩上的公众选择位置，然后将这些位置拍卖给出价最高者？那么，是否可以拍卖最受欢迎的公共学校的入学名额？或者，是否可以拍卖最佳公共医院的单人病房？我们是否想要生活在这样一个社会中，那些最有钱的人可以占用更多的最优公共资源？这些都是关于像猴子停车之类看似简单的案例所导致的外部影响的一些问题。

劳动者平台是所谓自由职业或1099经济㊀的保护壁垒，也导致了关于社会影响和公平的其他问题。毕竟，像Upwork、跑腿兔和提供洗衣服务的Washio之类的平台对于那些重视弹性工作计划的人而言很好，但是对于那些必须基于自由工作的原则，在不享有法律通常规定应该享有的福利和工作保护的情况下，从事全职工作而且别无选择的员工而言，就存在更多问题。可以理解，企业想要充分利用这类平台所能提供的灵活性和低间接成本优势。但是，在像美国这样的一个社会里，诸如医疗等基本服务都主要是通过员工的企业计划提供的，是否需要为公司创造这样一种经济优势，使其可以将这类服务的成本转嫁给兼职员工，或转嫁给已经面临经济压力的政府支持计划？ 8

平台当然会为其用户创造利益，否则就不会受到用户欢迎。但是，它们也会形成整个社会都必须考虑和应对的意外负面影响，包括不利的外部效应。

反对监管的理由

尽管存在像猴子停车之类的平台企业所导致的问题，但是有很多人会认为，与平台所产生的巨大创新、新价值的经济增长相比，平台所导致的潜在滥用和社会混乱只是一个小的代价。因此，应该保留平台企

㊀ 1099经济指类似优步一类的自我创业新兴经济。——译者注

业，因为它们正在给数百万人带来毋庸置疑的利益。为什么要通过严苛的监管手段，承担压制创新的风险？

反对监管的人很快指出了很多监管不利甚至适得其反的理由。诺贝尔奖获得者罗纳德·科斯（Ronald Coase）和乔治·斯蒂格勒（George Stigler）都是著名的自由放任主义芝加哥经济学派，他们认为市场的大多数失败问题都最好由市场机制本身来处理。例如，鼓励竞争的自由发展，让竞争者提供比对方具备更大社会利益的产品和服务。在他们看来，历史已经证明，政府监管者通常都会无法胜任其职责，甚至会发生腐败，这就意味着监管通常无法解决其本打算解决的问题。在一些具体情况下，如果自由市场无法解决市场公平性或消费者保护方面的重要问题，那就可以通过向法院提起私人诉讼进行解决。

斯蒂格勒将监管失败的一个最常见机制称为"规制俘虏"。[9] 其基本前提是市场参与者采取行动，从而以有利于自身的方式影响监管，通常会使潜在的市场问题更加恶化，而不是有所改善。斯蒂格勒在其 1971 年的一篇文章中说明了这个观点，其中罗列的示例包括石油进口配额，防止新公司进入航空、货车运输以及银行业务行业，通过针对理发师、入殓师、医生和药剂师制定许可规定，对某些劳动者市场提供准入管制。由于"规制俘虏"，政府规定经常被用于阻止竞争和抑制创新，而不是保护消费者和给社会造福。斯蒂格勒及其追随者都认为，如果消除了"规制俘虏"，经济和社会作为一个整体都将会获得好处，并且认为这就要求消除对企业的大多数政府监管。让-雅克·拉丰（Jean-Jacques Laffont）和让·梯若尔（Jean Tirole，2014 年诺贝尔经济学奖得主），采用代理人的观点延伸了斯蒂格勒的分析，指出像投票人之类的"负责人"对于其"代理"（包括被选举和被任命的官员）具有不理想的控制。拉丰和梯若尔都表示，如果相关负责人对于其代理的行为，掌握了更全面的信息和控制权，则企业将难以受益于"规制俘虏"。[10]

毫无疑问，"规制俘虏"现象确实存在。负责制定和实施企业监管规定的政府机关管理者必须经常就如何制定这些监管规定向企业领导征求意见和指导，这通常意味着这些规则最终会使公司或是某些具有很高影响力的公司，而不是普通大众受益。在金融服务等一些强大的行业中，众所周知有些高管会先后任职于政府部门和私营部门，因此是同样一群人设计了监管制度，然后又为公司提供最佳方法建议，从而规避这些制度或操纵这些制度以获得利益（拉丰和梯若尔都特别强调了这种行为）。

如今，有些关于平台企业的监管战争也在一定程度上反映了传统行业利用政府监管作为盾牌，从而抵御平台所产生的竞争模式。因此，正如评论员康纳·弗莱斯多夫（Conor Friedersdorf）所说的一样："汽车服务平台优步正在整个美国的各个城市进行斗争，争取结束出租车行业享受的'规制俘虏'。"[11] 爱彼迎也面临着类似的与监管者的斗争，因为监管者会受与酒店行业的长期关系影响。

在有些观察者眼中，"规制俘虏"的现象明显削弱了政府的大多数经济监管的合法性要求。例如，自由派经济学家唐·博祖（Don Boudreaux）在其博客哈耶克小馆（Cafe Hayek）上的一篇博文中总结了优步使司机可以将其个人汽车从私人财产转化成经济形式的资本部分的方式，进而批评"政府干预优步和其他共享经济创新活动"，称其既"阻碍了改善消费者获取商品与服务的途径的市场力量"，又"侵害了提高财富创造资本的数量的市场力量，否则普通人都可以拥有和控制那种资本，并且从中获利。"[12]

你可能会赞同，也可能会不赞同博祖的观点：尝试限制优步的发展构成了当今"一个最令人讨厌的政府干预示例"。但是，"规制俘虏"现象的存在不一定是对倾向于进行监管的论调，甚至是倾向于专门针对平台进行监管的论调的一个致命打击。可能有人会认为，我们不需要彻底消除监管，而需要设计适当的政治、社会和经济体制，降低"规制俘房"的可能性,例如通过法律限制企业和政府之间过从甚密的"旋转门现象"。

经济学家安德鲁·施莱弗(Andrei Shleifer)是企业治理和政府监管领域的一名学者,他指出各个国家当中"规制俘虏"的盛行存在很大差异。当公民对于政府的监督相对较少时,严格的监管通常会导致政府官员更大程度的腐败和侵占财产。此外,实际上,这种现象在专制国家尤为广泛。但是,在拥有更严格问责制度的政府的国家,例如北欧的一些国家,在严格的监管下此类腐败相对较少,从而减少了"规制俘虏"。在这些情况下,施莱弗认为,监管可以与促进社会福利和经济发展并存。

此外,施莱弗指出芝加哥学派依靠诉讼代替监管的观点的前提是要有独立而且诚信的司法部门。这忽略了一个事实:法官和律师也与其他政府员工一样可能遭受操作和俘获。[13] 更广泛地说,施莱弗的观点与拉丰和梯若尔的观点一致,即支持实行特定于国家和技术的监管。[14]

总之,历史记录并不支持倾向于对企业不进行监管的观点。实际上,很难找到完全不受政府机构干预的任何发达市场。通过监管防止反竞争行为的做法可以追溯至古希腊和古罗马时期,那时候国家机关会采取迅捷行动,缓解由于自然(天气)事件影响以及商人和货运代理蓄意操纵市场导致的粮食市场波动。[15] 同样,现代社会也有赖于监管者在市场上实施公平竞争的原则。在监管失败时,我们会发现内幕交易的丑闻、按揭抵押市场的垮台,或是目前垄断者实施的高价垄断。

很少有人想要生活在一个没有任何监管的世界中,而且在我们如今所生活的复杂社会中,监管发挥了一系列重要的社会职能。在发达国家中,航空系统鉴于所涉及技术的复杂性和尝试进行破坏的恐怖主义者,整体上却是非常安全的。[16] 这个记录既得益于技术和训练的进步,也得益于像美国全国运输安全委员会之类的政府机构在坠机后执行的不间断调查，从而在系统上消除了风险因素。同样，我们也依赖于监管来维持饮用水的纯净、交通系统的安全，以及我们对传染病的响应和控制能力。

出于所有这些原因，只有相对较少的人希望支持极端自由状态，要求完全消除企业监管，这就意味着问题不在于是否应该通过监管制度控制平台企业，而在于应该如何通过监管制度控制平台企业。

当然，监管的好处和代价之间需要进行权衡。完全缺乏监管可能会带来高昂的社会和经济成本，因为有一些问题会持续存在。例如，商业欺诈、不公平竞争、垄断和寡头垄断行为，以及操纵市场的行为。另一方面，就像在有些专制国家中一样，政府对市场的非常极端的干预会导致其他问题，包括腐败、效率低下、浪费和缺乏创新。通常，这种权衡的存在表明中间方案是最佳的，而且实际上全球最充满活力的经济体通常都通过监管机构、司法审查或二者的某种结合，采取某种中间级别的政府监管。

经济学家西蒙·德加科沃（Simeon Djankov）和同事划分了可能的监管制度的范围，包括从私人秩序（我们称之为私人治理），到依赖于受独立法官管理的法院裁决的系统或国家官员制定条例，再到政府直接拥有资产。[17] 图11-1对这种范围的可视化描述反映了由于私人违法行为导致的社会损失和由于政府渎职行为导致的社会损失之间的权衡折中。

正如安德鲁·施莱弗所指出的，近几十年来，大多数经济学家和政治理论家都已经从积极看待政府干预转变为更倾向于支持私人化。[18] 如今，有一种趋势是，曾经由政府提供的监管如今却由代表其自身私利的私人实体提供。例如，美国所采用的国家强制性会计准则逐渐从《美国通用会计准则》转向由总部位于伦敦的私人组织国际会计准则理事会制定的《国际财务报告准则》。

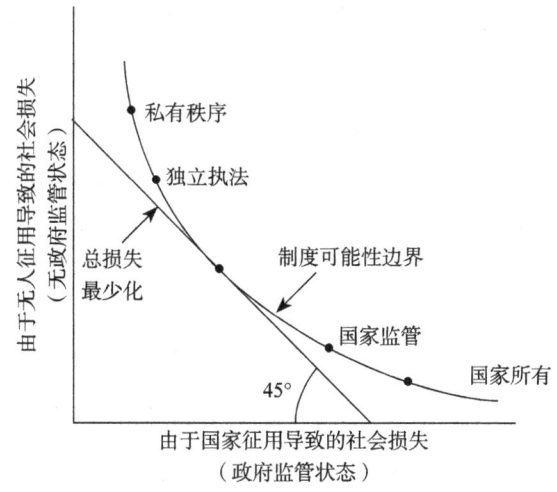

图 11-1 德加科沃关于完全缺失监管（左侧）或由政府完全控制企业（右侧）导致的"社会损失"曲线（经许可转载）

我们认为这种趋势将会继续，并且政府必须重新思考应该选择对什么进行监管，以及私人实体可以更有效地提供何种监管。本章的一个目的是建议监管者应该考虑对平台市场进行监管的一些情况以及最好让平台自己进行管理的一些情况。

平台企业的增长导致的监管问题

下面我们一起分析一下，随着最近 20 年来平台企业的兴起，随之出现的一些最重要的监管问题。

平台访问（platform access）。随着平台成为日益重要的商品和服务市场，对平台的访问可能会成为监管机关调查的一个法治主体。当某些潜在参与者被排除在平台之外时，就产生了一系列问题。例如，这种排除会让谁受益，这种排除是否公平，以及它可能对整体市场造成什么长远影响。

例如，阿里巴巴集团处理中国 80% 的电子商务交易。[19] 这种排除威胁对于执行在线业务的任何公司都构成了一种严重的挑战。访问权限也是每家希望在数百万种产品中上升到榜首的初创企业的一个顾虑，因为它们没有任何交易历史记录可以提高它们的网页排名。据悉，在计算机游戏主机市场上，平台赞助商（索尼、微软和任天堂）都向美国艺电公司（Electronic Arts）等企业提供类别独占权以获取其对平台的支持。当公司收购为其平台提供重要组件或软件的生产者时，也可以实现相同的目的。例如，2001年，当Xbox游戏推出时，微软收购了游戏工作室Bungie，以便确保对流行的Halo电子游戏的独家特许权。

访问权限和独占权在平台兼容性中发挥着重要作用。1997年，太阳微系统公司（Sun Microsystems）对微软提起了诉讼，指控微软故意"分解"Java编程语言，即在代码库中创建一个不兼容的分支，从而限制其在微软Windows之外的操作系统上的应用。2002年，太阳微系统公司又对微软提起了诉讼，因为微软从桌面发布中排除了Java，而代之以微软的专属语言.NET。2015年，安卓手机操作系统分割成开放版本和专属版本。保持兼容性的商业和监管诱因对于保护消费者利益而言是必要的。

商学教授卡尔·夏皮罗（Carl Shapiro）认为，当网络效应很强大时，这种排除问题尤为重要。夏皮罗指出："这种排他性合同和独占会员规则在网络行业可能特别有害，其所构成的危险是新技术和改进的技术将无法获得真正动摇当前市场领导者所必需的临界用户群。"[21]

他还指出："说到底，这个问题不再是垄断定价造成的消费者损害问题，虽然这是其中的一部分，但是更严重的问题在于创新的步伐将被放慢，消费者无法获得动态竞争的市场下本可以提供的技术进步的全部优势。"这种现象被称为过度惰性（excess inertia），意思是网络效应的力量减缓或阻止了新的、可能更好的技术的采用。当一个或若干平台由于网络效应的力量，可以主宰某个特定市场时，这种平台会选择抵制有益的创新，以便保护自身不受变革和其他颠覆性效应的影响。

当然，在任何特定平台随意拒绝访问似乎会导致过度惰性的情况下，认为监管者应该考虑政府干预是否适当的观点值得商榷。[22] 但是，观察者并不是始终很容易就能判断特定竞争行动可能会造成的真正影响。在有些情况下，一些明显的结果可能会随着着眼时间的不同而发生显著变化。

例如，本书的两位作者（杰奥夫雷 G. 帕克和马歇尔 W. 范·阿尔斯泰恩）在 2014 年的一篇文章中指出，限制开发者之间竞争的平台政策实际上从长远看，可以通过培养更高度的创新，惠及消费者。[23] 这个过程就像一个短期微专利：平台向特定扩展开发者授予临时类别的独占权，用以交换在新产品或服务方面的巨大投资。（SAP 已对 ADP 之类的开发者使用这种"首选合作伙伴"战略，微软也已对一些优选游戏开发者使用这种战略。）随着时间的推移，在这种时间有限的安排下的创新更容易被纳入核心平台。然后，这些创新会提供给所有消费者进行直接消费，而且还会供下一代开发者用于推动新的创新。

出于这些原因，我们建议监管者在考虑干预涉及平台访问的情况时，谨慎行事。

公平定价（fair pricing）。以往经常吸引监管者注意的一个行为是掠夺性定价，即公司将产品或服务的价格定得非常低，以至于公司自身都不可能盈利。这种低价暂时会对消费者有利，但是从长远来看会损害消费者利益，因为这样会将竞争者挤出市场，导致剩余的供应商之后可以提高价格，形成垄断。当然，这才是掠夺性定价的首要目的，而且这也解释了为什么政府监管者有时候会干预和阻止其认为属于掠夺性定价的行为。

但是，本书的两位作者（杰奥夫雷和马歇尔）进行了一些研究，对低于成本价格的传统解释提出质疑，进而对监管者对于掠夺性定价的定义进行了分析。我们的分析表明，实际上具备强大的双边网络外部效应的公司即使在免费向市场的一边分配服务的时候，也仍然可以最大程度地获得利润。在这种情况下，它们可以通过向市场的另一端销售产品或服务来获得丰厚的利润。[24]

连同让·梯若尔等其他作家一起，这项关于双边式网络的研究颠覆了传统观点，并且要求监管者重新构建其掠夺测试，以将网络效应纳入考虑。[25] 特别是，监管者将以成本价或低于成本价的价格销售商品或服务的行为视为可以证明此行为者想要将竞争者逐出市场，以期在竞争者离开之后，提高价格。但是，按照上面的讨论，当公司考虑跨市场外部效应时，即使是在没有竞争的情况下，他们也有理由将其产品或服务定价为零，将其销售给特定客户群。

尽管在有竞争的分析情况下这会有所变化，但是平台法律仍然需要考虑一些尚未确定的问题。2015 年，欧盟对谷歌的搜索服务提起了诉讼，指控谷歌偏向于自己的比较购买服务，而压制对手的这种服务，这个案子正好说明了上面的观点。[26] 有趣的是，2013 年，在美国也有人向联邦贸易委员会（FTC）提出了类似的投诉，却未被进一步受理。[27] 另一个平台巨头亚马逊正面临政府对其在图书市场上角色的审查。其中所涉及的问题是，亚马逊正在降低价格以获取市场份额，然后在竞争对手退出市场后，提高价格。[28] 我们对于这桩针对亚马逊的投诉持怀疑态度，具体的指控是认为在公司完成支配之后，价格会显著上升，但是我们更赞同亚马逊作为文化产业的守卫者的角色过于强大，可能正在建立其自己的专属数据内容形式，因为它尝试了在 Kindle 阅读器上采用 Amazon Word（AZW）格式。例如，免费的 AZW 格式提供的图书章节可能被特洛伊木马利用，作为一个长远战略吸引读者，导致平台控制增强，然后从公开形式转变为封闭的专属标准。

数据隐私和安全（deta privacy and security）。长期以来，人们一直在担心公司可能会如何利用它们向消费者收集的个人数据。随着消费信用卡的推出，企业收集关于各家各户的详细数据的能力显著提高。这种金融创新通过简化信用信息的获取，帮助促进消费者消费。但是，当然这也意味着银行有强烈的动机来使用这些数据衡量客户的信誉度。为了提供这种分析，三个大型的消费者信用评分机构应运而生，它们是：Equinox、Experian 和 Transunion。为了从银行换取交易详情，这些机构会计算消费者的信用评分，供银行决定是否扩大用户的信用额，及其扩大幅度。如果你曾申请车贷或房贷，就会很熟悉你的信用评分的重要性和影响。

早期的数据安全监管关注的是，需要围绕用于计算信用评分的标准提供透明度。这期间出现了很多种族歧视和地域歧视的案例。[29]

1974 年，美国国会通过了《信贷机会均等法》(Equal Credit Opportunity Act)，禁止基于性别和婚姻状况的信用歧视。1976 年，该法案进行了修订，进一步禁止基于种族、肤色、信仰、民族血统、收入来源和年龄的信用歧视。1977 年，联邦贸易委员会开始将大量资源投入实施该法案和处理导致该法案通过的歧视做法。[30]

但是，如今，关于使用消费者数据的问题在规模和复杂性上又有了进一步发展。信用机构受到很多问题困扰，例如身份信息被盗和错误等，消费者需要数年的时间才能解决这些问题，导致了数不清的损害。[31] 信用机构以及依赖消费者信息的贷款人使用和滥用消费者信息也成为世人激烈争论的焦点。掠夺性贷款是指贷款人为了获得巨额利息和延期还款罚金，故意以无法偿还信贷的消费者为目标进行放贷。这类行为由于会导致经济失调甚至市场不稳定，而备受指责。

正是在这种背景下，联邦贸易委员会担当了美国领导者角色，监管起了数据服务提供商的行为。

大多数消费者似乎都愿意提供关于其消费行为的详细信息，以便获取信贷。但是，很多人可能都不完全理解这一事实：这种支持信贷机构的动力正是"免费"信息服务企业（即我们在第 7 章中描述的数据整合企业）所提供的服务的基础。如果你曾在网上进行过搜索，或者就是简单地搜索关于相机、书籍或任何其他消费产品的信息，就可能会发现随后在你所访问的各个网站上都会弹出这些产品的广告。这就是数据驱动的营销在起作用，而且对于很多平台企业，销售关于消费者的基本个人信息是一个重要的收入来源。

你可能会发现互联网上的那些定制广告有点令人不安。更加令人不安的是一些不那么明显的利用个人数据的方式。很多公司，包括平台企业和其他企业，都会跟踪消费者网站的使用情况、财务交易、杂志订阅、政治性和慈善性捐款等，从而形成更加详细的个人档案。这些数据合并起来可以用于向具有相同档案信息的人进行交叉销售。例如，某个购物网站上的建议引擎会提示你："像你一样购买产品 A 的人通常也喜欢产品 B！"这个过程的匿名性质导致大多数人都不会反感。但是，同样这些基本数据可能而且确实会被出售给潜在雇主、政府机关、医疗保健服务运营商和各类营销者。他们可以通过安客诚（Acxiom）之类的数据经纪公司购买关于敏感问题的个人身份信息，例如性取向、处方药使用情况、酗酒和个人旅行信息（通过手机定位数据跟踪）。[32]

消费者对于数据经纪行业的做法的担忧导致了一系列调查，包括联邦贸易委员会执行的一次大型调查，并由此产生了一份政府调查报告，标题为："数据经纪机构：请保持透明和承担责任"。[33] 但是，实际上，这在预防很多人反对的做法方面并无多少改变。[34]

有些人怀疑，实际上，人们对于数据隐私的担忧是表面上的。他们指出消费者经常在领英和 Facebook 等社交媒体平台上分享关于他们自己的私密个人信息，不断使用 Fitbit、Jawbone 和 MyFitnessPal 等健身、保健和饮食工具"记录他们自己"。虽然这些平台都有适用于消费者的隐私保护政策，但是其内容包含大量法律措辞，很少有用户会费心阅读。消费者随意通过平台公开暴露关于他们自己的信息表明，很少有公民特别关心数据隐私的问题，这使得监管者或平台管理者都不太可能在近期严格控制个人数据的使用。

关于隐私的最后一个问题是数据所有权问题。数据收集者和其他可以访问信息的公司实际上正在主张拥有原本可能会被视为个人财产的数据的利益所有权。有一个引人深思的案例旨在阐明这个问题，一位叫詹尼弗·林恩·莫荣（Jennifer Lyn Morone）的年轻女性专为主张她自己产生的数据流的所有权利益，成立了公司。[35] 当然，通过使用和销售个人数据盈利的公司不可能认为莫荣的姿态好笑或有说服力。但是，这个问题不会消失。德意志银行（Deutsche Bank）的首席数据官 J. P. 兰加斯瓦米（J. P. Rangaswami）预计：

> 随着我们对于个人信息和集体信息的价值认识越来越清楚，我们对于这类信息的处理将会反映我们的自然动机。我们还将学习开发和扩大这些权利。最重要的是对集体信息（有时候但并非总是公开信息）的处理将要做一些改变。我们将会学会更加重视集体信息；我们将会理解个人信息和集体信息之间的权衡；我们将允许通过我们所学到的这些东西指导我们遵守风俗、惯例和立法。[36]

在当今世界上，数据被公认为"新型石油"，很明显数据所有权的问题将需要结合监管措施、法院裁决和行业自律进行解决。[37] 每一件涉及泄露敏感信息的新丑闻，例如2014年揭露索尼影视娱乐有限公司（Sony Pictures）泄露对数百万名用户观看记录的访问权限，都有可能推动监管机构确立用户数据的所有权。[38] 这种所有权会在发生数据泄露之后，让受害者可以诉诸法律。其理论是，在需要承担足够大的责任的情况下，公司将会更严肃地采取数据安全措施和预防未来泄露数据的行动。[39] 在有些利基市场上，已经有人制定关于数据所有权的协议。例如，2014年12月，一系列大型农业公司和组织，包括Dow、DuPont、Monsanto和美国国家谷物生产者联合会（National Corn Growers Association）就一系列原则达成了一致意见，界定了农民对于拥有和控制关于其农作物的数据的权利。[40]不妨思考一下其影响：用于改善农作物产量的传感器数据同样能够轻松地用于预测大豆期货。这些辅助用途有可能创造巨额财富，提供数据来源的人理应在这种财富中获得合法的利益。

国家对于信息资产的控制（national control of information assets）。互联网的全球普及为企业法规增加了很大的复杂性。就国界在企业交易中的作用制定合理的规则，然后找到一致公平地实施这些规则的方法，远比在通过电子方式互联的世界中更加困难。其中的一个困难是平台企业对关于国家对数据访问权限的控制规则的应用。

当跨国公司扩张进入不太发达的国家时，它们通常需要遵守所谓的地方内容法规，这些法规旨在刺激地方经济和确保新企业创造的经济增长有一部分保留在国内，而不是转移到跨国公司的总部。例如，当像西门子和通用电气这样的公司扩张进入撒哈拉以南的非洲地区时，它们通常需要设立地方运营机构，执行像培训和服务之类的活动。这就是西门子会在尼日利亚拉各斯开设西门子电力学院（Siemens Power Academy）为电力行业培训技工的原因。

有些行业观察者认为地方内容要求可能会扩展到数据服务中，例如，规定在本地，而不能在国际范围存储和处理业务数据。如果普遍确立这个原则，所涉及的数据的价值会大幅降低。例如，如果通用电气或西门子在全球的动力涡轮机只连接到一个网络进行数据收集和研究，其所产生的数据流会成为比较分析的依据，产生关于每台机器的独特"使用情况记录"。这样会使得数据分析师可以对涡轮机性能做出更准确的预测，并且创建定制的维护计划，从而为公司和客户节约资金。但是，要实现这种积极结果需要获取海量信息以进行实时处理，而当地数据内容法律可能会禁止获取这些信息。该示例很好地说明政府应当根据平台生态系统所提供的新功能，重新思考这一类监管限制。[41]

欧洲的隐私保护法律可能是另一种形式的数据民族主义。出于保护公民隐私的表面目的，欧洲制定了关于数据流的规则，结果导致地方数据处理中心鱼龙混杂，并且数据分散，而这些数据汇集起来可以用于商业用途。在美国，市值十亿美元的初创企业有 42 家，而在欧盟只有 13 家。[42] 无法扩大网络效应可能是其中一个原因。最近的证据表明，欧盟的这种数据隐私制度已经产生显著的经济影响。例如，广告公司主要依赖于大数据提供的洞察力来优化其决策，因此这些公司在欧洲的运营机构效率明显低于美国等没有限制性数据管理规则的其他同等富裕的地区。[43]

税收政策（tax policy）。平台面临的最激烈监管问题之一是税收政策。随着一些快速增长的平台在全国乃至全世界开展业务，它们重组了经济结构并且使很多当地小企业破产，那么谁将从其所产生的销售税中获益？缴纳销售税应该发生在中心生产者的位置，还是应该在消费的地点？类似这样的问题可能会产生重大的经济和政治影响。

作为全球第二大在线零售商（根据收入而论），亚马逊的这一问题非常典型。在亚马逊子公司所在的大多数国家中，都要收取全国性的销售税或增值税，因而亚马逊必须从所有客户端收取这种税款。但是，在美国，国家销售税和州销售税之间大相径庭，这就为亚马逊创造了一个尽可能减少其纳税义务的机会，从而尽可能地使得其商品的感知价格保持较低水平。该公司和很多州监管者与立法机关进行了关于销售税规则的斗争，经常拒绝缴纳销售税，一直到政府颁布新法律迫使其不得不纳税为止。在有些州，亚马逊坚称还未拥有须缴纳州税的"法人"资格，尽管其在那些州运营的是大型仓库和货运中心。此外，在有些情况下，亚马逊使得有些州之间相互斗争。例如，为了报答印第安纳州通过法律，豁免亚马逊缴纳销售税，该公司在印第安纳州设置了不下5个地区仓库。如今，亚马逊在美国23个州缴纳销售税，其中包括几个最大的州，而在其他州则继续抵制纳税要求。[44]

其他在线平台也存在同样的问题。例如，招聘平台Upwork就通过将地方人力中介设置在企业外部，降低要缴纳的地方税款。由于在线平台的国际范围，传统的地方和州级销售税制度似乎已经过时，而且全国性的销售税似乎是一个自然而然的合理解决方案。但是，从21世纪前十年的中期开始，带有明显反税收倾向的美国国会似乎根本不可能会通过此类法律。

一个次优解决方案是颁布一个法案，使得各州可以更容易地对从州外在线购买的商品征收销售税，实际上从2010年起，国会就多次提议这个法案。此类法案的一个较早版本是《大街公平法案》（Main Street Fairness Act），此法案也未能通过委员会征求意见阶段，其部分原因是亚马逊的代表进行大肆游说，反对这个法案。

2013年5月，参议院通过了一个新版法案《市场公平法案》（Marketplace Fairness Act），但是尚未提交给众议院进行投票。情况出现了有趣的转折，《市场公平法案》获得了亚马逊（以及零售巨头沃尔玛）的公开支持。发生这种逆转的可能原因是：由于亚马逊现在销售的大多数商品都缴纳销售税，简化销售税制度使亚马逊可以受益于所有互联网商户，其中包括亚马逊的很多小竞争对手，他们目前的很多商品都只缴纳少量税款或根本没有纳税。对监管者辩称倡导市场平等、自由和神圣不可侵犯理念的典型说法，最终都会转变成本质上的金钱问题，以及各种利益团体提上立法台面的政治势力问题。

劳动法规（labor regulation）。运营劳动者平台的企业通常选择将其系统描述为专门从事将劳动者与服务需求进行匹配的中介机构。按照这种观点，通过优步、跑腿兔和Mechanical Turk之类的企业注册申请工作的人实际上是独立的承包人，而平台对于其所匹配的交互双边的生产者和消费者双方都只承担极少的法律（或道德）责任。

但是，由于监管者负责保护工作者的福利，所以从监管者的角度来看，平台企业的这种态度有待商榷。在传统的线下企业领域中，很多公司都将全职永久员工划分为法律和监管意义上的承包人，这一做法为公众所诟病。例如，2014年8月，联邦快递在一桩涉及加利福尼亚州2300名全职员工（这些人都被联邦快递划分为承包人，而非员工）的联邦法院案件中输掉了官司。法院判定联邦快递的做法违法，因为这种做法减少了联邦快递承担员工福利、加班费、社会安全暨医疗保险的责任，甚至规避了报销制服等工作费用。（联邦快递称计划进行上诉。）[45]

劳动者平台将需要密切注意这个方面的法规变化。虽然政府机关和法官在挑战广泛商业惯例的态度和意愿方面有所差异，但是大多对那些完全为了避免公司承担员工福利责任而设计的就业模式持怀疑态度。

可能同样重要的是，在线劳动者平台的声誉已经在非官方的"公众舆论法院"中遭到了重创。例如，在搜索"互联网血汗工厂"时，超过百万条谷歌搜索结果都反映了这一点，有的还是来自著名的主流媒体管道。[46]从长远看，公众对于企业行为的否定对于公司品牌价值具有重大影响，这就意味着"公众舆论法院"有时候会发挥非官方监管机构的作用，企业领导者的明智做法是要注意公众意见。

同样，劳动者平台可以规避雇用、筛选、培训和监管工作者的行为责任的能力也是有限的，即使对那些实际上被划分为独立承包人的工作人员。例如，优步就曾由于其司机性侵乘客，而遭受严重批判。[47]有一段时间，优步陷入了反对针对传统出租车行业的监管的激烈斗争之中，几乎无法承受民众对于其劳动者业务质量低劣的质疑。

在另一条截然不同的战线上，在线平台的兴起为负责监管和衡量国内与地方劳动力市场的监管者形成了新的挑战。由于多归属现象，自由职业者可以在一天内使用多个平台。例如司机可以同时接受优步和来福车的派单。这使得政府机关难以准确地捕获劳动力和失业数据，而这些数据反过来在经济和政治政策的辩论中发挥着重要的作用。如果就业平台继续发展，这将成为一个日益重要的问题。

对消费者和市场的潜在操控（potential manipulation of consumers and markets）。平台发展到足够大的时候，就有可能不再是市场中单纯的参与者，服务于有效地将现有供应与现有需求相互匹配，而实际上会开始凭借其巨大的规模和影响范围，操控各个用户甚至整个市场。

一些令人不安的迹象表明，已经有这种情况发生。零售平台亚马逊控制着非常大的在线图书市场份额，即使出版巨头也被迫接受它们本会认为不可接受的商业条款。总部位于法国的阿歇特图书出版集团（Hacliette Book Group，全球最大的出版商之一）与亚马逊展开了为期七个月的定价政策争端，因为它们发现自己的产品在线销售被推迟了，而且有些图书标题的预订按钮被删除了。由于预订在决定一本书是否达到了畅销书状态方面具有重要影响，因此亚马逊所执行的这些措施影响了阿歇特一系列出版物的长远成功。双方最终于2014年11月达成协议，很明显达成了某种妥协，但双方都未声称获得了彻底胜利。[48]

2014年6月，Facebook用户和隐私专家都很苦恼，因为据悉，早在两年前，作为一项心理实验的一部分，大约70万名会员的新闻推送都经过故意操控。研究者，包括康奈尔大学教授杰佛瑞·汉考克（Jeffrey Hancock）以及一些Facebook员工，修改了新闻摘要，使之包含数量异常偏高或偏低的积极或消极帖文。根据研究结果，Facebook会员发布的回复状态消息表明："情绪状态可以通过情绪感染传递给别人，导致人们会不知不觉感受相同的情绪"。[49]

当这种影响转移到政治领域时，风险会更大。在对6100万名

Facebook 用户进行的一项研究中，接收到正面社会压力的新闻摘要的用户参与投票或宣称参与投票的比例比没有接收到此类新闻摘要的用户多出了大约 2%。实际上，Facebook 社交信息传送量通过社会感染直接增加了 6 万人，并且间接增加了 28 万人出来投票。[50] 虽然没有证据可以证明这会改变选举结果，但是可以想象在激烈的竞选中，2% 的差距可能决定了输赢。

有一项有趣的发现表明，Facebook 广告商和寻求影响众人态度和行为的其他人可能会发现其中的价值。但是这些研究都是在研究主体不知情或未经其同意的情况下执行的。此外，并非所有研究都事先获得了机构审查委员会的批准，而在对人类主体执行研究之前通常都应该获得这种批准。外部专家的反应是质疑 Facebook 的这种做法，认为其不合乎道德，甚至可能违法。在随后发生的骚动中，Facebook 首席技术官麦克·夏洛菲尔（Mike Schroepfer）宣布，此后公司在执行与敏感情绪问题相关的研究之前，将执行"更强的审查流程"。[51]

第三个案例是，2015 年优步被卷入了争论的漩涡。当时，微软赞助的一个研究组织 FUSE Labs 资助了一个团队，该团队报道了优步乘客应用上存在所谓的"灵异汽车"，即在应用上会显示乘客搭车位置附近有车，而实际上并没有。优步发言人解释这种灵异汽车只是一个"视觉效应"，乘客应该忽略这种效应，但是有些司机和乘客怀疑这可能是优步蓄意执行的策略，旨在让乘客误以为优步汽车比其真实位置更靠近乘客。其他人则报告优步应用上的异常视觉效应导致出现了令人误解或困惑的印象，让人误以为有些区域需求过旺，从而预计需要支付溢价。

FUSE 研究者称，司机和乘客都在学习识别系统把戏，尝试避免被优步不准确的视觉数据误导。他们总结表示："优步可以获取关于乘客和司机的实时信息，这帮助优步成为近些年来，硅谷制造的最高效而且最实用的应用之一。但是，如果你打开应用，本以为获得的是同样的实时信息，但是再想想，司机和乘客看到了部分画面信息。"[52]

类似这样的案例表明，炙手可热的平台可以利用其市场能量和获取海量数据的能力来误导并操控公众行为，且不让公众察觉或经过其同意。平台管理者面临巨大的诱惑来参与这类活动以获得潜在的经济收益。但是，界定这种有道德争议的行为，制定明确合理的规则来阻止这种行为，然后在不过度干涉与官僚作风的情况下实施这些规则，对于监管者来说将是一项巨大的挑战。

2.0版全新法规时机已到

有些观察者称，随着信息时代的来临，以前无法获取的海量数据如今可以进行评估、分析和用于制定明智的决策，监管者应该采取全新的态度重新审视传统的监管方法。尼克·格鲁斯曼（Nick Grossman）是一位企业家兼投资者，而且曾经是麻省理工学院媒体实验室（MIT Media Lab）的学者。他呼吁根据数据驱动的透明性和问责制的开放创新，当今注重法定规则、认证流程和把关的法规1.0版应该过渡到他所谓的2.0版法规。[53]这两种监管制度都具有一个共同的目标，即建立信任，促进公平、保障和安全，但是二者采取的手段则完全不同。

在格鲁斯曼看来，在信息缺乏的世界中，限制信息获取的法规是有意义的。从传统意义上来看，消费者难以或无法就特定出租车司机或酒店的质量或安全性收集准确的信息。这也是为什么大多数政府采取了一系列措施来对出租车司机进行筛选和认证，要求司机投保，并且监控酒店住宿的安全性和整洁性。

但是在一个信息丰富的世界里，基于数据驱动问责制的法规才更有意义。像优步和爱彼迎之类的公司可以自由运营但必须给予大众数据获取权限。由于可以准确地了解什么人在什么时候对什么人做了什么事情，消费者和监管者就可以要求相应人员和平台在事后为其行为负责。

优步消费者可以利用司机评分决定是否乘坐该司机的车；爱彼迎客户可以使用房东评分选择安全而舒适的房源住宿。此外，如果这两个组织的活动违反公众对于安全和公平交易的期望，监管者可以对其施加处罚，甚至令其停业。

在格鲁斯曼的 2.0 版法规制度下，政府监管机构的运转方式会明显不同于目前的运转方式。它们的主要工作不是建立市场进入规则，而是建立和实施关于事后透明性的规定。格鲁斯曼设想城市政府可以通过颁布以下这样一条法令，应对优步的出现所引起的问题："任何企业要提供出租汽车服务，都可以退出现有法规的监管，但是前提是要实施移动调度、电子召车和电子付款，接受对司机和乘客 360 度同业审查，并且就平等性、访问权限、表现和安全等系统性能的公开审计提供开放数据 API。"[54]

对政策制定者来说，想方设法来充分利用在线企业创造的海量新数据流，特别是平台的兴起带来的数据，并将其用于开发监控和管制经济活动的新系统，肯定是很有意义的。在有些领域中，提高透明度（可能是在政府命令下）可以有力地补充，甚至代替传统的监管形式，降低政府干预的相关成本和惰性，并且鼓励创新。[55] 例如，强制披露食品营养成分数据、汽车安全评分以及家电设备耗能效率帮助了数百万名消费者做出更明智的选择，并且鼓励了公司改善其产品质量。[56]

格鲁斯曼强调，在信息驱动的年代，透明性对提升社区行为标准尤为重要。无独有偶，自由开源软件运动的领导人、程序员及活动家理查德·斯托曼（Ricard Stallman）的想法可称为异曲同工。斯托曼指出自由（或开源）软件的一个重要属性就是任何人都可以检查代码并查看其行为。当然，只有专家才可能这么做。但是，获得这个机会的人可以就程序的善恶做出合理的判断，并且提醒公众其所探查到的问题。如果某公司通过软件代码暗中监视顾客，欺诈顾客，或侵占顾客数据，那么可以自由获取的代码将会很快暴露出问题，并且很可能迫使公司做出纠正。[57]

在这层意义上，自由软件类似于《人权法案》赋予美国人的言论自由权利，在参与政事的公民手中，这二者都可以用作一种重要的武器来对抗私人或公共部门的渎职行为。此外，格鲁斯曼的新法规体制所依赖的平台数据也是如此。正如美国最高法院法官路易斯·布兰迪斯（Louis Brandeis）的一句名言所说的："阳光是最好的消毒剂，电灯是最高效的警察。"

当然，尤其是在短期内，多数民众可能不会接受将传统法规全面替换为新的以信息为基础的制度。公众可以随意获取有关公司的沙门氏菌和旋毛虫病致死情况的统计信息，是否大多数家庭就会满足于解除政府对食品加工厂的检查？在事关生死的问题上，制定标准并进行认证的传统制度更易于减轻人们在消费商品和服务时的顾虑，而且难以想象大多数消费者会愿意完全取消这些制度。

此外，有效的 2.0 版法规会要求政府机关显著提升人才技能，同时还要求对现有法规做出烦琐的修改。正如本章前面描述的明目张胆的客户和市场操控案例所示，人们对平台企业的信任度留有余地，因为他们不一定会按照一惯的透明度和诚信要求行事，除非有独立的局外者监控他们的所作所为。这些局外者可以是政府机构雇用的技术专家团队，也可以是竞争企业的员工，后者利用开放数据研究竞争对手的行为并公开其中的不当做法。无论如何，2.0 版法规最终仍然会有入侵性且成本高昂。

格鲁斯曼引用经济学家卡洛塔·佩雷兹（Carlota Perez）的论述，后者称：技术的"巨大飞跃"导致了"人类、组织和技能方面的深刻变化，就像一阵龙卷风，刷新了各种习惯"。佩雷兹接着表示，这些巨变还要求监管制度发生变化，而格鲁斯曼的论点正是信息年代的到来所代表的这种最新的巨变。

有一种说法已是不争的事实，信息时代的到来，包括平台的兴起，是一场改变范式的巨变，必将深刻影响社会的每个角落，包括政府对企业的监管。但是，正如格鲁斯曼所表示的，佩雷兹认为这场巨变引起的周期变化需要 50 年的时间才会完成。大致应该如此，而且这表明需要经过一段时间才能准确地确定，可以通过何种方式安全地废弃传统监管制度，改用像 2.0 版法规这样的制度。在很多情况下，我们都可以得出一个结论：保持至少一部分当前以许可为基础的监管机构，同时利用无许可、受数据驱动的问责制来增强有效性，将会产生最佳效果。

我们对于监管者的建议

在本章开头，我们描述了私人治理与政府监管之间在经济上的基本权衡。企业治理可以缓解影响公司私人利益的负面外部效应。平台擅长对平台上的市场失调进行监管，但是在平台之外通常无能为力。经验表明，公司通常会快速行动以响应技术和市场情况的变化，但是它们通常不会采取行动来最大程度地提高社会福利，除非公众舆论或监管制约、迫使其不得不这么做。

另一方面，政府监管应该关注保护普通大众的利益和私人企业的利益。可以利用搜查证、民事罚没权力和法律权威等强制实施手段。遗憾的是，监管者容易被俘获，尤其是在缺乏民主和政府监督的国家。因此，不能简单地指望私人治理或政府监管来充分保障公共利益。

对于勇于承担改变传统监管制度，以适应平台年代新情况的这一具有挑战性任务的政策制定者，我们建议采取两套体制。第一套体制是经济学家海利·柯斯基（Heli Koski）和托拜厄斯·克瑞施莫（Tobias Kretschmer）提供的，他们提示具有强大网络效应的行业可能会产生市场低效，而公共政策的目标应该是最大程度地减少这种情况。特定问题的市场低效是指对市场支配地位的滥用和无法确保及时采用最新技术。

第二套体制是大卫 S. 埃文斯（David S. Evans）制定的，他提出了一个三步流程，用于测试政府是否有必要执行监管行动。第一步是检查平台是否实施了正常运行的内部治理系统。第二步是查看该治理系统是主要用于减少可能会损害平台的负面外部效应（比如说用户的犯罪行为），还是用于减少竞争或利用市场支配地位。如果公司在平衡状态下将其治理系统用于阻止负面外部效应，则无须采取进一步措施。但是，如果该治理系统似乎在促进反竞争行为，则需要采取第三个，也是最后一个步骤。这个步骤涉及探查反竞争行为是否超出了治理系统的积极作用。如果是，则属于违规，应该采取监管对策。如果不是，则无须采取进一步行动。[60]

支持减少监管的人可能会敦促限制向平台企业（尤其是在其初创阶段）施加政府压力。最终，他们大概会辩称，初创企业对于市场或公众造成的损害可能相对很小，特别是相较于其在创新、新商业模式开发和经济增长方面产生的积极影响。更严格地应用这些规则还需要再等待一段时间，等到初创企业发展到监管的成本和利益合理化之后。

在 YouTube 发展的初期，曾经有一条未确认的非正式政策，即允许在其网站上发布受版权保护的材料。随着 YouTube 的发展，人们对于这种不严格遵守知识产权的做法的担忧与日俱增，从而向公司施加了压力，使其制定更加严格的合规标准。随着时间的推移，YouTube 制定了更多的机制来补偿版权所有者。如今，在很多情况下，音乐家都可以从其 YouTube 频道获得丰厚的收入。

但是，这种方法并不能让大家都满意。哈佛教授本杰明·埃德尔曼（Benjamin Edelman）表示：

> 如果我们一开始允许技术公司发布平台，然后才对其提

出质疑，那就是在纵容它们做出不当行为……可能有些部门会受不必要或过时的监管危害；如果存在这种情况，那就让我们通过适当的民主流程废除这些监管。如果我们让少数公司忽略规则，实际上就是在处罚那些遵纪守法的公司，同时让任意妄为的竞争者大发意外之财。这当然不是消费者想要看到的商业模式。[61]

最后，让我们来讨论一下一些通用的监管指导原则：在尽可能的情况下，我们希望监管者采取行动，调整法律，以便快速应对技术变革。旧的监管实践，例如针对非网络行业制定的掠夺性定价测试对于新的技术和商业模式完全不适用。监管必须融合经济理论方面的最新进展，这些理论表明即使在企业选择免费分发特定产品和服务的情况下，企业依然可以获得最大利润。

监管者还应该采取行动，减少套利的机会。鉴于从1937年起，纽约市出租车执照牌的数量从未改变，因此一个替代市场会发展并越过监管障碍也就不足为奇。在这种意义上，优步是对监管驱动的市场协调失败的一种响应，就像无执照个体出租汽车也一直在监管下运营一样。

监管者可以为新技术增添价值的另一个方面是，消费者需要获得准确的信息，才能使市场正常运转。一直以来，加油站都会检查其油泵的准确性，餐馆会接受卫生检查员检查，建筑会接受安全检查。这些检查为消费者提供了对于这些市场正常运行的信任。类似的检查评分和服务质量系统可能会帮助基于平台的新市场发展壮大。用户对平台数据的获取是限制平台内外市场协调失败的一个绝好机会。

最后，我们支持监管者保持相对宽松的态度，以便鼓励创新。变革通常会引起焦虑，所以我们很容易理解人们会希望减缓技术和经济创新的步伐，以避免一些不可预见的影响可能带来的损害。但是，历史表明，在大多数情况下，允许变革发展从长远看会产生更多积极的结果。

与技术变革相关的最著名的一次监管之争发生于20世纪80年代早期，当时大多数电影制作公司都反对普通公民使用当时最新的视频记录技术来制作电影和电视剧的副本以供个人使用。1984年，发生了环球影业公司（Universal City Studios，Inc.）起诉索尼美国公司（Sony Corp. of America）的一个有划时代意义的案例，结果最高法院认为这种复制属于公平使用，因此并未违反版权法。从经济学的角度来看，索尼的决定被证明是非常有利的。让很多电影大亨意外的是，曾经反对录像机的一些制片厂在新技术获准使用之后，通过建立一个前所未有的全新二级市场，进行电影租赁，赚的钱更多。同样，新的平台市场可能会创造意想不到的增长与获利的机会，甚至会为可能害怕改革的很多现有企业创造这种机会。出于这种原因，必须努力摒除监管者引导行业的僵化体制，哪怕政府官员会感受到焦虑的企业领导者为了保护其熟悉的活动范围而施加的压力。

本章小结

- 反对监管的人会指出"规制俘虏"之类的现象，以证明政府干预企业通常徒劳无益。但是，历史表明，对企业实行一定程度的社会监管对于经济和整个社会而言都是合理而且有利的。

- 平台企业存在很多独特的监管问题，要求监管者根据平台导致的经济变革重新思考。这些问题包括对平台的访问、兼容性、公平定价、数据隐私和安全、对信息资产的国家控制、税收政策以及劳动法规。

- 在今天这个信息时代，技术带来了海量的新数据，这表明可以根据事后透明性和问责制,而不是根据对市场准入的限制,来实施新的监管方法。但是,这些新的方法将需要经过审慎而周密的设计,以充分保护公众利益。

- 适用于具有网络效应的行业的经济体制表明单纯的支配地位不足以作为政府干预的理由。相反,未能成功管理外部效应、滥用支配地位、操控民众和延迟创新则表明需要而且适宜对平台市场进行干预。

第12章

明天：
平台革命的未来

正如在本书前几章中所看到的，平台正改变着经济的各个方面，现任者被边缘化，小型的初创企业却能够迅速崛起，成为具有全球统治力的企业。很难得看到一个新的商业模式如此快速地横扫众多行业。

尽管如此，你可能会觉得我们夸大了平台的影响。毕竟，到目前为止，平台革命不是局限在相对少数的部门吗？很多我们经济、社会和生活中最重要的方面——教育和政府、医疗保健和金融、能源和制造业好像很大程度上并没有受到平台崛起的影响。

到目前为止的确如此，但在上述行业和其他一些领域，我们已经看到了平台商业模式的侵入。在今后几年，我们相信虽然平台商业模式可能不会声称控制这些经济领域的每个方面，但是将会在其中占据显著位置。在最后一章，我们想勾勒出一些已经逐渐成形，并且在你规划未来时需要注意的未来趋势。

行业具备哪些条件才能引发平台革命

在我们关于平台对各行业的冲击性研究中，我们注意到一些使特定行业易受影响的特征。这里是一些我们认为在未来几年内最有可能加入到平台革命中的一些行业：

- **信息敏感型行业**。今天，在大多数行业中，信息是一个重要的价值资源。但是，信息资源在行业中的重要性越高，这一行业越容易被平台所转变。这解释了为什么媒体和电信两个行业如此彻底地被平台颠覆了。相对于拥有成千上万名员工的大公司，新晋企业可以创造生态系统使之更快、更容易地创造新的和颠覆现有的内容及软件。

- **不具扩展性需要人来把关的行业**。零售业和出版业是两个典型例子：通常雇用昂贵的、非扩展性良好的人力资源守门员。在零售行业中是采购员和库存管理员，在出版业中是编辑。这两个行业正在经历的破坏与冲击应归功于数字平台的崛起，数以百万计的生产者（工匠、手工艺人、作家）在 Etsy、eBay 和亚马逊平台上生产和推销着他们的商品。

- **高度分散的行业**。通过平台的市场整合提高了效率，并降低了企业和个人为寻求分布广泛的当地生产者提供的商品与服务所产生的搜索成本。从 Yelp 和 OpenTable 到 Etsy、优步和爱彼迎等各种平台客户能够很容易地通过访问一个资源，而有机会接触到数以千计的小型供应商。

- **信息极端不对称行业**。经济理论表明，公平、高效的市场需要所有参与者都平等地获得关于商品、服务、价格和其他关键变量的信息。然而在一些传统市场中，一方参与者能够比其他参与者更好地获得相关信息。例如，二手车商比他们的客户知道更多有关所售车辆的车况、历史及供需信息，这就导致了人们对二手车商的不信任。数据整合和共享平台，例如 Carfax，正营造一个公平的环境，使任何人只需要付很少的费用就可以得到二手车价值的详细信息。其他由信息不对称而导致公平交易困难的市场，从健康保险到住房抵押贷款，改变的时机已经成熟。

基于上述因素，人们也许要问为什么银行、医疗卫生和教育行业继续如此抗拒转变。这三个行业都是信息密集型。（医疗卫生可以看作服务密集型行业，但其工作效率取决于信息。）这种似乎极易受到平台侵入影响，但又可以抵抗平台颠覆的行业，具有其他一些特点。这些特点包括：

- **高监管行业**。银行、医疗卫生和教育行业都属于高度监管行业。规章制度青睐现任者而反对试图开启新价值资源的初创企业。新兴平台正努力创造新的价值资源来解决这一问题，但监管仍然拖它们的后腿。

- **高损失成本行业**。一次失败的借贷，或一次错误的医患匹配，其损失成本远高于在某个媒体平台上展示不适当的内容。消费者不愿参与可预见损失成本高的平台。

- **资源密集型行业**。资源密集型行业往往并未显著地被互联网所影响。获胜的市场参与者仍然依靠他们对资源的掌控和他们管理高效、大规模生产工艺的能力，例如采矿、石油及天然气勘探和农业，而在这些行业中，信息发挥的作用有限。

这些因素的影响将随着时间的推移而改变。随着越来越多的流程和工具连接到互联网，每一个行业都有可能成为一个信息密集型行业。例如资源密集型行业，如采矿和能源行业，将越来越多地需要利用平台的力量去创造更高的效益和更快的知识获取：通过一个中央网络连接它们的资源——材料、人工和机器以协调其工作流程。在未来几年中，我们将看到资源密集型大企业利用平台手段以寻求更高效益的转型。

即使我们考虑到在不久的将来各个行业会极易受到平台变革影响的相对可能性，让我们牢记产业边界由于平台的冲击正变得越来越易渗透。下面以广告行业为例进行说明。在管道世界中，企业对顾客的接触局限于通过媒体和零售管道，即电视网络、报纸和杂志、百货商店。很少有企业能够负担得起直接面向客户推销产品与服务的管道。与此相反，在今天，任何企业都可以与客户直接接洽，收集客户的喜好数据，把客户与外部供应商连接，提供定制服务，从而为各个客户提供独特的价值。

实际上，每一家公司都可以成为一家广告公司。例如，优步就很有潜力成为世界上最大的本地化广告企业。通过它的乘客数据，优步可以得到独特的用户内情：乘客住在哪里、在哪里工作、上下班的时间和频率，以及许多其他的类似的行为数据。公司可以利用这些数据连接用户与本地商家。从银行到零售商，只要有充满活力的平台支撑，很多公司都可以采用相似的策略。

平台的力量正在修改，甚至消除许多行业之间的类似壁垒。因此，平台崛起所带来的一个最富戏剧性的效果就是：新的竞争对手往往从行业外诞生。无论如何，当你思考平台模型对自己本行业可能的未来影响时，请记住这一点。

基于这些见解，我们来畅想一下平台在某些经济部门扩张和发展中最可信、最奇妙的些许未来景象。

教育：作为全球教室的平台

教育也许是主要行业中为平台革命做好准备的最佳例子。信息密集型产业？检查一下。事实上，中小学、学院和大学正在出售的基本产品就是各类信息。不具扩展性需要人来把关的行业？验证一下。问问那些最近才经历了冗长、烦琐，本质上却随机的求学过程的孩子的父母吧，其中只有极少数学生有幸被名校录取，你不乏听到他们会例数世界上最有实权的把关人的瑕疵。你会听到很多关于世界上最强大的守门人的缺点。高度分散的行业吗？验证一下。在美国，有超过13 000个公立学校学区，以及数以千计的私立学校系统、学院、大学和专有学校，每个学校都具有强烈的独立性并以其独特的教学科目和标准为荣。信息不对称行业？验证一下。只有一小部分父母感觉有能力去判断学校和学院的资格与声誉，因此产生了不断扩张、相互竞争、容易混淆的教育评级体系，以及学生面临的日益增加的升学压力，如考入像哈佛和耶鲁一类少数举世敬仰的学府的压力。

每年数以百万计的家庭被迫与这一非系统性的系统进行交涉，这也难怪大多数父母倍感受挫，不能确定他们为自己的孩子找到了合适的学校。接着再考虑美国教育所经历的不可持续性的成本上涨：在过去的50年增长了25倍，高等教育支出急剧增加，甚至超过了医疗支出。总的情况就是：该行业面临着巨大压力去变革，从而使投资能实现更好的价值。

教育平台的建设正在紧锣密鼓地进行，这些企业包括Skillshare、Udemy、Coursera、edX、可汗学院等。为避免被新兴的平台公司描绘为无关紧要或过时，许多世界一流大学正着手在这场教育革命中将自己定位为领导者。包括哈佛大学、普林斯顿大学、斯坦福大学、宾夕法尼亚大学和许多其他的大学，都通过慕课（MOOC）提供一些它们最受欢迎课程的在线版本，许多都是与Coursera公开课这样的公司合作。

在未来几年里，教学和学习生态系统的传播与日益普及，会对现有的公立学校系统、私立学校和传统大学产生巨大的影响。通向形成已久的使一流教育成为专属、昂贵、和声名显赫的奢侈品的壁垒已经开始坍塌。在世界上任何有互联网的地方，平台技术使成千上万的学生付极少的费用就可以同时参与世界名师的讲座。以最小的成本在非洲撒哈拉以南地区的一个村庄，获取与麻省理工学院化学工程学位等同的教育只是一个时间问题。

教学向平台迁移，其改变不仅是扩大了准入形式，虽然这一点已经非常重要和给力。已经开始发生的一个变化就是以前由学院和大学作为一个完整单元出售的各类商品与服务的分离。数以百万计的潜在学生或许没有兴趣，也不需要完整地拥有传统大学校园那样令人印象深刻的图书馆、闪亮的科学实验室、喧闹的联谊会和橄榄球场。

传统的大学使教育可提供给一些特定的人群：拥有特别的、高深学术造诣的教授，有时间和金钱投资在校园生活中的高素质学生。对于这些相对少数的人，旧的教育模式可能运作良好。但像 Skillshare 这样的教育平台为那些成千上万不能或不愿适应传统教育模式的人们提供了高水平的教学。突然间，睿智的教师和积极的学员可以随时随地地相互交流了。这是一个极其珍贵的机会，相对于传统教育，在线平台实现这一目标的成本微乎其微。

教育平台已经开始将学习过程和传统上与之关联的纸质文凭解除捆绑。截至 2014 年的统计数据显示，只有约 5% 参加慕课课堂的学生获得了结业证书，这使很多人得出了在线教学效率低下的结论。但一项对超过 180 万名在慕课注册到宾夕法尼亚大学的用户研究发现，60% 的学生积极参与课程内容，观看课程视频，与同学交流，完成一项或多项作业。研究人员得出结论："学生把慕课当作自助餐，根据自己的兴趣和目标有选择地进行学习。"[1] 当学生被吸引到慕课平台，尤其是那些教具体的工作技能，如很多软件工程、设计、营销和电影编辑领域的在线课程，相比于作为传统学业完成象征的成绩单或毕业文凭，他们似乎对磨练他们真实世界的能力更感兴趣。在举办编程竞赛的平台 TopCoder 上取得高排名的程序员可以像拥有卡耐基梅隆大学、加州理工学院或麻省理工学院计算机科学学位的学生一样，迅速地获得 Facebook 或谷歌的开发人员职位。而对于那些看重常规文凭的平台学员来说，他们经常可以做出特别安排，例如在 Coursera，大学学分是"特殊服务"，要支付额外费用，才可获得。

基于平台的分拆教育活动正在把特定技能的教学从传统大学这种庞大、多用途机构的依赖中分离出来。多邻国（Duolingo）利用一个众包平台教外语。其创始人路易斯·冯·安（Luis von Ahn），是一位从来没学过语言教学的计算机科学家。在阅读了语言教学方面最权威的图书后，利用访问他网站的人群对前沿理论进行了对比试验，并和一套不断完善的测试工具结合来测试结果。今天，使用多邻国平台学会语言的人比美国高中生的总量还多。[2]

多邻国平台将语言教学从传统的教育机构中分离出来。同样发生的还有在 TopCoder 上教授编程，在 Salesforce 上教授市场营销，在 Microsoft Xbox 上教授如何弹吉他。

学习平台也正在推动许多其他对传统教育形式、结构和内容的改进实验。例如，2014 年 9 月，由最初的 33 名学生发起的 Minerva 项目，旨在用一个在线平台取代传统的文科学院，以使学生可以参加世界上任何地方的教授举办的互动研讨会。学生在一年中住在各城市自己的宿舍中，包括旧金山、柏林、布宜诺斯艾利斯。当地的文化、专业和娱乐健身设施将会被纳入课程。Minerva 项目希望能发展到每年接纳大约 2500 名学生的规模，每个学生支付的费用总额大约为 28 000 美元（包括食宿），这个费用约是择优录取学院或大学的一半。

"Minerva 项目的噱头，"记者格雷姆·伍德（Graeme Wood）指出，"就是把大学体验简化成直接有助于学生学习的方面。"[3] Minerva 项目会成功吗？只有时间能告诉我们。但无论它成功与否，众多其他教育实验将会紧随其后。平台促进师生间联系的灵活性和强大威力使教育变革不可避免。

即将爆发的教育实验的长期影响很难确切地被预测。但如果目前统治美国高等教育市场的 3000 所高校开始衰落，这并不会令人惊讶，其根本原因在于它们被更好的平台经济挖了墙角。

医疗卫生：连接难以驾驭的系统各部

如同教育行业，医疗卫生也是一个信息密集型行业，其特点包括：难以扩展的把关人员数量（保险公司网络和紧缺的家庭医生，没有他们的转诊单，无法进行专家会诊）、高分散性（涉及医院、诊所、实验室、药房以及数以百万计的从业者）和极大的信息不对称性（病人被现代医学的复杂性吓到，而医学专家时不时鼓吹"医生知道的最多"更助长了信息不对称的现象)。与教育行业一样,医疗卫生行业也危机四伏,特别是在美国。各自为政且支离破碎的美国医疗卫生实施体系因各种误诊、残缺数据、浪费的时间和挥霍的资源而付出了巨大的代价。

以一个最简单的模式,医疗卫生的平台模式可以通过一个类似优步的交互方式使人们随时随地召唤医疗救助,使医疗卫生的效率和方便性大幅提高。Medicast已经在部分城市开通这个系统,包括迈阿密、洛杉矶和圣迭戈。点击Medicast的应用,描述症状,医生会保证在2小时内到达。这项服务在那些希望在业余时间挣些额外收入的医生中颇受好评。[4]

但平台模式对医疗体系的潜在影响远远不止于这种最基本的一次性交互。实际上,平台革命为整治问题成堆的美国医疗卫生系统提供了巨大的机会。通过一个超高效率的平台把所有的供应商,同时也是医疗卫生的消费者联系在一起,这很有可能彻底改变现有的体系。

在未来的几十年间,一个可以尽早预见的变化就是移动健康应用和可穿戴设备的大量普及,它们能够联网并基于所产生的个人数据提供有用的分析和信息。数以百万计的美国人已经证明了他们很适应通过电子设备测量他们的脉搏、血压、运动水平、睡眠方式以及其他一些健康指标,并与健康软件共享这些信息以获取健康诊断读数和个性化的建议。加强和扩展这一尝试能够帮助卫生医疗系统从以治疗和管控疾病为重心的模式(经常伴随诊断的延误和高额的治疗成本)转变为预防疾病发生的模式。

我们很容易设想一个平台可以帮助个人调理昂贵的慢性健康问题,如糖尿病、高血压、心脏病、哮喘、过敏症和肥胖症。例如,一个可穿戴式设备可以跟踪一个糖尿病患者的营养摄入、运动生活规律和血糖水平,用这些数据描述和解释基于过往医疗经验与历史所推荐的治疗方法,并在医疗危机即将发生时及时提醒医生。有分析家估算,这样一个平台每年可以为国家在糖尿病管理方面的投入节约 1000 亿美元。[5] 同理可以推到影响千百万美国人的其他慢性疾病，基于"付费获取服务"模式的医疗系统管理费用高昂，以平台支撑的管理可以大大节约成本，且成千上万的病人得以延长寿命并提高生活质量。

更多好处的实现需得益于更多医疗平台的出现，它们有能力集成从多种管道获得的种类繁多的健康数据，除了可穿戴设备传感器产生的，还有患者自己输入和医疗服务机构建立和维护的电子健康记录。开发一个既允许患者和相关医疗专业人士（医生、护士、技术、理疗师、药剂师、保险公司等）相互顺利沟通，又能够保护患者健康隐私的医疗卫生平台是一项关键性的挑战。正如健康咨询专家文斯·库来提斯（Vince Kuraitis）所说：

> 许多有价值的健康医疗建议将依赖于广泛的网络与平台。如果你患有高血压，需要根据你的医生建议照顾自己，而你的实验数据和医药记录分别在两个不能互通的平台上，这如何是好？如果你在旅行中不幸住进了医院的急诊室，而这家医院不能访问你健康数据所存放的网络，这又如何是好？[6]

众多当今领先的科技公司已经开始为即将到来的统领医疗健康平台生意的战争布局了。微软、亚马逊、索尼、英特尔、Facebook、谷歌、三星都已发布了各自的平台以期能够在迅速增长的健身及医疗健康领域占有一席之地。

苹果公司于 2014 年年中发布的一款健康工具包应用，是一个非常奇妙的新成员，允许一系列的健康和健身应用，包括如耐克一样的第三方服务提供商，通过该工具包共享数据。苹果公司宣布了与梅奥诊所（Mayo Clinics）以及其他一些医疗健康公司合作开发允许医生和护理人员共享健康工具包数据的计划（通过适当的隐私保护措施）。2015年年初，苹果公司推出了其引以为傲的集健康健身追踪、测量和通信为一体的全新的苹果手表。

在这种环境下，毫不奇怪，据咨询师库来提斯指出，苹果公司已经为它的健康平台雇用了大批专业人士，包括许多医学博士和其他学科的博士。很明显，在今后的10年或20年中，至少会有一家大型健康服务平台会成为美国医疗健康行业的佼佼者。苹果便是其中的一员，眼睛紧盯着这个目标。

从目前支离破碎的医疗健康系统，到基于高效平台系统的转变并非易事。医疗健康平台开发的障碍包括阻碍共享患者数据和服务的经济势力和管理势力。这些阻碍势力可以用来解释，为什么在《平价医疗法案》（2010）的依法落实中，电子医疗记录的实施如此混乱，病案系统被各个机构随意个性化，以至于同一社区的两所医院间都无法共享同一患者的数据。而这一问题因医疗健康机构希望维系患者只在自家医疗机构就医的经济动机而恶化。许多患者被保险机构要求在固定的一家医疗健康系统中寻求服务，通常以地理区域划分，而这一要求对那些高移动性人群和暂住者并不合适，比如说年轻人。

此外，临床医师如何与医疗健康系统互动也差异极大。一些医师是被医院或大型医疗机构所雇用，这意味着他们通常可以比较容易地获取平台数据。而另一些医师受政府雇用，这意味着对于他们生成的平台数据，政府可以获得而他人则不行。当然还有其他私人雇用的医师，他们所产生的平台数据就极为分散了。

除非设立经济激励以鼓励统一的患者服务与数据共享，否则医疗健康平台的成长将会十分缓慢。帮助建立这种经济激励将会是监管机构和业界领袖的主要关注点。

能源：从智能电网到多向平台

在一个由大量能源驱动的世界中，能源的供给和消费与全球气候变化及国际地缘政治冲突这样关键的因素紧密相关，我们不能挥霍能源供给或是过度使用而破坏自然环境。这正是平台技术能够带来巨大改变的地方。电网，为其提供能量的包括煤炭、天然气、石油、水、风、太阳能和核能，早已是一个由复杂技术组成的互联互通网络。然而，这一网络却被众多昂贵的低效率所困扰，例如因在一天或一年四季中反复不定的能源消耗所造成的能源供需不匹配。如果我们能更充分地把网络改造成一个智能的、互动的能源生态系统，这一生态系统的参与者可以一起生产、共享、节约、存储和管理能源，我们就越能从能源资源中获取更多，并将更健康的世界留给我们的后代。

今天，全世界的能源公司和政府机构正与科学家和工程师一起合作，通过数字系统对大数据的测量、通信、分析和响应，以部署改善能源使用与控制的"智能电网"技术。加强的电子计量工具使可变价格系统的实施更加容易，这将改善系统对需求的灵敏性，鼓励节约，平滑处理能源供给与需求的波动。分布式能源正使电网减少对少数超大型能源生产设施的依赖，增加可靠性，降低人为破坏和自然灾害造成的能源短缺，并使由消费者使用风涡轮、太阳能电池板和其他小型发电系统生产的能源来弥补。

这些变化预示着交互式网络可能会重塑未来的全球能源市场。实际上，我们正从能源生产和分配的单向管道模型向平台模型演变。在这个平台上，数以百万计的个人和组织相互关联，并根据环境的变化扮演不同的角色，一会儿是能源的生产者，一会儿是能源的消费者。由少量巨型机构集中生产，并控制能源的方式将让位于数以百万计的小型生产—消费一体化模式，或许许多生产者只有屋顶的一块太阳能电池板。

不断的技术突破将驱动这一变革。例如，电池技术将扮演关键的角色。主要的再生能源、风电和太阳能，都是间歇性的，这导致了供需间的不匹配。更高效的充电电池可以提供好的解决方案。以电动汽车而闻名的特斯拉，正在内华达州建造名为"gigafactory"的电池工厂，预期其生产的新一代动力电池能够为一个家庭提供两天的能源。它的姐妹公司，由特斯拉总裁马斯克的亲戚经营，占据居民太阳能市场39%份额的太阳城公司（SolarCity），已经宣布在今后的十年中，其所有太阳能单元将包括存储电池。

这一技术对传统电力的颠覆潜力是巨大的。实际上，一份2013年爱迪生电气协会的报告警告说："我们可以想象有一天，电池存储技术或微型燃气轮机能够允许用户独立于电网。"能源分析师拉维·马哈尼（Ravi Manghani）预见终有一天，如今的能源公司将成为"类似于服务提供商和日益增长的分布式电网的守护者的角色，而不是今天的集中式的电力生产者"。[7]

这正是我们所见到的发生在平台世界每个角落的模式：能量或权力，曾经只从集中的资源点单一地流出，正越来越被众多的市场参与者所共同分享和控制。这个转变适用于字面上通过电线传导的能量，同样也适用于隐喻的传统上由大公司控制的权利。

能源行业变革中缺失的一环是一个允许大规模能源交易的平台。这一状况正在改变。加利福尼亚州正在允许捆绑分布式能源，然后在批发能源市场上交易，同时，正如我们在第4章中讨论过的，纽约州正考虑开发一个专门管理分布式能源资源的平台。通过使现有的分布式资源流通，这些系统将促进可再生清洁能源的整合，以适应能源需求固有的易变性。

我们还不清楚的是，能源行业中的利益相关者将会拥抱能源平台的出现，还是会为保住他们的现有优势而挑起监管战争。监管者面临的挑战是设计一个能使尽量多利益相关人受益的系统。这些人包括依赖于我们留给他们的足够的能源供给和清洁、健康环境的子孙后代。

金融：货币走向数字化

据历史文献记载，最早的货币形式出现在大约公元前 1700 年的巴比伦《汉谟拉比法典》——代表了最早的平台商业。金钱是在一个特定经济系统中被所有参与者所接受的价值形式，这些参与者构成了一个能够通过交易互惠互利的互动网络。因此，由支付、货币、信用、投资和以此衍生的无数交易构成的金融世界涉及与平台类似的行为。

如今，在线金融平台如 PayPal 和 Square 已经创造了新的商户支付交易方式（PayPal 的在线支付，Square 的基于 App 的移动支付），这为新型商户的诞生打开了一扇门。正如四千年前金钱的发明促进了令人惊讶的交易灵活性和经济增长，新型的金融交易数字平台正鼓励成千上万的参与者既成为生产者与销售者，也成为消费者。

金融平台公司还正在解锁新的隐藏在交易数据本身中的价值形式，只有新的收集和分析这些数据的数字工具才能使其成为可能。知道谁和谁交易能够帮助企业发现消费者的口味与消费习惯，他们可以利用这些信息促成更多的经济活动。例如，万事达卡是一家令人尊敬的金融平台公司，其目前经营的金融生态系统连接了属于 25 000 家银行的 20 亿名持卡人，和世界各地超过 4000 万家商户。现在，它的技术研发部门，被称为万事达卡实验室，正在尝试通过付款机制来创造新的商机，以扩大平台的实用性。利用在平台上的上下文数据捕获，这些新工具鼓励用户通过确定下一次可能的支付机会，提示用户接近它并促进互动。例如，ShopThis！是万事达卡实验室的创新技术，它可以让杂志读者单击嵌入的应用程序，立即从它的会员零售商比如纽约萨克斯第五大道精品店（Saks Fifth Avenue）购买他们刚刚读过的商品。[8]

其他一些熟悉的金融平台，其中许多一贯保守并受法规严重束缚，将被推动开发基于最新平台技术的创新产品。例如，商业银行家已经十分关注新兴的在线 P2P 借贷社区，像 Zopa 和 Lending Club，它们促进了亿万美元的金融交易和提供信贷，同时绕过传统的守门人。P2P 借贷平台有可能具有特别的破坏性，因为它们有能力从收集的宝贵数据中确定贷款和借款的模式。使用这些模式，这些平台能够比依赖于一组静态数据的传统银行更好地识别和预测违约与欺诈。因此，Lending Club 能够向大多数普通借款人提供一个较传统的银行贷款更低的利率，同时放款人赚取比大多数普通投资更高的回报。[9]随着时间的推移，商业银行将被迫采用 P2P 借贷平台用来衡量和控制风险相同的大数据工具。

另类的商业资金资源也正给银行带来新的竞争。诸如 Angel List 平台允许投资者加入企业联合会对早期创业公司进行股权投资。虽然这些应用自己也处于早期的开发中，但是它们代表了一类平台技术带来的新的投资模式。

基于平台的数据分析工具也能够用于增强金融产品的营销。个人金融平台 Mint 已经开始收集和分析那些能够帮助金融机构定位并设计产品来迎合它们特定需求用户的财务状态、挑战和目标的数据。设计成功的金融平台能够比传统的销售与市场管道更好地完成金融服务与消费者间的互惠匹配工作。

更重要的是，传统金融机构正开始利用平台模式把它们的服务延伸到以前它们未涉及的经济领域。例如，银行正在利用平台进军现金经济，它们认为这是一个巨大的未来增长点，特别是在亚洲。为了在这个舞台上占有一席之地，银行正在建设能够使小型企业在现金经济中更好地运营，并能在交易过程中捕获相关互动数据的发票和付款平台。源于此数据的分析将有助于银行首次通过高度相关的方式定位小企业和与之相关的金融产品。同样，一些银行为消费者提供房地产信息搜索的数字服务，以期能够收集相关数据演算出新的贷款的机会。

保险是另一个被认定在这个数据平台时代中必须迅速转型的区域。联网的汽车正在搜集有关驾驶行为的实时数据，保险公司正在利用这些数据来提供基于用户特定驾驶习惯的个人定制化保费定价。用于追踪保健和健康指标的可穿戴设备的日益普及，将为健康保险公司向客户提供类似的个性化定制保险计划创造机会。

而另一个潜在的未来增长点是数以亿计的"无银行账户者"，他们处于发展中国家和美国及发达国家中并不富裕的社区，他们无法获取能够帮助他们支付账单、借钱、存钱和投资的金融工具。由于他们居住的地区没有银行分支机构，缺乏建立银行账户或信用额度的资产，这些"无银行账户者"被迫使用高昂、不方便甚至会有欺诈风险的其他选择，如支票承兑服务、汇票服务、发薪日贷款公司和非法的高利贷。这些无资质的金融运营商代表着自给自足生活的又一个障碍，这些障碍使穷人摆脱贫困更加困难。

现在，众多的不富裕消费者以手机的形式接触到了移动科技，使建立一个负担得起的并按其需求提供定制化服务的在线金融平台成为可能。当然，每一个贫困或接近贫困的客户为银行或金融平台运营商所创造的价值远少于富有的客户。但他们的数量如此巨大，蕴含着无限的市场商机。在非洲撒哈拉以南与其他发展中国家地区，电信和技术公司如沃达丰（Vodafone，通过其Safaricom子公司）正与传统金融机构如肯尼亚资产银行进行角力，以确定谁将控制领先的金融平台和其数以亿计的潜在用户。[10]

在金融领域中，正如其他许多领域一样，银行家听到了在一个又一个行业中传播的消息，有关变革或被变革的。他们越来越期待平台模式作为主要的颠覆机制。

物流与运输

物流与运输行业的业务功能是实现人和物在两地间的高效移动，该行业是曾经很大程度上未受新兴的数字化商业模式影响的资源密集型行业，像联邦快递这样的物流公司享有显著的竞争优势。因为拥有一支由众多汽车、卡车和飞机组成的运输队所带来的高额固定成本，为竞争对手的进入设立了巨大的准入门槛。但平台的方法不需要运输队的所有权。平台可以聚合货物运输的实时市场信息，运营商可以用最低的资本投资来精心组织一个第三方实施代理人的生态系统，以管理一个高效的物流和配送体系。

平台能够使用高效算法来匹配供需、协调车辆运行和资源的优越能力改变了依赖于复杂的物流流程的特定行业。例如，总部位于旧金山的Munchery是几个快速增长的新型食品配送平台之一。通过聚合全市特定时段内的需求，Munchery的算法能确定最好的卡车路线以达成最大化密度的交货点，从而尽量减少配送的边际成本。在印度尼西亚，名为Go-Jek的平台公司允许摩托车驾驶员提供类似于优步模式的搭乘服务。Go-Jek同时利用互联的摩托车网络在印尼首都雅加达提供免费的食物投递服务，并使用巧妙设计的算法确定最优配送路线。

劳动和专业服务：平台重新定义工作的性质

正如我们所讨论过的，一些平台发展最引人注目的例子已经涉及劳动市场。种种迹象表明由平台世界所引发的工作变革很可能会在接下来的几十年中持续发生，有一些影响可以轻易预见，而另一些可能会让世界大吃一惊。

人们通常认为，只有常规的、半技术性的工作，如出租车驾驶、送餐或家务是易受影响的，而这一假设已经被粉碎了。甚至传统的专业领域，如医学和法律专业也已被证明受到了平台模式的影响。我们已经提到过Medicast，它提供类似于优步形式的寻找医生服务。有些平台公司还提供能够轻松、快捷、方便地获取法律服务的在线会见场所。通过使用数据挖掘软件和自由职业法律人才的组合为商业客户提供法律指导和服务，AxiomLaw建立了2亿美元的平台公司；InCloudCounsel声称，它可以处理基本的法律文件，如许可证表格和保密协议，比传统的律师事务所节省高达80%的费用。[11]

在未来几十年中，平台模式很可能会（或至少尝试着）应用到几乎所有劳动和专业服务市场里。这一趋势将如何影响服务行业以及数以亿计的人们的工作生活？

一个可能的结果将是服务提供者之间更大的财富、权利和威望的分层。常规和标准化的任务将转向在线平台，低收入、个体商家会来处理它们。同时，世界上一些知名的律师事务所、医疗中心、合伙人制的咨询公司和会计师事务所不会消失，但其相对规模和重要性将会减小，因为很多以前需要它们做的工作迁移到了可以提供类似服务，但成本只有它们几分之一且更方便的平台上了。少量幸存的世界级专家将越来越专注于一小部分高度专业化和具有挑战性的任务，而他们可以使用在线工具在世界上的任何地方处理这些任务。因此，在专业知识的领域的最高层面上，赢者通吃的市场有可能出现，比如说20多个国际知名的律师，在全球争夺最引人注目和最有利可图的那些案件。

劳动的平台化转型将进一步加速平台进入传统的组织。三个世纪前，被亚当·斯密认为是组织生产能力关键的劳动分工细化还会继续，这得益于越来越智能的算法，复杂工作能够分解成很小、很简单的任务，由数百名工人分别处理，然后再重新组装成一个整体。亚马逊的土耳其机器人已经将这种逻辑应用于许多任务。

自由职业者工作、个体商家、合同劳动和非传统职业生涯的趋势还将继续加快。自由职业者联盟估计，每三个美国工人中有一个做自由职业者工作，这一比例很可能在今后几年还会增加。当然，这将是喜忧参半的。很多人想要灵活、自由地安排工作时间和条件。艺术家、学生、旅行人士、全职妈妈、半退休人士将在这个新的环境中如鱼得水。那些喜欢稳定和可预测性工作，或者那些习惯于依靠雇主提供如医疗保险和退休计划等重要福利的人，会发现这种转变具有挑战性，甚至是痛苦的。曾经为大公司雇用的庞大劳动大军争取权利的传统工会，会继续衰落，导致个人将独自捍卫自己的安全保障权益。

正如我们在第 11 章讨论平台的监管时所指出的，平台世界越来越占主导地位将使社会面临真正的挑战。传统的企业雇用曾经为数以百万计的工作者和他们的家庭提供了一个安全网。当平台革命撕碎了这张安全网，似乎很清楚，政府或一些我们还未能预见的其他新的社会机构将不得不寻找一种方式来填补这一缺口。

政府即平台

在传统意义上，政府不归属于任何一个产业，但它是一个主要经济部门，对每个公民的生活有着巨大的影响。此外，政府当然具有信息密集型、到处都是关卡（如任何人都会遇到的无所作为的政府官僚就是证明）、机构分散（数十或数百的具有重叠甚至职责相互矛盾的管理机构）和信息不对称（通常法律、法规的繁文缛节会造成不对称性加剧）的特点。

所以，不难理解普通市民、善意的议员、民选官员和公务员可能会渴望将平台模型应用于政府的各个层面。精心设计和管理完善的平台使政府流程更加透明、反应迅速、灵活、友好和富于创新，这将是国家的福音，同时极大程度地减轻了公民对政府的消极情绪。

当然，政府的变革是说易行难的。宪法和法律的限制、不同利益集团和说客间相互制衡的压力、党派的对立行动、预算的约束、开发适用于所有公民（而非指定的小范围群体）所带来的固有复杂性挑战以及任何组织机构通过两个多世纪的积累所形成的惰性，所有这些因素对于想要应用从营利性部门借鉴的原则，按平台模式精简政府机构的领导者构成了巨大挑战。

然而尽管有这些困难，本土的、地区性的甚至国家级的政府正开始吸收一些平台模式的优点以纳入其日常的运作。不足为奇，领跑的案例之一是坐落在硅谷北端的旧金山市。城市的开放数据政策，最初通过市长的公民创新办公室于 2009 年实施推出，其旨在促进通过开放的门户网站实现城市数据共享，建立公共—个人伙伴关系，以促进公民和公司都可以使用的价值创建工具的开发，以及推动基于数据的创新提案，从而提高旧金山湾区及其周围居民的生活质量。

DataSF 城市数据平台包含大量从公共和私人来源收集的城市相关信息，以及为那些想要使用数据来创建应用程序的外部开发人员预留的应用程序编程接口和技巧提示。为了鼓励创新使用平台，政府举办了一系列的数据技术工作坊（Data Jam）、黑客马拉松和应用编程竞赛，旨在解决从交通运输到可持续发展的各种市政难题。例如，2013 年 6 月，住房数据研讨会（Housing Data Jam）在旧金山市政厅举行，50 名当地企业家深入探究了与当地住房相关的各种议题，包括无家可归、负担得起的住房贷款、建筑安全、能源效率等问题。10 月，10 个个体使用 DataSF 信息创建的工具应用进行了发布，用以改善城市住房条件。这些应用包括：移动应用 Neighborhood Score 提供了城市每个地区各个街区的健康可持续性得分；Buildingeye 这个基于地图的应用程序，使建筑和规划信息方便查找；Project Homeless Connect，使用移动计算技术来帮助无家可归的人们找到需要的相应资源，帮助他们搬离街道，住进舒适的房屋；House Fax，允许业主和居民访问特定的建筑的维修历史。[12]

旧金山市政府正在努力将平台思维应用于大量的其他提案中，包括创建单一集中式的门户网站，在这里，本地企业可以管理所有运营中相关的牌照、规章和报告；通用城市服务卡，提供一站式旧金山服务体验，包括从结婚证到高尔夫球场的折扣；与 Yelp 合作，将市卫生部门为当地餐馆的打分纳入 Yelp 的在线资料档案中。

虽然旧金山比大多数司法管辖区在"政府即平台"的概念实施中先行了一步,但是类似的努力正在美国和世界各地的城市、地区进行。联邦政府也开始了同样的尝试。Data.gov,2009 年上线,正在逐渐被扩展、更新、简化和加强,以使得大量曾经无法获取的政府数据易于被每一个公民获取,同时该门户还提供能够使开发应用使用这些数据的工具。

世界各地如雨后春笋般涌现的新兴政府平台,其开放性、民主性、授权性只会是主办机构和我们的政治领导人所允许的程度。(这并不奇怪,美国国家安全局和其他情报机构没有在参与 Data.gov 的联邦办事处名单中。)平台化的政府是否将迎来一个普遍反应快、效率高和自由民主的新时代,还是以牺牲穷人和普通人的利益为代价实现进一步繁荣和互联?

物联网:平台的全球平台

平台革命的核心与通过技术把人们连接起来相关,并为他们提供工具来一起创造价值。随着数字技术的不断发展,特别是随着芯片、传感器和通信设备变得越来越小巧和高效,这种连接正变得无处不在。现在许多连接设备都不在计算设备(如笔记本电脑和手机)中,而是在普通机器及装置中,包括从家用温控器和车库门开关,到工业安全系统的所有设备。随着设计师和工程师发现越来越多用于连接机器、工具和其他人们日常互动设备的方法,一个巨大的新数据基础设施层正在形成,它被称之为物联网。这个新的网络空间将会对明天平台的力量产生深远的影响。

种类繁多的公司投身于倾力打造物联网的努力中。此外,如果可能的话,要控制新的基础设施及其产生的宝贵数据。正如我们已经提到的,像通用电气、西门子和西屋电气这样的工业公司正着手创建用于涡轮机、发动机、电机、加热和冷却系统,与他们建造、运营的制造厂之间的信息链，希望能够得到巨大的效率提升和成本节约。像 IBM、英特尔和思科这样的数字技术公司都在竞相设计操作系统和应用接口，使全新的物联网成为可能的工具和链接。而像谷歌和苹果这样以互联网为中心的公司正在设计能够使技术专家和普通民众都能轻松访问，并以无数我们想象或探索中的方式来使用物联网。

更重要的是，物联网的潜在力量会随着提供给我们的设备品种及其功能的增加而持续增长。举几个例子，想想具有变革的力量且近在眼前的新技术，无人驾驶汽车、廉价和强大的家用蓄电池、容易使用且可以快速复制有用对象的 3D 打印机。当这些和其他新工具被广泛使用时，它们也会被迅速地接入物联网中，使得更为强大的价值创造平台成为可能。

平台经济学应用到物联网中，将戏剧性地改变无数个熟悉物品与服务的相关业务模式。举例来说，我们熟悉的灯泡。最初在 1878 年由托马斯·爱迪生申请了专利，从那时起，白炽灯泡的基本工程设计几乎没有任何变化，而这就是为什么典型的灯泡的零售价只有 40 美分，其制造商几乎没有利润空间。同时它还效率低下，以热损耗的形式浪费了 95% 以上的能源。

改进的产品，如小型日光灯灯泡（约 4 美元）和发光二极管（LED，约 40 美元）使得照明技术效率更高，更有利可图。但当家居照明系统连接到物联网，灯泡的真正用途改变了。灯可以编程为入侵者警报；当蹒跚学步的幼童出现在楼梯或炉灶附近时，它们可以闪光警告家长；它们可以闪烁来提醒老奶奶服药。带有无线连接的灯可以追踪其他电器的能耗，使灯泡供应商能够向房主和家电公司提供能源管理服务。突然，灯泡制造商宁愿放弃 40 美元的 LED 收入以换取提供网络服务带来的持续收入份额。

基于平台的家庭和个人设备之间的连接已经吸引了大部分围绕物联

网的宣传。但其实在 B2B 的世界中，任何变革的潜力都有可能变得更大。高科技投资公司凯鹏华盈（Kleiner Perkins Caufield and Byers）的合伙人大卫·芒（David Mount）把即将到来的创新浪潮称之为工业觉醒（Industrial Awakening）。他列举出了 8 个基于工业设备间的智能连接，具有潜力生成数十亿美元新产业的市场：

- **安全**（security）：使用基于平台的网络以保护工业资产免受攻击。
- **网络**（network）：设计、构建和服务于用于连接和控制工业工具的网络。
- **连接服务**（connected services）：开发软件和系统以管理新网络。
- **产品即服务**（product as a service）：转变工业公司从销售机器和工具到销售平台连接推动的服务。
- **支付**（payments）：实施新的方式以从工业设备中创造并获得价值。
- **改进**（retrofits）：改进美国现有 6.8 万亿美元的机械设备以适应新的工业互联网。
- **翻译**（translation）：训练大量设备和软件系统共享数据与互相沟通。
- **垂直行业应用**（vertical applications）：在产业链中，找到连接工业工具的方法，解决具体的问题。

总之，大卫·芒的结论（数据源于世界经济论坛报告）是到 2030 年，工业觉醒在全球将生成 14.2 万亿美元的产出。[13]

经济学家杰里米·里夫金（Jeremy Rifkin）巧妙地总结了这种进步，以及一些更广泛的含义：

> 现在有110亿个传感器将设备连接到物联网。到2030年，100兆个传感器将（就位）……持续地向交通、能源和物流互联网发送大量数据。任何人都将能够访问物联网，并使用大数据和分析来开发预测算法，以加快效率、大幅提高生产率、降低生产和配送物理商品的边际成本直至接近零的水平（包括能源、产品和服务），就像我们现在处理信息商品一样。[14]

我们尚且不能看到大多数物理商品定价为零或接近零。但完全可以说，我们仅刚刚开始想象平台模式的变革潜力。

一个具有挑战的未来

读到目前为止，你无疑已经认识到，本书的作者以多种形式展现了他们对平台的崛起而造就的经济和社会变化的热情。平台所带来的显著的效率改进、创新能力和扩大的消费者选择，为成千上万人在生活的许多方面创造出令人惊奇的新价值形式。

但每一个革命性的变化都具有其危险性，并且每一个重大的社会和经济变革都会有赢家和输家。平台革命也不例外。我们已经看到一些老牌的工业正苦苦挣扎，因为它们熟悉的商业模式由于平台的出现而被颠覆。从报纸出版商到唱片制作人，从出租车公司到连锁酒店，从旅行社到百货公司，众多企业在与平台的直面竞争中看到它们的市场份额、收入和盈利暴跌。其后果必然是一些人甚至是整个社区的人迟疑、失落和痛苦。

权威人士和顾问要商家对平台变革进行"适应和调整"，这种呼吁很简单。但适应的过程往往是漫长、令人困惑和痛苦的，一些公司和工作者将永远找不到他们在新兴平台主导的世界中的一席之地。这是一个社会必须承认和处理的不幸现实。

社会也必须对平台革命所引发的结构性变化做出响应。我们在第11章中提到了一些，包括享有前所未有的机会获取个人和商业信息的大型平台企业；从传统的就业形式向更灵活但不确定模式的临时工、自由职业工作形式的大规模转变；平台对其经营所在社区的不可预知的、积极和消极的外部影响；强大的平台操纵个人和整个市场的可能性。

传统形式的政府监管是为管道商业准备的，不足以解决基于平台的商业变革带来的社会挑战。但决策者需要时间去充分了解变化的本质，制定保护公民免受平台革命所带来的严重危险的监管对策，同时还不能压制有益的创新。普通民众和他们所支持与依靠的公民社团组织，需要更长的时间来理解平台革命的本质及创建适当的体制反应。

历史表明，西方社会花了几代人的时间对与18世纪和19世纪的工业革命相关的混乱和弊端做出有效反应，包括工会运动、建设现代化的基于技能的教育系统、为新形式就业准备工人，以及为不慎落伍的人员建立社会安全保障体系。同样地，当代社会也需要时间找出对策，恰当地回应由平台革命引发的经济、社会和政治力量的变革，这就是为什么我们现在就需要开始思考这些问题，因为革命的轮廓正在开始出现。

巨大的技术变革不可避免的一个副产品似乎是夸大其辞（的结论）。从20世纪30年代自动化的推广（当时预测工作将过时了是很常见的）到20世纪90年代和21世纪初互联网的繁荣，总不乏狂热者和广告商气喘吁吁地描述最新的创新并宣布"这改变了一切"！

我们希望，我们在本书中提供了丰富的证据来证明我们的理念，平台革命确实正以许多有意义的和令人兴奋的方式改变我们的世界。但有一点，平台革命不会改变科技、商业和整个经济体系需要服务的终极目标。所有这些人类构想的目标应该是释放个人潜能和建设一个每个人都能过上富足、充实、有创意和多彩生活的社会。这取决于我们所有人：商界领袖、专业人士、劳动人民、决策者、教育工作者和普通人发挥我们的作用以确保平台革命使我们更接近这一目标。

本章小结

- 在不久的将来，那些最容易发生平台变革的行业特点包括：信息密集型、不易扩展的把关人员、高度分散型和那些信息极端不对称型。

- 行业短期内不太可能发生平台变革的包括：高监管型、高失败成本型和资源密集型。

- 可以预见在今后数十年内一些特定的变化有可能影响几个行业，包括教育、医疗卫生、能源和金融。

- 平台模型将继续影响劳动和专业服务市场的变革，以及政府的运作。

- 蓬勃发展的物联网会为未来的平台增加一个新的链接层和动力，并通过一种新的价值创造方式将人和设备相互连接。

- 平台革命最终会以无法预测的方式改变我们的世界，面对这一变化所产生的挑战，我们呼吁社会作为一个整体来制定创造性的和人性化的响应对策。

词 汇 表

adjacent platform　相邻平台　这些平台服务类似的或重叠的客户群。

application programming interface　应用程序接口　一套标准的为开发软件应用的程序、协议和工具，目的是使外部程序员更容易编写代码，无缝对接平台架构。

brand effects　品牌效应　非常积极正面的品牌形象所带来的影响力，能够吸引顾客，引起业绩迅速增长。不要与网络效应混淆。

convex growth　凸增长　参见梅特卡夫（metcalfe）法则。

core developers　核心开发者　创建核心平台应用的程序员和设计师，为其他平台参与者提供价值。这些开发者通常由平台管理者雇用，比如用户熟悉的品牌名字，苹果、三星、爱彼迎、优步等。他们的主要工作是将平台交付给用户使用，通过工具和规则传递价值，使得客户与平台的互动便利顺畅。

core interaction　核心互动　这是平台创建中最重要的环节，在第一时间吸引最多的用户使用平台的价值交互。因此，平台设计通常从核心互动的设计开始。核心互动包括三个重要的组成部分：参与者、价值单元和过滤器。这三个部分都必须定义清楚，并精心设计出对客户尽量简单、有吸引力的、有价值的核心互动。

cross-side effects　交叉效应　在双边市场里，一方市场用户产生的网络效应对另一方市场用户的影响力，比如顾客对生产商的影响、生产商对顾客的影响。交叉效应可能是积极的，也可能是消极的，取决于系统和规则的设计。

curation　策展　是对用户使用平台、参与的活动，及用户间连接进行过滤、控制和限制的过程。当平台质量得到有效管理，客户会很容易发现该平台为其创造了重要价值；当内容管理缺失或者不得当，客户会身陷大堆无用的匹配中，很难发现平台那些潜在的有价值的匹配。

curation of participants　内容管理参与者　参见信任度（trust）。

data aggregators　数据整合者　加强平台匹配功能，增加外部源数据的外部开发人员或公司。在平台管理的批准下，他们抽取平台用户及用户间互动的数据，通常将这些数据转卖给其他公司作为广告收入。这个平台就是一个数据源，能获得一部分收益。

enhanced access　增强型接入　即使有大量供应商对消费者注意力展开激烈竞争，这个工具可以使一个供应商能脱颖而出，并能使双边平台识别。好的平台通过收费为供应商提供定位更好的信息、更具吸引力的表现或价值客户间的交互，它们将增强型接入作为一种货币化工具。

envelopment　包络　一个平台有效吸收一个相邻平台功能的过程，通常在用户层面。

excess inertia　过度惰性　利用网络效应拖缓或防止新的或更好的技术引用。如果因为网络效应，一个或几个平台能主导一个特定的市场，它们会选择拒绝有益的创新来保护自己不受成本变化和其他破坏性行为的影响。

feedback loop　反馈回路　在平台中能够产生持续不断的自我强化活动的那些交互模式。在一个典型的反馈回路中，价值单元的流动使参与者产生反馈。如果这些价值单元是相关的和有趣的，用户会不断地使用这个平台，生成一系列价值单元的流动和更多交互作用。有效的反馈回路能扩展网络、提高价值创造和提升网络效应。

filter　过滤器　一个基于算法的软件工具，让平台能够在用户之间进行恰当的信息交互。一个设计完好的过滤器能保证平台用户只接收相关且有价值的信息，而一个设计欠佳的过滤器（或者甚至没有过滤器）意味着用户可能被大量无关信息淹没，致使他们最终放弃使用这个平台。

frictionless entry　无摩擦进入　使用户能快速便利地进入平台，并开始参与平台便利带来的价值创造。无摩擦进入是一个能促使平台迅速成长的重要因素。

linear value chain　线性价值链　参见管道（pipeline）。

liquidity　流动状态　在一个平台市场里存在最少数量的供应商和顾客，并保持着高度互动的状态。一旦达到流动状态，互动失效的概率会降到最低，在一定合理的时间里，用户对互动的诉求被不断地满足。达到流动状态是平台生命周期中首个也是最重要的里程碑。

market aggregation　市场集合体　这是一个平台提供集中化市场来服务广泛分散的个体和组织的过程。市场集合体为平台用户提供信息和权限，这些平台用户从前在无序的运作中互动，通常没有机会获得可靠的或更新的市场数据。

matching quality　匹配质量　当用户在价值创造的过程中寻求其他用户时，能提供的搜索算法的准确性和导航工具的灵活性。匹配质量对于价值传递和平台长期成长与成功是极为重要的，通过优质产品和服务内容管理的成功而获得。

Metcalfe's law 梅特卡夫法则 该法则是由罗伯特·梅特卡夫（Robert Metalfe）提出的，认为网络价值随着网络用户的增加呈现非线性增长，可能产生更多的用户间互动（这种增长也被称为凸增长）。确切地说，梅特卡夫法则认为有 N 个参与用户的网络价值等于原网络价值的 N 平方倍（n^2）。

multihoming 多重归属/多宿主 这是一种现象，即用户参与类似的互动方式却归属于多个平台。比如，一个自由职业者在两个以上的服务市场平台上展示自己的学历，一个音乐粉丝在一个以上的音乐网站上下载、收藏、分享乐曲，又或者是一个司机同时申请了在优步和来福车上运营，这些都表现了多归属的现象。平台商业不鼓励多归属，因为多归属很容易使用户跳槽，即放弃一个平台而倾心对手的平台。

network effects 网络效应 指平台用户数量对每个用户所产生价值的影响。积极的网络效应指的是一个大而管理完善的平台社区对每个平台用户都创造了重大价值。消极的网络效应指的是一个管理不善的平台社区随着用户人数增加反而降低价值创造的可能性。

pipeline 管道 在传统业务即非平台公司的结构中，公司首先设计产品或服务，制造产品，然后投入市场销售或交付服务。最终，用户出现并购买产品或服务。这种一步一步地创造、传递价值的过程可以被看作一种管道，供应商在一端，而顾客在另一端，也被称为线性价值链。

platform 平台 能使外部供应商和顾客之间创造价值互动的业务。平台为这些互动提供了一个开放的、参与型的架构，并为此设定了治理规范。平台的首要目的在于：匹配用户，通过商品、服务或社会货币的交换为所有参与者创造价值。

platform envelopment 平台包络 一个平台有效吸收一个相邻平台（用户群）的功能的过程。

price effects 价格效应 极低的价格对商品或服务的影响力，能（暂时）吸引顾客并在较短的时间内（或快速）提升业绩。不要与网络效应混淆。

product or service curation 产品或服务内容管理 参见匹配质量（matching quality）。

re-intermediation 中介重构 平台将新中介引入市场的过程。一般情况下，中介重构包括替换非规模化效率低的中介机构，取而代之的是在线的、自动的工具和系统，能为平台的双边参与者提供有价值的新商品和服务。

same-side effects 单边效应 在一个双边市场里，网络效应因一边市场的用户对同边市场的其他用户产生的影响，例如顾客对其他顾客的影响，供应商对其他供应商的影响。同边影响可以是积极的或消极的，取决于系统的设计和实施的规则。

sharing economy　共享经济　经济增长源于市场参与者和机构之间的产品、服务和资源的共享，而不限于某一个经营者。通常得益于平台商业，共享经济系统有潜力开发未被发现的资源价值，减少浪费。

side switching　用户角色转换　平台用户从一边转换到另一边的现象，例如当平台上消费商品或服务的人开始生产商品或服务时。在一些平台上，用户角色转换轻而易举，反反复复。

spreadable value unit　可扩散价值单元　参见价值单元（value unit）。

supply economies of scale　供应规模经济　经济优势受生产效率驱动，当产量上升，每个产品或服务的生产成本降低。这种供应规模经济可以给予工业经济中最大的公司所需的成本优势，这对于竞争者是非常难攻克的。

switching　转换　用户放弃一个平台而倾心另一个平台的行为。

switching cost　转换成本　用户放弃一个平台而加入另一个平台的成本。这些也许是财务成本（例如取消费用）或时间成本、精力成本和不便成本（例如，必须将信息文件从一个平台转移到另一个平台上）。

trust　信任度　一个平台的用户对于参与平台互动所带来的潜在风险水平的认知程度。信任度是通过平台对参与者内容管理的成功获得的。

value unit　价值单元　在一个平台上，用户用于交换的最基本的价值项目。例如，Instagram 上的一张照片、Youtube 上的一个视频、Etsy 上的一件工艺品，或者是 Upwork 上的一个自由工作项目。当一个价值单元是可以扩散的，用户在平台上或平台外都容易传播，进而形成病毒式的增长。

viral growth　病毒式增长　一种拉动式的过程，鼓励用户将平台传播给其他潜在用户。当用户自身鼓励他人加入网络时，这个网络就会变成自身增长的动力。

virality　病毒式　一个想法或品牌迅速、广泛地从一个网络用户传播到另一个的方式。病毒式能吸引用户加入一个网络，但网络效应能留住他们。病毒式能刺激平台之外的人加入，同时网络效应能为平台上的人增加价值。

winner-take-all market　赢者通吃市场　一个市场里有些特殊力量共谋驱使用户倾向于一个平台而放弃其他的。赢者通吃市场的表征通常是这四种力量，即供应规模经济、强大的网络效应、多重归属或转换成本昂贵、缺乏小众专门化。

参 考 文 献

CHAPTER 1: TODAY

1. Bill Gurley, "A Rake Too Far: Optimal Platform Pricing Strategy," *Above the Crowd*, April 18, 2013, http://abovethecrowd.com/2013/04/18/a-rake-too-far-optimal-platformpricing-strategy/.
2. Thomas Steenburgh, Jill Avery, and Naseem Dahod, "HubSpot: Inbound Marketing and Web 2.0," Harvard Business School Case 509-049, 2009.
3. Tom Goodwin, "The Battle Is for the Customer Interface," *TechCrunch*, March 3, 2015, http://techcrunch.com/2015/03/03/in-the-age-of-disintermediation-the-battle-is-all-for-the-customer-interface/.

CHAPTER 2: NETWORK EFFECTS

1. Aswath Damodaran, "Uber Isn't Worth $17 Billion," *FiveThirtyEightEconomics,* June 18, 2014, http://fivethirtyeight.com/features/uber-isnt-worth-17-billion/.
2. Bill Gurley, "How to Miss By a Mile: An Alternative Look at Uber's Potential Market Size," *Above the Crowd*, July 11, 2014, http://abovethecrowd.com/2014/07/11/how-to-miss-by-a-mile-an-alternative-look-at-ubers-potential-market-size/.
3. W. Brian Arthur, "Increasing Returns and the Two Worlds of Business," *Harvard Business Review* 74, no. 4 (1996): 100–9; Michael L. Katz and Carl Shapiro, "Network Externalities, Competition, and Compatibility," *American Economic Review* 75, no. 3 (1985): 424–40.
4. Carl Shapiro and Hal R. Varian, *Information Rules* (Cambridge, MA: Harvard Business School Press, 1999).
5. Thomas Eisenmann, Geoffrey Parker, and Marshall Van Alstyne, "Strategies for Two-Sided Markets," *Harvard Business Review* 84, no. 10 (2006): 92–101.
6. Sarah Needleman and Angus Loten, "When Freemium Fails," *Wall*

Street Journal, August 22, 2012.
7. Saul Hansell, "No More Giveaway Computers. Free-PC To Be Bought by eMachines," *New York Times,* November 30, 1999, http://www.nytimes.com/1999/11/30/business/no-more-giveaway-computers-free-pc-to-be-bought-by-emachines.html.
8. Dashiell Bennett, "8 Dot-Coms That Spent Millions on Super Bowl Ads and No Longer Exist," *Business Insider,* February 2, 2011, http://www.businessinsider.com/8-dot-com-super-bowl-advertisers-that-no-longer-exist-2011-2.
9. "The Greatest Defunct Web Sites and Dotcom Disasters," *Crave,* cnet.co.uk, June 5, 2008, http://web.archive.org/web/20080607211840/http://crave.cnet.co.uk/0,39029477,49296926-6,00.htm.
10. Geoffrey Parker and Marshall Van Alstyne, "Information Complements, Substitutes and Strategic Product Design," *Proceedings of the Twenty-First International Conference on Information Systems* (Association for Information Systems, 2000), 13–15; Geoffrey Parker and Marshall Van Alstyne, "Internetwork Externalities and Free Information Goods," *Proceedings of the Second ACM Conference on Electronic Commerce* (Association for Computing Machinery, 2000), 107–16; Geoffrey Parker and Marshall Van Alstyne, "Two-Sided Network Effects: A Theory of Information Product Design," *Management Science* 51, no. 10 (2005): 1494–1504.
11. M. Rysman, "The Economics of Two-Sided Markets," *Journal of Economic Perspectives* 23, no. 3 (2009): 125–43.
12. Paul David, "Clio and the Economics of QWERTY," *American Economic Review* 75 (1985): 332–7.
13. UN Data: https://data.un.org/Host.aspx?Content=Tools.
14. Christian Rudder, "Your Looks and Your Inbox," OkCupid, http://blog.okcupid.com/index.php/your-looks-and-online-dating/.
15. Jiang Yang, Lada A. Adamic, and Mark S. Ackerman, "Crowdsourcing and Knowledge Sharing: Strategic User Behavior on taskcn," *Proceedings of the Ninth ACM Conference on Electronic Commerce* (Association for Computing Machinery, 2008), 246–55; Kevin Kyung Nam, Mark S. Ackerman, and Lada A. Adamic, "Questions In, Knowledge In?: A Study of Naver's Question Answering Community," *Proceedings of the SIGCHI Conference on Human Factors in Computing Systems* (Special Interest Group on Computer–Human Interaction, 2009), 779–88.
16. Barry Libert, Yoram (Jerry) Wind, and Megan Beck Fenley, "What Airbnb, Uber, and Alibaba Have in Common," *Harvard Business Review,* November 20, 2014, https://hbr.org/2014/11/what-airbnb-uber

-and-alibaba-have-in-common.
17. Andrei Hagiu and Julian Wright, "Marketplace or Reseller?" *Management Science* 61, no. 1 (January 2015): 184–203.
18. Clay Shirky, *Here Comes Everybody: The Power of Organizing Without Organizations* (New York: Penguin, 2008).
19. Henry Chesbrough, *Open Innovation: The New Imperative for Creating and Profiting from Technology* (Cambridge, MA: Harvard Business School Press, 2003).

CHAPTER 3: ARCHITECTURE

1. Charles B. Stabell and Øystein D. Fjeldstad, "Configuring Value for Competitive Advantage: On Chains, Shops, and Networks," *Strategic Management Journal* 19, no. 5 (1998): 413–37.
2. Rajiv Banker, Sabyasachi Mitra, and Vallabh Sambamurthy, "The Effects of Digital Trading Platforms on Commodity Prices in Agricultural Supply Chains," *MIS Quarterly* 35, no. 3 (2011): 599–611.
3. "Hop In and Shove Over," *Businessweek*, February 2, 2015.
4. Mark Scott and Mike Isaac, "Uber Joins the Bidding for Here, Nokia's Digital Mapping Service," *New York Times*, May 7, 2015.
5. Adam Lashinsky, "Uber Banks on World Domination," *Fortune*, October 6, 2014.
6. J. H. Saltzer, D. P. Reed, and D. D. Clark, "End-to-End Arguments in System Design," *ACM Transactions on Computer Systems* 2, no. 4 (1984): 277–88.
7. Steve Lohr, "First the Wait for Microsoft Vista; Now the Marketing Barrage," *New York Times*, January 30, 2007.
8. Denise Dubie, "Microsoft Struggling to Convince about Vista," *Computerworld UK*, November 19, 2007, http://www.computerworlduk.com/news/it-vendors/microsoft-struggling-to-convince-about-vista-6258/.
9. Robin Bloor, "10 Reasons Why Vista is a Disaster," *Inside Analysis,* December 18, 2007, http://insideanalysis.com/2007/12/10-reasons-why-vista-is-a-disaster/2/.
10. See https://en.wikipedia.org/wiki/Windows_Vista and https://en.wikipedia.org/wiki/Windows_XP .
11. Steve Lohr and John Markoff, "Windows Is So Slow, but Why?" *New York Times*, March 27, 2006, http://www.nytimes.com/2006/03/27/technology/27soft.html?_r=1.
12. Carliss Young Baldwin and Kim B. Clark, *Design Rules: The Power of Modularity*, vol. 1 (Cambridge, MA: MIT Press, 2000).
13. Robert S. Huckman, Gary P. Pisano, and Liz Kind, "Amazon Web Ser-

vices," Harvard Business School Case 609-048, 2008.
14. Carliss Young Baldwin and Kim B. Clark, "Managing in an Age of Modularity," *Harvard Business Review* 75, no. 5 (1996): 84–93.
15. Carliss Young Baldwin and C. Jason Woodard, "The Architecture of Platforms: A Unified View," Harvard Business School Working Paper 09-034, http://www.hbs.edu/faculty/Publication%20Files/09-034_149607b7-2b95-4316-b4b6-1df66dd34e83.pdf.
16. Daniel Jacobson, Greg Brail, and Dan Woods, *APIs: A Strategy Guide* (Cambridge, MA: O'Reilly, 2012).
17. Peter C. Evans and Rahul C. Basole, "Decoding the API Economy with Visual Analytics," Center for Global Enterprise, September 2, 2015, http://thecge.net/decoding-the-api-economy-with-visual-analytics/.
18. Michael G. Jacobides and John Paul MacDuffie, "How to Drive Value Your Way," *Harvard Business Review* 91, no. 7/8 (2013): 92–100.
19. Amrit Tiwana, *Platform Ecosystems: Aligning Architecture, Governance, and Strategy* (Burlington, MA: Morgan Kaufmann, 2013), ch. 5.
20. Steven Eppinger and Tyson Browning, *Design Structure Matrix Methods and Applications* (Cambridge, MA: MIT Press, 2012).
21. Alan MacCormack and Carliss Young Baldwin, "Exploring the Structure of Complex Software Designs: An Empirical Study of Open Source and Proprietary Code," *Management Science* 52, no. 7 (2006): 1015–30.
22. Andy Grove, *Only the Paranoid Survive* (New York: Doubleday, 1996).
23. Michael A. Cusumano and Annabelle Gawer, "The Elements of Platform Leadership," *MIT Sloan Management Review* 43, no. 3 (2002): 51.
24. Edward G. Anderson, Geoffrey G. Parker, and Burcu Tan, "Platform Performance Investment in the Presence of Network Externalities," *Information Systems Research* 25, no. 1 (2014): 152–72.
25. Interested readers who wish to learn more might begin with the following managerial works: Charles H. Fine, *Clockspeed: Winning Industry Control in the Age of Temporary Advantage* (New York: Basic Books, 1998); N. Venkatraman and John C. Henderson, "Real Strategies for Virtual Organizing," *MIT Sloan Management Review* 40, no. 1 (1998): 33; and Daniel E. Whitney, "Manufacturing by Design," *Harvard Business Review* 66, no. 4 (1988): 83–91. There is also a tremendous volume of academic work on modularity. Readers who wish to explore the subject might start with the following academic works: Baldwin and Clark, *Design Rules*; Timothy F. Bresnahan and Shane Greenstein, "Technological Competition and the Structure of the Computer Industry," *Journal of Industrial Economics* 47, no. 1 (1999): 1–40; Viswanathan Krishnan and Karl T. Ulrich, "Product Development Decisions: A Review of the

Literature," *Management Science* 47, no. 1 (2001): 1–21; Ron Sanchez and Joseph T. Mahoney, "Modularity, Flexibility, and Knowledge Management in Product and Organization Design," *Strategic Management Journal* 17, no. S2 (1996): 63–76; Melissa A. Schilling, "Toward a General Modular Systems Theory and Its Application to Interfirm Product Modularity," *Academy of Management Review* 25, no. 2 (2000): 312–34; Herbert A. Simon, *The Sciences of the Artificial* (Cambridge, MA: MIT Press, 1969); and Karl Ulrich, *Fundamentals of Product Modularity* (Heidelberg, Germany: Springer Netherlands, 1994).

CHAPTER 4: DISRUPTION

1. Chris Gayomali, "The Two Startups that Joined the $40 Billion Club in 2014," *Fast Company*, December 30, 2014, http://www.fastcompany.com/3040367/the-two-startups-that-joined-the-40-billion-club-in-2014.
2. Kara Swisher, "Man and Uber Man," *Vanity Fair*, December 2014; Jessica Kwong, "Head of SF Taxis to Retire," *San Francisco Examiner*, May 30, 2014; Alison Griswold, "The Million-Dollar New York City Taxi Medallion May Be a Thing of the Past," *Slate*, December 1, 2014, http://www.slate.com/blogs/moneybox/2014/12/01/new_york_taxi_medallions_did_tlc_transaction_data_inflate_the_price_of_driving.html.
3. Swisher, "Man and Uber Man."
4. Zack Kanter, "How Uber's Autonomous Cars Will Destroy 10 Million Jobs and Reshape the Economy by 2025," CBS SF Bay Area, sanfrancisco.cbslocal.com/2015/01/27/how-ubers-autonomous-cars-will-destroy-10-million-jobs-and-reshape-the-economy-by-2025-lyft-google-zack-kanter/.
5. Swisher, "Man and Uber Man."
6. Marc Andreessen, "Why Software Is Eating the World," *Wall Street Journal*, August 20, 2011, http://www.wsj.com/articles/SB10001424053111903480904576512250915629460.
7. Phil Simon, *The Age of the Platform: How Amazon, Apple, Facebook, and Google Have Redefined Business* (Henderson, NV: Motion Publishing, 2011).
8. Feng Zhu and Marco Iansiti, "Entry into Platform-Based Markets," *Strategic Management Journal* 33, no. 1 (2012): 88–106.
9. Jason Tanz, "How Airbnb and Lyft Finally Got Americans to Trust Each Other," *Wired*, April 23, 2014, http://www.wired.com/2014/04/trust-in-the-share-economy/.

10. Arun Sundararajan, "From Zipcar to the Sharing Economy," *Harvard Business Review*, January 3, 2013, https://hbr.org/2013/01/from-zipcar-to-the-sharing-eco/.
11. Dan Charles, "In Search of a Drought Strategy, California Looks Down Under," *The Salt*, NPR, August 19, 2015, http://www.npr.org/sections/thesalt/2015/08/19/432885101/in-search-of-salvation-from-drought-california-looks-down-under.
12. Simon, *The Age of the Platform*.
13. Hemant K. Bhargava and Vidyanand Choudhary, "Economics of an Information Intermediary with Aggregation Benefits," *Information Systems Research* 15, no. 1 (2004): 22–36.
14. Marco Ceccagnoli, Chris Forman, Peng Huang, and D. J. Wu, "Cocreation of Value in a Platform Ecosystem: The Case of Enterprise Software," *MIS Quarterly* 36, no. 1 (2012): 263–90.
15. DC Rainmaker blog, "Under Armour (owner of MapMyFitness) buys both MyFitnessPal and Endomondo," February 4, 2015, http://www.dcrainmaker.com/2015/02/mapmyfitness-myfitnesspal-endomondo.html.
16. Peter C. Evans and Marco Annunziata, "Industrial Internet: Pushing the Boundaries of Minds and Machines," General Electric , November 26, 2012, http://www.ge.com/docs/chapters/Industrial_Internet.pdf.
17. Accenture Technology, "Vision 2015 – Trend 3: Platform (R)evolution," http://techtrends.accenture.com/us-en/downloads/Accenture_Technology_Vision%202015_Platform_Revolution.pdf. Accessed October 13, 2015.
18. Barry Wacksman and Chris Stutzman, *Connected by Design: Seven Principles for Business Transformation Through Functional Integration* (New York: John Wiley and Sons, 2014).

CHAPTER 5: LAUNCH

1. Eric M. Jackson, "How eBay's purchase of PayPal changed Silicon Valley," *VentureBeat*, October 27, 2012, http://venturebeat.com/2012/10/27/how-ebays-purchase-of-paypal-changed-silicon-valley/.
2. Blake Masters, "Peter Thiel's CS183: Startup—Class 2 Notes Essay," Blake Masters blog, April 6, 2012, http://blakemasters.com/post/20582845717/peter-thiels-cs183-startup-class-2-notes-essay. Copyright 2014 by David O. Sacks. Reprinted by permission.
3. Eric M. Jackson, *The PayPal Wars: Battles with eBay, the Media, the Mafia, and the Rest of Planet Earth* (Los Angeles: WND Books, 2012).
4. Andrei Hagiu and Thomas Eisenmann, "A Staged Solution to the

Catch-22," *Harvard Business Review* 85, no. 11 (2007): 25–26.
5. Annabelle Gawer and Rebecca Henderson, "Platform Owner Entry and Innovation in Complementary Markets: Evidence from Intel," *Journal of Economics and Management Strategy* 16, no. 1 (2007): 1–34.
6. Joel West and Michael Mace, "Browsing as the Killer App: Explaining the Rapid Success of Apple's iPhone," *Telecommunications Policy* 34, no. 5 (2010): 270–86.
7. K. J. Boudreau, "Let a Thousand Flowers Bloom? An Early Look at Large Numbers of Software App Developers and Patterns of Innovation," *Organization Science* 23, no. 5 (2012): 1409–27.
8. Ciara O'Rourke, "Swiss Postal Service Is Moving Some Mail Online," *New York Times,* July 13, 2009.
9. Ellen Wallace, "Swiss Post Set to Become Country's Largest Apple Seller," *Genevalunch,* June 28, 2012, http://genevalunch.com/2012/06/28/swiss-post-set-to-become-countrys-largest-apple-seller/.
10. Mark Suster, "Why Launching Your Startup at SXSW Is a Bad Idea," *Fast Company,* February 13, 2013.
11. "Instagram Tips: Using Hashtags," Instagram blog, http://blog.instagram.com/post/17674993957/instagram-tips-using-hashtags.

CHAPTER 6: MONETIZATION

1. *Research Network,* September 12, 2012, http://papers.ssrn.com/sol3/papers.cfm?abstract_id=1676444.
2. Parker and Van Alstyne, "Internetwork Externalities and Free Information Goods"; Geoffrey G. Parker and Marshall Van Alstyne, "Two-Sided Network Effects: A Theory of Information Product Design," *Management Science* 51, no. 10 (2005); Eisenmann, Parker, and Van Alstyne, "Strategies for Two-Sided Markets."
3. Jean-Charles Rochet and Jean Tirole, "Platform Competition in Two-Sided Markets," *Journal of the European Economic Association* 1, no. 4 (2003): 990–1029.
4. Rob Hof, "Meetup's Challenge," *Businessweek,* April 14, 2005, http://www.businessweek.com/stories/2005-04-13/meetups-challenge.
5. Matt Linderman, "Scott Heiferman Looks Back at Meetup's Bet-the-Company Moment," *Signal v. Noise,* January 25, 2011, https://signalvnoise.com/posts/2751-scott-heiferman-looks-back-at-meetups-bet-the-company-moment-.
6. Stuart Dredge, "MySpace—What Went Wrong," *Guardian,* March 6, 2015.

CHAPTER 7: OPENNESS

1. Nigel Scott, "Wikipedia: Where Truth Dies Online," *Spiked*, April 29, 2014, http://www.spiked-online.com/newsite/article/wikipedia-where-truth-dies-online/14963#.U7RzHxbuSQ2.
2. Thomas R. Eisenmann, Geoffrey G. Parker, and Marshall Van Alstyne, "Opening Platforms: How, When and Why?" chapter 6 in *Platforms, Markets and Innovation,* edited by Annabelle Gawer (Cheltenham, UK, and Northampton, MA: Edward Elgar, 2009).
3. Kevin Boudreau, "Open Platform Strategies and Innovation: Granting Access Versus Devolving Control," *Management Science* 56, no. 10 (2010): 1849–72.
4. Andrei Hagiu and Robin S. Lee, "Exclusivity and Control," *Journal of Economics and Management Strategy* 20, no. 3 (Fall 2011): 679–708.
5. Joel West, "How Open Is Open Enough? Melding Proprietary and Open Source Platform Strategies," *Research Policy* 32, no. 7 (2003): 1259–85; Henry William Chesbrough, *Open Innovation: The New Imperative for Creating and Profiting from Technology* (Cambridge, MA: Harvard Business School Press, 2006).
6. Felix Gillette, "The Rise and Inglorious Fall of Myspace," *Businessweek*, June 22, 2011.
7. Simon, *The Age of the Platform.*
8. Catherine Rampell, "Widgets Become Coins of the Social Realm," *Washington Post*, November 3, 2011, D01.
9. Peng Huang, Marco Ceccagnoli, Chris Forman, and D. J. Wu, "Appropriability Mechanisms and the Platform Partnership Decision: Evidence from Enterprise Software," *Management Science* 59, no. 1 (2013): 102–21.
10. Thomas R. Eisenmann, "Managing Proprietary and Shared Platforms," *California Management Review* 50, no. 4 (2008): 31–53.
11. Eisenmann, Parker, and Van Alstyne, "Opening Platforms."
12. "Android and iOS Squeeze the Competition, Swelling to 96.3% of the Smartphone Operating System Market for Both 4Q14 and CY14, According to IDC," press release, International Data Corporation, February 24, 2015, http://www.idc.com/getdoc.jsp?containerId=prUS25450615.
13. Matt Rosoff, "Should Google Ditch Android Open Source?" *Business Insider*, April 10, 2015, http://www.businessinsider.com/google-should-ditch-android-open-source-2015-4; Ron Amadeo, "Google's Iron Grip on Android—Controlling Open Source By Any Means Necessary," *Arstechnica*, October 20, 2013, http://arstechnica.com/gadgets/2013/10/googles-iron-grip-on-android-controlling-open-source-by-any-means-

necessary/.

14. Rahul Basole and Peter Evans, "Decoding the API Economy with Visual Analytics Using Programmable Web Data," Center for Global Enterprise, September 2015, http://thecge.net/decoding-the-api-economy-with-visual-analytics/.
15. Shannon Pettypiece, "Amazon Passes Wal-Mart as Biggest Retailer by Market Cap," *BloombergBusiness,* July 23, 2015, http://www.bloomberg.com/news/articles/2015-07-23/amazon-surpasses-wal-mart-as-biggest-retailer-by-market-value.
16. Bala Iyer and Mohan Subramaniam, "The Strategic Value of APIs," *Harvard Business Review,* January 7, 2015, https://hbr.org/2015/01/the-strategic-value-of-apis.
17. Charles Duhigg, "How Companies Learn Your Secrets," *New York Times,* February 16, 2012, http://www.nytimes.com/2012/02/19/magazine/shopping-habits.html?pagewanted=all.
18. Wade Roush, "The Story of Siri, from Birth at SRI to Acquisition by Apple—Virtual Personal Assistants Go Mobile," *xconomy,* June 14, 2010, http://www.xconomy.com/san-francisco/2010/06/14/the-story-of-siri-from-birth-at-sri-to-acquisition-by-apple-virtual-personal-assistants-go-mobile/?single_page=true.
19. "A letter from Tim Cook on Maps," Apple, http://www.apple.com/letter-from-tim-cook-on-maps/.
20. Amadeo, "Google's Iron Grip on Android."

CHAPTER 8: GOVERNANCE

1. Josh Dzieza, "Keurig's Attempt to DRM Its Coffee Cups Totally Backfired," *The Verge,* February 5, 2015, http://www.theverge.com/2015/2/5/7986327/keurigs-attempt-to-drm-its-coffee-cups-totally-backfired.
2. Geoffrey G. Parker and Marshall Van Alstyne, "Innovation, Openness and Platform Control," October 3, 2014, available at SSRN at http://ssrn.com/abstract=1079712.
3. Tiwana, *Platform Ecosystems*; Youngin Yoo, Richard J. Boland, Kalle Lyytinen, and Ann Majchrzak, "Organizing for Innovation in the Digitized World," *Organization Science* 23, no. 15 (2012): 1398–1408.
4. J. R. Raphael, "Facebook Privacy: Secrets Unveiled," *PCWorld,* May 16, 2010, http://www.pcworld.com/article/196410/Facebook_Privacy_Secrets_Unveiled.html.
5. Brad McCarty, "LinkedIn Lockout and the State of CRM," *Full Contact,* March 28, 2014, https://www.fullcontact.com/blog/

linkedin-state-of-crm-2014/.

6. Nitasha Tiku and Casey Newton, "Twitter CEO: 'We Suck at Dealing with Abuse,'" *The Verge,* February 4, 2015, http://www.theverge.com/2015/2/4/7982099/twitter-ceo-sent-memo-taking-personal-responsibility-for-the.

7. Juro Osawa, "How to Understand Alibaba's Business Model," *MarketWatch,* March 15, 2014, http://www.marketwatch.com/story/how-to-understand-alibabas-business-model-2014-03-15-94855847.

8. Brad Burnham, "Web Services as Governments," Union Square Ventures, June 10, 2010, https://www.usv.com/blog/web-services-as-governments.

9. Wolfram Knowledgebase, https://www.wolfram.com/knowledgebase/. Accessed May 30, 2015.

10. "Politicians," Corrupt Practices Investigation Bureau, https://www.cpib.gov.sg/cases-interest/cases-involving-public-sector-officers/politicians. Accessed October 13, 2015.

11. "Corrupt Perceptions Index," *Wikipedia,* http://en.wikipedia.org/wiki/Corruption_Perceptions_Index, accessed October 13, 2015; B. Podobnik, J. Shao, D. Njavro, P. C. Ivanov, and H. E. Stanley, "Influence of Corruption on Economic Growth Rate and Foreign Investment," *European Physical Journal B-Condensed Matter and Complex Systems* 63, no. 4:547–50.

12. Estimate based on data from Wolfram Knowledgebase. Accessed October 13, 2015.

13. Daron Acemoglu, Simon Johnson, and James A. Robinson, "The Colonial Origins of Comparative Development: An Empirical Investigation," *American Economic Review* 91, no. 5 (2001): 1369–1401; D. Acemoglu, S. Johnson, and J. A. Robinson, "Reversal of Fortune: Geography and Institutions in the Making of the Modern World Income Distribution," *Quarterly Journal of Economics* 117, no. 4 (2002): 1231–94; Gavin Clarkson and Marshall Van Alstyne, "The Social Efficiency of Fairness," Gruter Institute Squaw Valley Conference: Innovation and Economic Growth, October 2010.

14. Roger Protz, "Arctic Ale, 1845," *Beer Pages,* March 23, 2011, http://www.beer-pages.com/stories/arctic-ale.htm; Jeremy Singer-Vine, "How Long Can You Survive on Beer Alone?" *Slate,* April 28, 2011, http://www.slate.com/articles/news_and_politics/explainer/2011/04/how_long_can_you_survive_on_beer_alone.html.

15. "Allsopp's Arctic Ale, The $500,000 eBay Typo," *New Life Auctions,* http://www.newlifeauctions.com/allsopp.html, accessed October 13, 2015. In fact, the winning bid was $503,300, but it is unclear whether anyone actually paid this amount.

16. Hillel Aron, "How eBay, Amazon and Alibaba Fuel the World's Top Illegal Industry—The Counterfeit Products Market," *LA Weekly*, December 3, 2014, http://www.laweekly.com/news/how-ebay-amazon-and-alibaba-fuel-the-worlds-top-illegal-industry-the-counterfeit-products-market-5261019.
17. Andrei Shleifer and Robert W. Vishny, "A Survey of Corporate Governance," *Journal of Finance* 52, no. 2 (1997): 737–83, esp. 737.
18. Steve Denning, "The Dumbest Idea in the World: Maximizing Shareholder Value," *Forbes*, November 28, 2011, http://www.forbes.com/sites/stevedenning/2011/11/28/maximizing-shareholder-value-the-dumbest-idea-in-the-world/.
19. Alvin E. Roth, "The Art of Designing Markets," *Harvard Business Review* 85, no. 10 (2007): 118.
20. Lawrence Lessig, *Code and Other Laws of Cyberspace* (New York: Basic Books, 1999).
21. Dana Sauchelli and Bruce Golding, "Hookers Turning Airbnb Apartments into Brothels," *New York Post*, April 14, 2014, http://nypost.com/2014/04/14/hookers-using-airbnb-to-use-apartments-for-sex-sessions/; Amber Stegall, "Craigslist Killers: 86 Murders Linked to Popular Classifieds Website," WAFB 9 News, Baton Rouge, LA, April 9, 2015, http://www.wafb.com/story/28761189/craigslist-killers-86-murders-linked-to-popular-classifieds-website.
22. Apple, "iTunes Store—Terms and Conditions," http://www.apple.com/legal/internet-services/itunes/us/terms.html. Accessed May 20, 2015.
23. Apple, "iOS Developer Program License Agreement," https://developer.apple.com/programs/terms/ios/standard/ios_program_standard_agreement_20140909.pdf. Accessed May 20, 2015.
24. Stack Overflow, "Privileges," Stack Overflow help page, http://stackoverflow.com/help/privileges. Accessed May 20, 2015.
25. Rebecca Grant and Meghan Stothers, "iStockphoto.Com: Turning Community Into Commerce," Richard Ivey School of Business Case 907E13, 2011.
26. Michael Dunlop, "Interview With Bruce Livingstone—Founder and CEO of iStockphoto," *Retire at 21*, http://www.retireat21.com/interview/interview-with-bruce-livingstone-founder-of-istockphoto.
27. Grant and Stothers, "iStockphoto.Com," 3.
28. Nir Eyal, *Hooked: How to Build Habit-Forming Products* (Toronto: Penguin Canada, 2014).
29. Nir Eyal, "Hooks: An Intro on How to Manufacture Desire," *Nir & Far*, http://www.nirandfar.com/2012/03/how-to-manufacture-desire.html. Accessed October 13, 2015.

30. Elinor Ostrom, *Governing the Commons: The Evolution of Institutions for Collective Action* (New York: Cambridge University Press, 1990).
31. Jeff Jordan, "Managing Tensions In Online Marketplaces," *TechCrunch*, February 23, 2015, http://techcrunch.com/2015/02/23/managing-tensions-in-online-marketplaces/.
32. Ibid.
33. Charles Moldow, "A Trillion Dollar Market, By the People, For the People," Foundation Capital, https://foundationcapital.com/downloads/FoundationCap_MarketplaceLendingWhitepaper.pdf.
34. Sangeet Choudhary, "Will Peer Lending Platforms Disrupt Banking?" *Platform Thinking*, http://platformed.info/peer-lending-platforms-disrupt-banking/.
35. Michael Lewis, *Flash Boys: A Wall Street Revolt* (New York: Norton, 2014); P. Martens, "Goldman Sachs Drops a Bombshell on Wall Street," *Wall Street on Parade*, April 9, 2014, http://wallstreetonparade.com/2014/04/goldman-sachs-drops-a-bombshell-on-wall-street/.
36. Michael Lewis, "Michael Lewis Reflects on his Book *Flash Boys*, a Year after It Shook Wall Street to its Core," *Vanity Fair*, April 2015, http://www.vanityfair.com/news/2015/03/michael-lewis-flash-boys-one-year-later.
37. William Mougayar, "Understanding the Blockchain," *Radar*, January 16, 2015, http://radar.oreilly.com/2015/01/understanding-the-blockchain.html.
38. Ibid.
39. Tamara McCleary, "Got Influence? What's Social Currency Got To Do With It?" Tamara McCleary blog, December 1, 2014, http://tamaramccleary.com/got-influence-social-currency/.
40. Grant and Stothers, "iStockphoto.Com," 3.
41. Hind Benbya and Marshall Van Alstyne, "How to Find Answers within Your Company," *MIT Sloan Management Review* 52, no. 2 (2011): 65–75.
42. Peng Huang, Marco Ceccagnoli, Chris Forman, and D. J. Wu, "IT Knowledge Spillovers and Productivity: Evidence from Enterprise Software," Working Paper, University of Maryland and Georgia Institute of Technology, April 2, 2013, http://ssrn.com/abstract=2243886.
43. Benbya and Van Alstyne, "How to Find Answers within Your Company."
44. Geoffrey G. Parker and Marshall Van Alstyne, "Innovation, Openness, and Platform Control."
45. Arvind Malhotra and Marshall Van Alstyne, "The Dark Side of the Sharing Economy . . . and How to Lighten It," *Communications of the*

ACM 57, no. 11 (2014): 24–27.

46. Julie Bort, "An Airbnb Guest Held a Huge Party in This New York Penthouse and Trashed It," *Business Insider*, March 19, 2014, http://www.businessinsider.com/how-an-airbnb-guest-trashed-a-penthouse-2014-3?op=1#ixzz3dA5DDMZz; M. Matthews, "Uber Passenger Says Driver Struck Him with Hammer After He Told Him He Was Going the Wrong Way," NBC Bay Area, October 8, 2014, http://www.nbcbayarea.com/news/local/Passenger-Hit-with-Hammer-by-Uber-Driver-278596821.html.

47. Airbnb, "Host Protection Insurance," https://www.airbnb.com/host-protection-insurance, accessed June 15, 2015; A. Cecil, "Uber, Lyft, and Other Rideshare Drivers Now Have Insurance Options," *Policy Genius*, https://www.policygenius.com/blog/uber-lyft-and-other-rideshare-drivers-now-have-insurance-options/, accessed June 14, 2015.

48. Huckman, Pisano, and Kind, "Amazon Web Services."

49. Jillian D'Onfro, "Here's a Reminder Just How Massive Amazon's Web Services Business Is," *Business Insider*, June 16, 2014, http://www.businessinsider.com/amazon-web-services-market-share-2014-6.

50. Annabelle Gawer and Michael A. Cusumano, *Platform Leadership: How Intel, Microsoft, and Cisco Drive Industry Innovation* (Boston: Harvard Business School Press, 2002).

51. Adapted from Gawer and Cusumano, *Platform Leadership*.

52. Clarkson and Van Alstyne, "The Social Efficiency of Fairness."

53. Ibid.

54. Benbya and Van Alstyne, "How to Find Answers within Your Company."

CHAPTER 9: METRICS

1. Jonathan P. Roth, *The Logistics of the Roman Army at War: 264 BC–AD 235* (Leiden, Netherlands: Brill, 1999), 3.

2. Josh Costine, "BranchOut Launches Talk.co to Expand from Networking into a WhatsApp for the Workplace," *TechCrunch*, October 7, 2013, http://techcrunch.com/2013/10/07/talk-co/.

3. Teresa Torres, "Why the BranchOut Decline Isn't Surprising," *Product Talk*, June 7, 2012, http://www.producttalk.org/2012/06/why-the-branchout-decline-isnt-surpising/.

4. John Egan, "Anatomy of a Failed Growth Hack," John Egan blog, December 6, 2012, http://jwegan.com/growth-hacking/autopsy-of-a-failed-growth-hack/.

5. Derek Sivers, "The Lean Startup—by Eric Ries," Derek Sivers blog,

October 23, 2011, https://sivers.org/book/LeanStartup.
6. Alistair Croll and Benjamin Yoskovitz, *Lean Analytics: Use Data to Build a Better Startup Faster* (Sebastopol, CA: O'Reilly Media, 2013).
7. Christian Rudder, "The Mathematics of Beauty," OkTrends: Dating Research from OkCupid, January 10, 2011, http://blog.okcupid.com/index.php/the-mathematics-of-beauty/.
8. Bianca Bosker, "OkCupid Hides Good-Looking People from Less Attractive Users," *Huffington Post,* June 16, 2010, http://www.huffingtonpost.com/2010/06/16/okcupid-hiding-hotties-fr_n_614149.html.
9. Eisenmann, Parker, and Van Alstyne, "Strategies for Two-Sided Markets"; Croll and Yoskovitz, *Lean Analytics.*
10. Francis J. Mulhern, "Customer Profitability Analysis: Measurement, Concentration, and Research Directions," *Journal of Interactive Marketing* 13, no. 1 (1999): 25–40; Nicolas Glady, Bart Baesens, and Christophe Croux, "Modeling Churn Using Customer Lifetime Value," *European Journal of Operational Research* 197, no. 1 (2009): 402–11.
11. Minter Dial, "Best of the Web or Death by Aggregation? Why Don't Brands Curate the News?" *Myndset,* December 16, 2014, http://themyndset.com/2014/12/aggregation-curation/.
12. Nidhi Subbaraman, "Airbnb's Small Army of Photographers Are Making You (and Them) Look Good," *Fast Company,* October 17, 2011, http://www.fastcompany.com/1786980/airbnbs-small-army-photographers-are-making-you-and-them-look-good.
13. Ruimin Zhang interview by Geoffrey Parker and Marshall Van Alstyne, December 12, 2014.
14. Tiwana, *Platform Ecosystems.*
15. Parker and Van Alstyne. "Innovation, Openness, and Platform Control."
16. Guido Jouret interview by Geoffrey Parker and Marshall Van Alstyne, September 8, 2006.
17. Gary Swart, "7 Things I Learned from Startup Failure," *In*, September 23, 2013, https://www.linkedin.com/pulse/20130923123247-758147-7-things-i-learned-from-startup-failure.
18. Eric Ries, *The Lean Startup: How Today's Entrepreneurs Use Continuous Innovation to Create Radically Successful Businesses* (New York: Random House, 2011).

CHAPTER 10: STRATEGY

1. David J. Teece, "Next Generation Competition: New Concepts for Understanding How Innovation Shapes Competition and Policy in

the Digital Economy," *Journal of Law Economics and Policy* 9, no. 1 (2012): 97–118.
2. David B. Yoffie and Michael A. Cusumano, *Strategy Rules: Five Timeless Lessons from Bill Gates, Andy Grove, and Steve Jobs* (New York: HarperCollins, 2015); F. F. Suarez and J. Kirtley, "Innovation Strategy—Dethroning an Established Platform," *MIT Sloan Management Review* 53, no. 4 (2012): 35.
3. David Barboza, "China's Internet Giants May Be Stuck There," *New York Times*, March 23, 2010, http://www.nytimes.com/2010/03/24/business/global/24internet.html.
4. Brad Stone, "Alibaba's IPO May Herald the End of U.S. E-Commerce Dominance," *Businessweek,* August 7, 2014, http://www.bloomberg.com/bw/articles/2014-08-07/alibabas-ipo-may-herald-the-end-of-u-dot-s-dot-e-commerce-dominance.
5. Sarit Markovich and Johannes Moenius, "Winning While Losing: Competition Dynamics in the Presence of Indirect Network Effects," *International Journal of Industrial Organization* 27, no. 3 (2009): 346–57.
6. Stone, "Alibaba's IPO."
7. Michael E. Porter, "How Competitive Forces Shape Strategy," *Harvard Business Review* 57, no. 2 (1979): 137–45; Michael E. Porter, *Competitive Strategy* (New York: Free Press, 1980).
8. Birger Wernerfelt, "A Resource-Based View of the Firm," *Strategic Management Journal* 5 (1984): 171–80.
9. Paul Zimnisky, "A Diamond Market No Longer Controlled By De Beers," Kitco Commentary, June 6, 2013, http://www.kitco.com/ind/Zimnisky/2013-06-06-A-Diamond-Market-No-Longer-Controlled-By-De-Beers.html.
10. Richard D'Aveni, *Hypercompetition* (New York: Free Press, 1994), 4.
11. Rita Gunther McGrath, *The End of Competition: How to Keep Your Strategy Moving as Fast as Your Business* (Cambridge, MA: Harvard Business Review Press, 2013).
12. Steve Denning, "What Killed Michael Porter's Monitor Group? The One Force That Really Matters," *Forbes,* November 20, 2012, http://www.forbes.com/sites/stevedenning/2012/11/20/what-killed-michael-porters-monitor-group-the-one-force-that-really-matters/.
13. Ming Zeng, "Three Paradoxes of Building Platforms," Communications of the ACM 58, no. 2 (2015): 27–9, cacm.acm.org/magazines/2015/2/182646-three-paradoxes-of-building-platforms/abstract.
14. Thomas Eisenmann, Geoffrey G. Parker, and Marshall Van Alstyne, "Platform Envelopment," *Strategic Management Journal* 32, no. 12 (2011): 1270–85.

15. Geoffrey G. Parker and Marshall Van Alstyne, "Platform Strategy," *New Palgrave Encyclopedia of Business Strategy* (New York: Macmillan, 2014).
16. Angel Salazar, "Platform Competition: A Research Framework and Synthesis of Game-Theoretic Studies," Social Science Research Network, February 15, 2015, papers.ssrn.com/sol3/papers.cfm?abstract_id=2565337. Mimeo: Manchester Metropolitan University, 2015; Barry J. Nalebuff and Adam M. Brandenburger, *Co-opetition* (London: HarperCollins Business, 1996).
17. Steve Jobs, "Thoughts on Flash," April 2010, http://www.apple.com/hotnews/thoughts-on-flash/.
18. Vardit Landsman and Stefan Stremersch, "Multihoming in Two-Sided Markets: An Empirical Inquiry in the Video Game Console Industry," *Journal of Marketing* 75, no. 6 (2011): 39–54.
19. Ming Zeng, "How Will Big Data and Cloud Computing Change Platform Thinking?", keynote address, MIT Platform Strategy Summit, July 25, 2014, http://platforms.mit.edu/2014.
20. "Top 20 Apps with MAU Over 10 Million," Facebook Apps Leaderboard, AppData, appdata.com/leaderboard/apps?show_na=1. Accessed October 14, 2015.
21. Carl Shapiro and Hal R. Varian, "The Art of Standards Wars," *California Management Review* 41, no. 2 (1999): 8–32.
22. Bill Gurley, "All Revenue Is Not Created Equal: Keys to the 10X Revenue Club," *Above the Crowd*, May 24, 2011, http://abovethecrowd.com/2011/05/24/all-revenue-is-not-created-equal-the-keys-to-the-10x-revenue-club/.
23. Douglas MacMillan, "The Fiercest Rivalry in Tech: Uber vs. Lyft," *Wall Street Journal*, August 11, 2014; C. Newton, "This is Uber's Playbook for Sabotaging Lyft," *The Verge*, August 26, 2014, http://www.theverge.com/2014/8/26/6067663/this-is-ubers-playbook-for-sabotaging-lyft.

CHAPTER 11: POLICY

1. Kevin Boudreau and Andrei Hagiu, *Platform Rules: Multi-Sided Platforms as Regulators* (Cheltenham, UK: Edward Elgar, 2009), 163–89.
2. Malhotra and Van Alstyne, "The Dark Side of the Sharing Economy."
3. Felix Gillette and Sheelah Kolhatkar, "Airbnb's Battle for New York," *Businessweek*, June 19, 2014, http://www.bloomberg.com/bw/articles/2014-06-19/airbnb-in-new-york-sharing-startup-fights-for-largest-market.
4. Ron Lieber, "A Liability Risk for Airbnb Hosts," *New York Times*, December 6, 2014.

5. Georgios Zervas, Davide Proserpio, and John W. Byers, "The Rise of the Sharing Economy: Estimating the Impact of Airbnb on the Hotel Industry," Boston University School of Management Research Paper 2013-16, http://ssrn.com/abstract=2366898.
6. Brad N. Greenwood and Sunil Wattal, "Show Me the Way to Go Home: An Empirical Investigation of Ride Sharing and Motor Vehicle Homicide," Platform Strategy Research Symposium, Boston, MA, July 9, 2015, http://ssrn.com/abstract=2557612.
7. John Coté, "SF Cracks Down on 'MonkeyParking' Mobile App," *SF Gate*, June 23, 2014, http://blog.sfgate.com/cityinsider/2014/06/23/sf-cracks-down-on-street-parking-cash-apps/.
8. Kevin Roose, "Does Silicon Valley Have a Contract-Worker Problem?" *New York*, September 18, 2014, http://nymag.com/daily/intelligencer/2014/09/silicon-valleys-contract-worker-problem.html.
9. George J. Stigler, "The Theory of Economic Regulation," *Bell Journal of Economics and Management Science* 2, no. 1 (Spring 1971): 3–21.
10. Jean-Jacques Laffont and Jean Tirole, "The Politics of Government Decision-Making: A Theory of Regulatory Capture," *Quarterly Journal of Economics* 106, no. 4 (1991): 1089–1127.
11. Conor Friedersdorf, "Mayors of Atlanta and New Orleans: Uber Will Beat the Taxi Industry," *Atlantic,* June 29, 2014, http://www.theatlantic.com/business/archive/2014/06/mayors-of-atlanta-and-new-orleans-uber-will-beat-the-taxi-cab-industry/373660/.
12. Don Boudreaux, "Uber vs. Piketty," *Cafe Hayek,* August 1, 2015, http://cafehayek.com/2015/08/uber-vs-piketty.html.
13. Andrei Shleifer, "Understanding Regulation," *European Financial Management* 11, no. 4 (2005): 439–51.
14. Jean-Jacques Laffont and Jean Tirole, *Competition in Telecommunications* (Cambridge, MA: MIT Press, 2000).
15. Ben-Zion Rosenfeld and Joseph Menirav, "Methods of Pricing and Price Regulation in Roman Palestine in the Third and Fourth Centuries," *Journal of the American Oriental Society* 121, no. 3 (2001): 351–69; Geoffrey E. Rickman, "The Grain Trade under the Roman Empire," *Memoirs of the American Academy in Rome* 36 (1980): 261–75.
16. Jad Mouawad and Christopher Drew, "Airline Industry Is at Its Safest Since the Dawn of the Jet Age," *New York Times*, February 11, 2013, http://www.nytimes.com/2013/02/12/business/2012-was-the-safest-year-for-airlines-globally-since-1945.html.
17. Simeon Djankov, Edward Glaeser, Rafael La Porta, Florencio Lopez-de-Silanes, and Andrei Shleifer, "The New Comparative

Economics," *Journal of Comparative Economics* 31, no. 4 (2003): 595–619.
18. Shleifer, "Understanding Regulation."
19. KPMG, "China 360: E-Commerce in China, Driving a New Consumer Culture," https://www.kpmg.com/CN/en/IssuesAndInsights/ArticlesPublications/Newsletters/China-360/Documents/China-360-Issue15-201401-E-commerce-in-China.pdf.
20. S. Shankland, "Sun Brings Antitrust Suit Against Microsoft," CNET News, July 20, 2002, http://www.cnet.com/news/sun-brings-antitrust-suit-against-microsoft-1/.
21. Carl Shapiro, "Exclusivity in Network Industries," *George Mason Law Review* 7 (1998): 673.
22. Neil Gandal, "Compatibility, Standardization, and Network Effects: Some Policy Implications," *Oxford Review of Economic Policy* 18, no. 1 (2002): 80–91.
23. Parker and Van Alstyne, "Innovation, Openness, and Platform Control."
24. Parker and Van Alstyne, "Internetwork Externalities and Free Information Goods"; Parker and Van Alstyne, "Two-Sided Network Effects."
25. David S. Evans and Richard Schmalensee, "The Antitrust Analysis of Multi-Sided Platform Businesses," in *The Oxford Handbook of International Antitrust Economics*, vol. 1, edited by Roger D. Blair and D. Daniel Sokol (Oxford: Oxford University Press, 2015).
26. Tom Fairless, Rolfe Winkler, and Alistair Barr, "EU Files Formal Antitrust Charges Against Google," *Wall Street Journal*, April 15, 2015.
27. "Statement of the Federal Trade Commission Regarding Google's Search Practices: In the Matter of Google, Inc.," FTC File Number 111-0163, January 3, 2013, https://www.ftc.gov/public-statements/2013/01/statement-federal-trade-commission-regarding-googles-search-practices.
28. Jeremy Greenfield, "How the Amazon–Hachette Fight Could Shape the Future of Ideas," *Atlantic Monthly*, May 28, 2014.
29. Helen F. Ladd, "Evidence on Discrimination in Mortgage Lending," *Journal of Economic Perspectives* 12, no. 2 (1998): 41–62.
30. Noel Capon, "Credit Scoring Systems: A Critical Analysis," *Journal of Marketing* 46, no. 2 (1982): 82–91.
31. Jim Puzzangher, "Obama to Push Cybersecurity, Identity Theft and Online Access Plans," *Los Angeles Times*, January 10, 2015, http://www.latimes.com/nation/politics/politicsnow/la-pn-obama-cybersecurity-20150110-story.html.
32. Steve Kroft, "The Data Brokers: Selling Your Personal Information," *CBS News*, March 9, 2014, http://www.cbsnews.com/news/the-data-brokers-selling-your-personal-information/.

33. Federal Trade Commission, "Data Brokers: A Call for Transparency and Accountability," May 2014, http://www.ftc.gov/system/files/documents/reports/data-brokers-call-transparency-accountability-report-federal-trade-commission-may-2014/140527databrokerreport.pdf.
34. Lee Rainie and Janna Anderson, "The Future of Privacy," Pew Research Center, December 18, 2014, http://www.pewinternet.org/2014/12/18/future-of-privacy/.
35. "Who Owns Your Personal Data? The Incorporated Woman," *Economist*, June 27, 2014, http://www.economist.com/blogs/schumpeter/2014/06/who-owns-your-personal-data.
36. Lee Rainie and Janna Anderson, "The Future of Privacy: Other Resounding Themes," Pew Research Center, December 18, 2014, http://www.pewinternet.org/2014/12/18/other-resounding-themes/.
37. Charles Arthur, "Tech Giants May Be Huge, But Nothing Matches Big Data," *Guardian*, August 23, 2013, http://www.theguardian.com/technology/2013/aug/23/tech-giants-data.
38. James Cook, "Sony Hackers Have Over 100 Terabytes Of Documents. Only Released 200 Gigabytes So Far," *Business Insider*, December 16, 2014, http://www.businessinsider.com/the-sony-hackers-still-have-a-massive-amount-of-data-that-hasnt-been-leaked-yet-2014-12.
39. Lisa Beilfuss, "Target Reaches $19 Million Settlement with MasterCard Over Data Breach," *Wall Street Journal*, April 15, 2015.
40. Andrew Nusca, "Who Should Own Farm Data?" *Fortune*, December 22, 2014.
41. We thank Peter Evans, former head of analytics for GE, for his counsel on this topic.
42. Email to Marshall Van Alstyne from Peter Evans, Center for Global Enterprise, using 2015 Crunchbase data.
43. Avi Goldfarb and Catherine E. Tucker, "Privacy Regulation and Online Advertising," *Management Science* 57, no. 1 (2011): 57–71.
44. Robert W. Wood, "Amazon No Longer Tax-Free: 10 Surprising Facts As Giant Loses Ground," *Forbes*, August 22, 2013, http://www.forbes.com/sites/robertwood/2013/08/22/amazon-no-longer-tax-free-10-surprising-facts-as-giant-loses-ground.
45. Bob Egelko, "Court Rules FedEx Drivers in State Are Employees, Not Contractors," *SF Gate*, August 28, 2014, http://www.sfgate.com/bayarea/article/Court-to-FedEx-Your-drivers-are-full-time-5717048.php.
46. Google search results, "Internet sweatshop," accessed January 28, 2015.
47. Krishnadev Calamur, "Uber's Troubles Mount Even As Its Value Grows," *The Two-Way*, NPR, December 10, 2014, http://www.npr.org/blogs/thetwo-way/2014/12/10/369922099/ubers-trou

bles-mount-even-as-its-value-grows.

48. Jeffrey A. Trachtenberg and Greg Bensinger, "Amazon, Hachette End Publishing Dispute," *Wall Street Journal,* November 13, 2014, http://www.wsj.com/articles/amazon-hachette-end-publishing-dispute-1415898013.

49. Robinson Meyer, "Everything We Know About Facebook's Secret Mood Manipulation Experiment," *Atlantic,* June 28, 2014, http://www.theatlantic.com/technology/archive/2014/06/everything-we-know-about-facebooks-secret-mood-manipulation-experiment/373648/.

50. Robert M. Bond, Christopher J. Fariss, Jason J. Jones, Adam D. I. Kramer, Cameron Marlow, Jaime E. Settle, and James H. Fowler, "A 61-Million-Person Experiment in Social Influence and Political Mobilization," *Nature* 489, no. 7415 (2012): 295–8.

51. Dominic Rushe, "Facebook Sorry—Almost—For Secret Psychological Experiment on User," *Guardian,* October 2, 2012, http://www.theguardian.com/technology/2014/oct/02/facebook-sorry-secret-psychological-experiment-users.

52. Alex Rosenblat, "Uber's Phantom Cars," *Motherboard,* July 27, 2015, http://motherboard.vice.com/read/ubers-phantom-cabs.

53. Nick Grossman, "Regulation, the Internet Way: A Data-First Model for Establishing Trust, Safety, and Security—Regulatory Reform for the 21st Century City," Harvard Kennedy School, ASH Center for Democratic Governance and Innovation, April 8, 2015, http://datasmart.ash.harvard.edu/news/article/white-paper-regulation-the-internet-way-660.

54. Ibid.

55. Tim O'Reilly, *Government as a Platform* (Cambridge, MA: MIT Press, 2010), 11–40.

56. The social impact of mandated transparency rules has been thoroughly analyzed by three experts from Harvard's Kennedy School of Government; see Archon Fung, Mary Graham, and David Weil, *Full Disclosure: The Perils and Promise of Transparency* (New York: Cambridge University Press, 2007).

57. See, for example, Richard Stallman, "Why Open Source Misses the Point of Free Software," *GNU Operating System,* Free Software Foundation, http://www.gnu.org/philosophy/open-source-misses-the-point.en.html.

58. Carlota Perez, *Technological Revolutions and Financial Capital: The Dynamics of Bubbles and Golden Ages* (Cheltenham, UK: Edward Elgar, 2003).

59. Heli Koski and Tobias Kretschmer, "Entry, Standards and Competition:

Firm Strategies and the Diffusion of Mobile Telephony," *Review of Industrial Organization* 26, no. 1 (2005): 89–113.
60. David Evans, "Governing Bad Behavior by Users of Multi-Sided Platforms," *Berkeley Technology Law Journal* 27, no. 12 (Fall 2012), http://scholarship.law.berkeley.edu/cgi/viewcontent.cgi?article=1961&context=btlj.
61. Benjamin Edelman, "Digital Business Models Should Have to Follow the Law, Too," *Harvard Business Review*, January 6, 2015, https://hbr.org/2015/01/digital-business-models-should-have-to-follow-the-law-too.

CHAPTER 12: TOMORROW

1. Brandon Alcorn, Gayle Christensen, and Ezekiel J. Emanuel, "The Real Value of Online Education," *Atlantic Monthly,* September 2014.
2. Luis Von Ahn, "Crowdsourcing, Language and Learning," presentation, MIT Platform Strategy Summit, July 10, 2015, available at http://platforms.mit.edu/agenda.
3. Graeme Wood, "The Future of College?" *Atlantic Monthly*, September 2014.
4. "There's an App for That," *Economist,* January 3, 2015.
5. Hemant Taneja, "Unscaling the Healthcare Economy," *TechCrunch,* June 28, 2014, http://techcrunch.com/2014/06/28/software-defined-healthcare/.
6. Vince Kuraitis, "Patient Digital Health Platforms (PDHPs): An Epicenter of Healthcare Transformation?" Healthcare Information and Management Systems Society, June 18, 2014, http://blog.himss.org/2014/06/18/patient-digital-health-platforms-pdhps-an-epicenter-of-healthcare-transformation/.
7. Josh Dzieza, "Why Tesla's Battery for Your Home Should Terrify Utilities," *The Verge,* February 13, 2015, http://www.theverge.com/2015/2/13/8033691/why-teslas-battery-for-your-home-should-terrify-utilities.
8. Daniel Roberts, "How MasterCard became a Tech Company," *Fortune,* July 24, 2014.
9. William D. Cohan, "Bypassing the Bankers," *Atlantic Monthly*, September 2014.
10. Matina Stevis and Patrick McGroarty, "Banks Vie for a Piece of Africa's Mobile Banking Market," *Wall Street Journal,* August 15, 2014.
11. Daniel Fisher, "Legal-Services Firm's $73 Million Deal Strips the Mystery from Derivatives Trading," *Forbes,* February 12, 2015; "There's an

App for That," *Economist*.
12. San Francisco Mayor's Office of Civic Innovation, "Announcing the First-Ever San Francisco Datapalooza," blog post, October 12, 2013; San Francisco Mayor's Office of Civic Innovation, "Data Jam, 100 Days to Tackle Housing," blog post, June 7, 2013, http://innovatesf.com.
13. David Mount, "The Industrial Awakening: The Internet of Heavier Things," March 3, 2015, http://www.kpcb.com/blog/the-industrial-awakening-the-internet-of-heavier-things.
14. Jeremy Rifkin, "Capitalism Is Making Way for the Age of Free," *Guardian*, March 31, 2014.